파국이 온다

낭떠러지 끝에 선 자본주의

Writing on the wall

파국이 온다

THE WRITING ON THE WALL

ON THE DECOMPOSITION OF CAPITALISM AND ITS CRITICS

철학자 안젤름 야페의 '가치비판'

관점에서 본 자본주의

낭떠러지 끝에 선 자본주의

안젤름 야페 지음 강수돌 옮김

천년의상상

일러두기

• 이 책은 Anselm Jappe의 *The Writing on The Wall: On The Decomposition of Capitalism and Its Critics*(2017)를 우리말로 옮긴 것이다.

• 내용주인 각주에서 한국어판 옮긴이가 단 주는 내용 끝에 '—옮긴이'라고 밝혀두었고, 영문판 옮긴이의 주는 내용이 시작되기 전에 밝혔다. 그 외의 각주는 모두 지은이의 것이다. 지은이의 참조주는 미주로 처리했다.

• 본문과 각주의 굵은 글씨는 지은이가 원문에서 강조한 것 그대로다. 아울러 영문판 원서에서 지은이가 괄호나 줄표로 부연한 내용은 모두 소괄호 안에 넣었다. 옮긴이가 독자의 이해를 돕기 위해 부연한 내용 또한 그렇게 했다.

• 단행본 출간물은 겹낫표(『 』), 보고서나 짧은 글, 시나 에세이 등의 개별 작품은 홑낫표(「 」), 잡지·신문 등 정기간행물은 겹화살괄호(《 》), 그림·영화·공연물 등은 홑화살괄호(〈 〉)로 나타냈다.

• 외국의 인명, 지명, 작품명 등은 국립국어원의 외래어 표기법과 용례를 따르되, 이미 굳어진 일부 표현은 익숙한 방식을 적용하기도 했다.

자본주의 비판, 그 마지막 퍼즐

2018년에 독일 브레멘 대학 홀거 하이데Holger Heide 명예교수의 추천으로 안젤름 야페의 이 책을 접했고, 전율을 느꼈다. 제목 *The Writing on the Wall: On the Decomposition of Capitalism and Its Critics*부터가 이채로웠는데, 얼핏 '대자보'로 해석되는 이 책(영문판)을 손에 들고 서문을 읽어나가자니 예사롭지가 않았다. 지금까지 내가 읽어본 그 어떤 인문학 내지 사회과학 책보다 깊이 파고드는 것 같았다. 그동안 놓치고 있던 마지막 퍼즐 아니면 뭔가 부족한 듯 느껴졌던 마지막 2퍼센트를 찾은 느낌이랄까.

안젤름 야페는 나랑 비슷한 연배인데 글에서 나이답지 않은 깊이가 느껴졌다. 독일 출신이지만 이탈리아와 프랑스에서 공부했고, 국경을 넘나들며 강의한다. 독일어, 영어, 이탈리아어, 프랑스어 등을 마음껏 구사한다는 점도 놀라웠지만, 책을 읽어보니 지금까지 나온 모든 자본주의 비판을 종합적으로 정리하는 한편, 한 걸음 더 나아가는 사회과학자라는 데서 또 한 번 놀랐다. 입이 딱 벌어졌다. '대체 어떤 사람인가' 궁금해졌다. 언젠가 기회가 되면 그를 직접 만나 이런저런 이야기도 나누고 싶었다.

이 책을 처음 펼쳤을 때 그리고 저자 서문을 읽었을 때의 느낌이 그랬다. 신영복 선생이 그랬던가. 책은 세 번 읽어야 한다고. 독서를 제대로 하려면 처음에는 텍스트를, 다음에는 필자를, 나중에는 독자 자신을 읽어야 한다고. 감히 자부하건대, 나는 그 과정을 두 배로 겪었다. 처음에는 영문판 원서를 읽으며 그다음에는 이 번역 작업을 통해. 국내에 처음으로 본격 소개되는 안젤름 야페를 더 많은 독자와 나누고 싶은 마음에 이 책의 번역에 나섰다.

1980년대에 시작된 '가치비판critique of value'은 안젤름 야페가 이 책에서 제시하는 이론의 핵심이다. 그렇다면 '가치비판' 개념의 이해가 이 책을 제대로 읽고 성찰하는 데 결정적일 것이다. 독자들이 본문을 읽기 전에 '가치비판' 개념을 미리 이해할 수 있도록 간략히 소개한다.

우선, 여기서 말하는 '가치value'란 우리가 흔히 '가치관values'이라고 하는 그 말과는 다른 개념이다. 영어로 보면 글자 그대로 명확하다. 즉 '가치' 역시 수많은 가치관의 대상 중 하나일 뿐이다. 하지만 이 책에 나오는 '가치'란 정확히 말해 '상품가치'이고, 특히 '교환가치'를 말한다. 사실 상품은 사용가치와 교환가치를 동시에 지닌다. 살림살이 관점에서는 사용가치가 중요하지만 돈

벌이 관점에서는 교환가치가 중요하다.

일반적으로 마르크스가 말한 가치법칙Wertgesetz은 '한 상품의 가치(가격)는 그 상품을 생산하는 데 들어간 사회적 평균 노동량(노동시간)'이라는 것이다. 여기서 출발해, 노동과 자본 사이에는 잉여(착취) 법칙이, 생산자와 소비자 사이에는 등가(교환) 법칙이 파생한다. 아울러 노동과 노동 사이에는 이른바 갈비(억압) 법칙이라는 것도 있다('갈비 법칙'이란 아래로 '갈'구고 위로 '비'벼야 조직 내 생존과 출세가 가능하다는 법칙이다). 그런데 (가격표 붙은) 상품들이 포함하고 있는 노동은 그 종류와 무관하게 추상노동의 양, 즉 다른 상품과 교환이 가능한 균질의 노동으로 가정된다. 1만 원짜리 옷이나 밥은 모두 1만 원짜리 돈과, 교환가치로 보자면 동일한 것이기에 서로 등가교환이 된다. 이것이 자본주의 상품 사회의 법칙이다. 그리고 이것이 오늘날 우리가 눈만 뜨면 '돈 많이 벌기'를 소원하게 된 시대적 배경을 말해준다. 돈이야말로 (그 어떤 상품과도 바꿀 수 있는) 교환가치의 왕王이기 때문이다.

자본주의 이전에도 상품은 존재했다. 하지만 노예제나 봉건제 같은 자본주의 이전 사회에서는 상품세계가 생활세계를 전일적으로 지배하지 않았다. 당시 상품이란 일상생활의 일부에 불과하거나 (왕이나 귀족을 위한) 사치품 정도의 의미였다. 18세기 이후 자본주의 사회에 들어와 비로소 상품, 특히 교환가치가 인간 삶의 모든 국면을 지배하게 된다(따지고 보면 불과 300~400년밖에 안 된 자본주의이건만 이미 300~400년의 긴 세월이 흐르는 가운데 우리네 삶은 '근본적으로' 변했다). 그리하여 지금 우리는 상품, 화폐, 노동, 자본을 지극히 당연시하거나 중시하고, 같은 맥락에서 시장·국가·고용·경쟁을 자연스럽게 수용하며 살고 있다. 이는 우리들 대부분이 자본주의의 가치value, 즉 교환가치(돈의 논리)를 이미 내면화internalization했다는 의미다.

텔레비전만 틀면 나오는 상품 광고들을 가만히 보라. 바닥을 막 기기 시작하는 아기조차 그 광고에 시선을 보내고 귀를 기울이게 되는데 그것은 고주파의 소리가 유아의 귀를 자극할 뿐 아니라 텔레비전 화면도 아이의 눈을 격하게 끌어당기기 때문이다. 그런데 어른들에게는 또 하나의 자극이 더해진다. 바로 광고 문구나 멘트, 즉 '카피'다. "친구가 어떻게 사느냐고 물었다. 나는 아무 말도 않았다. 다만 내가 막 새로 산 자동차를 보여주었을 뿐이다", "피부는 권력이다!"… 이런 식이다. 즉 '상품'이란 돈과 바꿀 수 있고 권력으로 환원되는, 이른바 '교환되는 가치'인 것이다. 이게 자본주의다.

물론 '상품가치'가 결부되지 않는 가치관도 있다. 상품가치를 '경제적 가치'라고 한다면 정치적 가치, 미학적 가치, 사회적 가치, 문화적 가치, 도덕적 가치, 교육적 가치, 종교적 가치, 생태적 가치 등에 대해서도 말할 수 있다. 다만 안젤름 야페는 이 책에서 자본주의 사회의 경제적 가치, 그중 '상품가치'를 다룬다.

야페는 우리에게 묻는다. 과연 자본주의의 발전과 더불어 인간도 발전하는가. 자본주의의 성장과 더불어 인간도 성장하는가. 자본주의의 자유와 더불어 인간의 자유도 확장하는가. 야페는 단호히 말한다. "인간 해방social emancipation을 위해서라도 가치비판이 필요하다."

'가치비판' 작업의 중요성을 더 쉽게 이해하기 위해 '집'을 예로

들어보자. 집을 짓는 데는 수많은 자재가 들어가지만 그 구조는 크게 지붕·기둥·기초 세 부분으로 나눌 수 있다. 이 각각을 상부·중부·하부라 하자. 이러한 집의 구조를 우리가 사는 사회경제 시스템에 견주어 말해보자면 이렇다.

첫째, 상부구조에 초점을 맞추는 논리는 사회경제 시스템의 표면이라 할 수 있는 '경쟁력' 논리로 통한다. 달리 말하면 시장 수준에서 이야기를 전개하는 것이다. 마치 우리가 낯선 곳을 여행하면서 처음 집들을 볼 때 지붕의 색깔이나 모양을 중심으로 보는 것과 같다. 회색투성이 콘크리트 지붕만 보다가 주황색 계통의 기와를 얹은 지중해식 지붕을 보면 무척 아름답다고 느낀다. 이런 시각 또는 이런 논리로 사회경제 시스템의 경쟁력을 비교하면 후진국의 낮은 생산성과 상대적으로 낮은 상품 품질은 선진국의 높은 생산성과 고급스러운 상품 앞에서 열등감, 심지어 수치심까지 불러일으킬 수 있다. 우리가 자주 접하는 "선진국으로 진입하기 위해 더욱더 허리띠를 졸라매자"라는 캐치프레이즈가 바로 이런 논리다. 유치원에서 초중고를 거쳐 대학까지 이어지는 교육 또한 이 경쟁력 논리에 따라 진행되어, 현재의 학교 교육은 곧 경쟁력 지향의 인간을 만드는 과정이 되고 말았다. 따라서 이 수준, 즉 상부구조에서 전개되는 논리는 필연적으로 인간 노동력과 자연 생태계를 대상화하고 통제하며, 그저 비용 요인으로 본다. 그렇기에 경쟁력에 불필요한 존재는 결국 '잉여'라는 이름으로 내몰리고 만다.

둘째, 중간 구조에 초점을 맞추는 논리는 사회경제 시스템의 기둥과 벽이라 할 수 있는 '제도적' 논리로 통한다. 각종 법률이나 단체협약, 정책, 프로그램, 선거제도 등의 수준에서 이야기를 전개하는 것이다. 이는 특히 (경쟁력 중심의) 사회경제 시스템이 초래하는 각종 문제를 고치려면 어떤 제도적 변화가 필요한가와 연관하여 아주 중요한 측면이기도 하다. 우리가 흔히 "사람도 중요하지만 시스템도 중요하다"라고 말할 때 그 '시스템'이 바로 이 제도적 측면을 가리키는 것이다. 더 구체적으로 말하자면 이는 경쟁력 시스템이 가져오는 폐해를 줄이거나 예방하고자 민주주의 시스템을 더 굳건히 구축하려는 노력으로 나타난다. 따라서 이 수준에서 전개되는 논리는 대체로 정치·경제, 사회·문화, 교육·종교, 성 평등 등 제반 분야에서 민주주의를 고양하려는 경향으로 나타난다고 할 수 있다.

셋째는 하부 구조에 초점을 맞추는 논리다. 이는 사회경제 시스템의 토대(주춧돌)라 할 수 있는 근본 가치관의 논리로서, 안젤름 야페가 이 책에서 핵심으로 삼는 '가치비판' 이론이 위치한 지점이다. 우리가 경쟁력 논리의 폐해나 모순을 지적하면서 아무리 그 모든 제도를 '민주적'으로 재구성한다 하더라도 그것이 결국 상품가치, 특히 교환가치에 토대를 두고 그 위에서 전개되는 논리라면 결국 원점으로 회귀하고 말 것이라는 이야기다. 이런 관점으로 보면 1993~1998년 김영삼 문민정부는 물론 1998~2003년의 김대중 국민의정부, 또 2003~2008년의 노무현 참여정부의 '실패'가 설명된다. 한국만이 아니라 유럽의 복지국가를 비롯해 전 세계 곳곳에서 제아무리 민주적인 나라라 하더라도 '국가의 실패'가 나타날 수밖에 없는 한계와 모순을, 이 책의 저자 야페는 예리하게 짚어낸다. 나아가 소련이나 동유럽의 '사회주의' 국가조차 상품가치 내지 교환가치 논리를 제대로 극복하지 못한 모순투성이였음을 정확히 통찰한다.

그리고 이 시각은 오늘날 (나름 건강한 시민이라 생각하는) 사람들조차 왜 속물주의snobbism 내지 물신주의fetishism에 쉽게 빠져드는지, 왜 온 세상이 자본주의 심화와 더불어 야만주의와 파국 상태로 치달을 수밖에 없는지를 잘 설명해낸다. 결국 이러한 관점은 이른바 '민주화' 이후에도 왜 민주주의가 미완성인지, 왜 수많은 사회운동이 일시적 성공 뒤에 결국은 실망스럽게 실패하고 마는지, 즉 그 모든 요란한 민주적 '개혁' 조치가 아쉽게도 헛발질로 끝나고 마는지를 짚어준다. 한마디로 말해 이 책은 자본주의를 넘어 사람과 사람, 사람과 자연이 진정으로 조화롭게 살아가려면 근본적으로 무엇을 바꾸어야 하는지에 대해 진지하고도 흥미로운 분석을 제시한다.

집의 토대, 즉 주춧돌에 초점을 맞추는 논리는 '일꾼'(기층 민중)의 논리다. 그리고 지붕에 초점을 맞추는 논리는 대체로 '구경꾼'(내지 관광객이라 할 수 있는, 돈과 권력을 가진 기득권층)의 논리라 할 수 있다. 그리고 기둥이나 벽에 초점을 맞추는 논리는 '관리자'(행정가)의 논리가 된다. 이것은 마치 신영복 선생이 목수의 그림과 구경꾼의 그림을 비유하며 말한 바와 비슷하다. 목수는 집을 그릴 때조차 일하는 순서대로, 즉 땅과 기초를 먼저 그리고 나서 기둥과 벽을 그린 다음 마지막으로 지붕을 그린다. 그러나 구경꾼에게 집을 그려보라 하면 우선 지붕부터 그리고 기둥과 벽을 순차적으로 그린 다음, 마지막에 땅과 주춧돌을 그린다. 그렇다면 안젤름 야페가 이 책에서 제시한 가치비판론은 바로 '일꾼'

의 관점, 즉 기층 민중이 진정한 인간 해방에 이르고자 할 때 필요로 하는 이론이라 하겠다.

이 책에는 여전히 가슴을 쓸어내리게 하는 질문들도 담겨 있다. 예를 들어 (경제위기는 물론 기후 위기, 에너지 위기, 식량 위기, 사회 위기, 도덕 위기, 정치 위기 등) 다양한 위기 국면에 빠진 자본주의가 몰락하면서 마침내 인간도 (그리고 지구도) 결국 멸망하고 말 것인가? 인간 구원의 탈출구는 없는 것인가? 변화를 바라는 열망은 이토록 높은데 어째서 실제로는 아무런 변화가 나타나지 않는 것인가? 진정한 민주주의나 인간 해방의 필요성은 촛불 광장이 펼쳐졌듯 세계 곳곳에서 공감이 이루어지고 소리 높여 외쳐지는데 어째서 우리 스스로는 (느낌, 가치, 생각, 기억, 행동 등 모든 차원에서) 진정으로 해방된 삶을 살고 있지 못할까? 안젤름 야페가 이 책에서 던지는 이 질문들은 결코 그의 것만은 아니다. 이는 우리 모두의 문제, 달리 말해 우리 모두의 공동 책임common responsibility을 요하는 문제다. 이제부터 이런 문제들을 함께 풀어내기 위해 야페와 함께 지적 여행을 떠나보자.

2021년 가을
강수돌

차례

I 자본주의가 자본주의를 파괴하다
_자본주의 해체의 경향과 그 징후   37

1 오늘날 다시 읽는 『클레브 공작 부인』   38
"우리"와 "그들", 200년 동안 적대해온 두 사회집단 38 │ 자본주의 사회의 양적 평등성과 "계급투쟁" 개념 41 │ 자본주의를 '지양'한다는 것은 무엇인가 46 │ '다중'은 과연 혁명의 주체인가 50 │ 자본주의는 자기 자신을 삼키는 괴물 53 │ 변화된 전선, 붕괴하는 이분법 61 │ 유일한 희망은 자본주의의 완전한 폐기 65

2 정치 없는 정치   68
최종 심급으로서의 정치? 68 │ 투표밖에 할 줄 모르는 사람들 73 │ 현대 자본주의의 문제 79 │ 정치적 재구성 – 물신성을 넘어 인간성으로 83

3 무엇을 위한 폭력이며 누구를 위한 합법성인가   86
제도화된 폭력 86 │ 다시 경찰국가로? 90 │ 게임의 유일한 지배자가 된 '국가' 혹은 국가 폭력 93 │ 국가에 대한 '올바른' 투쟁? 96 │ 사보타주와 합법성의 한계 – 타르낙 사건과 『반란의 조짐』 100 │ 저항하지도 탈주하지도 않는 현대인들 109

역사적 수명이 끝난 자본주의

현재 우리는 무너져가는 자본주의를 목도하고 있다. 하지만 이 것이, 전통적인 자본주의의 적들(소위 '진보' 진영)이 쏟아내는 온 갖 비판을 잘 뒷받침해준다고 볼 수만은 없다. 오히려 현 상황은 그 오랜 적대 세력이 비판의 와중에 스스로 길을 잃고 함께 동일 한 역사의 쓰레기통 속으로 휘말려 들어갔음을 보여주는 듯하다.

이제 '인간 해방' 문제가 새로운 방식으로 제기되고 있다. 모든 것은 재고되어야 하며, 바로 그 점이 우리가 '가치비판'을 하는 목 적이다. 역사학자 모이쉬 포스톤(1942~2018)과 독일의 저널 《크 리시스*Krisis*》나 《엑시트!*Exit!*》의 주요 필자였던 로베르트 쿠르츠 (1943~2012) 등이 특히 1980년대 이래로 그러한 작업을 꾸준히 해낸 바 있다.*

나 또한 이미 2003년에 『상품의 모험: 새로운 가치비판을 위하여』[1]를 펴낸 바 있다. 그 책에서 나는 프랑스어권 대중을 위해 가치비판론을 압축적으로 소개했다. 그 책은 마르크스의 기본 개념, 즉 가치value, 추상노동abstract labour, 화폐money, 상품the commodity 등을 분석하며 시작한다. 이 분석을 바탕으로 우리는 현대의 세계 상황에 대한 논의로 나아가 현대 자본주의 사회에 대한 다른 비판들과 함께 몇몇 주요한 논쟁에도 참여하게 된다.

2003년에 책을 내고 나서 몇 년간 나는 가치비판론을 실제 상황의 분석에 적용해보았다. 즉 오늘날 세계를 이해하는 하나의 접근법으로서 이 가치비판론이 다른 시각들에 비해 얼마나 더 효과적일지 알아내고자 그 이론을 해석의 틀로 삼았다. 그 결과물이 이 책이다.

가치비판론에서 본 '자본주의의 해체'

이 책은 프랑스에서 벌어진 여러 논쟁과 관련해 내가 쓴 열 편의 에세이를 묶은 것이다. 대체로 2007년과 2010년 사이에 발표

---

* 모이쉬 포스톤은 영어권에서, 로베르트 쿠르츠는 독일어권에서 잘 알려진 진보 이론가다. 이들은 마르크스가 제시한 상품·가치·화폐 범주를 심층 분석해 자본주의의 물신성과 도착성을 근본적으로 비판했다. 이들이 다른 비판 이론가들과 차별되는 점은 제도적 민주화의 관점을 넘어서서 자본의 가치 범주 자체를 지양하지 않으면 진정한 자유나 평등, 해방은 이뤄낼 수 없음을 명확히 한 데 있다.─옮긴이

한 것들이다. 그런데 이 글들은 사실 서로 다른 계기로 썼고, 경우에 따라서는 주최 측이 "던져준" 주제도 있었다. 그럼에도 이 모든 글이 기본적으로 동일한 질문을 다룬다는 점은 분명하다. 그렇다고 모두 동일한 내용으로 겹친다는 의미는 아니다.

이 책을 처음부터 끝까지 순서대로 읽을 필요는 없다. 중간부터 읽거나 따로따로 읽어도 된다. 각 장의 주제가 제각기 그 나름의 이론적 가정을 내포하기 때문이다. 그 이론적 가정이란 전술한 가치비판과 상품 물신주의commodity fetishism를 말한다.

이런 의미에서 책은 전반적으로 보아 가치비판 개론서라고도 할 수 있다. 특히 내가 이전에 낸 책『상품의 모험』을 읽지 못했거나 (영어나 프랑스어로 된) 가치비판 학파의 다른 문헌을 접하지 못한 이들에게는 더 큰 도움이 될 것이다.[*]

사실 나는 각각의 에세이에 그 주제와 관련된 가치비판의 다른 측면, 이를테면 위기 이론crisis theory, 상품의 구조the structure of the commodity, 물신주의fetishism 등을 요약해놓았다. 그 이론적 요약을 한데 묶어 별도의 장章을 구성하기보다는 개별 에세이에 그대로 두는 게 좋겠다고 판단했다. 만약 이론 부분만 따로 떼어내 새로운 장을 구성했더라면 이 열 편의 에세이를 독립적으로 읽어내기가 어려웠을 것이다. 그랬다면 독자들이 기초 개념 이

---

[*] 나의 분석은 상당 부분 고故 로베르트 쿠르츠의 작업에 기대고 있다. 독일어로 된 그의 책들은 아직 영역본이 없다. 그의 저작은 *Der Kollaps der Modernisierung*〔근대화의 몰락〕(1991), *Schwarzbuch Kapitalismus*〔자본주의 비판서〕(1999), *Weltordnungskrieg*〔세계질서를 위한 전쟁〕(2003), *Das Weltkapital*〔세계 자본〕(2005) 등이다. 자세한 사항은 참고문헌을 참조.

해를 위해 또다시 "사막을 건너는" 부담을 지게 되었을지 모른다.

이 열 편의 에세이 가운데 아홉 번째 글 「고양이와 쥐, 문화와 경제」만 빼고 모든 글은 원래 프랑스어로 쓰여 프랑스 저널에 발표했던 것들이다. 그러나 이번에 영문판 발간을 위해 모든 글을 조금씩 수정, 보완했다.

이 책에 실린 글들은 본질적으로 현대 자본주의의 해체decomposition와 그 해체가 야기하는 다양한 대응을 분석한다.

1부 "자본주의가 자본주의를 해체하다: 자본주의 해체 경향과 그 징후"는 《리뷰Lignes》에 발표했던 네 편의 에세이로 구성된다.

1장 「오늘날 다시 읽는 『클레브 공작 부인』」은 2007년 11월 이 저널의 23~24호에 발표되었다. 당시 특집의 제목은 "지난 20년간의 정치적 삶과 지적 삶"이었다. 이 1장의 제목은 니콜라 사르코지의 코멘트를 언급한 것으로, 그가 프랑스 대통령으로 출마할 때 17세기 작가 라파예트 부인이 쓴 (불륜과 사랑을 다룬) 소설 『클레브 공작 부인』에 관한 문제가 공무원 시험에 출제된 것을 비웃은 일이 있다. 그의 실언은 금세 대중의 분노를 촉발했고 오히려 그 자신이 비꼼의 대상이 되었다. 이어 『클레브 공작 부인』은 간행된 지 300년도 넘은 시점에, 국가의 교육 정책에 반대하는 저항의 상징으로 부각되었다.

2장 「정치 없는 정치」는 2008년 3월, 같은 저널 25호에 발표했다. 당시 이 저널의 특집 제목은 "정치적 해체 또는 재구성"이었다.

3장 「무엇을 위한 폭력이고 누구를 위한 합법성인가」는 2009년 5월, 위 저널 29호에 발표했던 것이다. 당시는 이른바 '타르낙 사건' 직후였기에, 그 특집 제목도 "정치적 폭력에 대하여"였다.

이 글도 그 사건을 다룬다.

4장의 제목은 「재앙을 예고하는 대자보」이다. 예로부터 재앙의 예고the writing on the wall란 어떤 선지자가 누구나 볼 수 있는 큰 벽면에다 '대자보'처럼 쓴 글을 가리켰다. 이 에세이는 2009년 10월에 같은 저널 30호에 발표했다. 당시 특집의 제목은 "통치 양식으로서의 위기"였다. 특히 이 에세이는 세계 곳곳에서 널리 읽혔는데 이탈리아어, 포르투갈어, 그리스어, 네덜란드어로 번역해준 이들 덕택이다.

1부에 담긴 이 네 편의 에세이는 자본주의의 점진적 정체화 경향, 그리고 그것이 2008년 가을의 위기에서 정점을 찍은 현상을 다룬다. 이 위기는 우리의 가치비판론이 타당함을 사실상 입증해주었다. 안타깝게도 그간 우파는 물론이고 좌파조차 우리의 가치비판론에 극도의 불신을 내보이던 터였다. 특히 불신을 많이 샀던 내용은 "자본주의 생산에 **내재적** 한계가 있다"라는 주장이었다. 하지만 이 책은 자본주의의 자기파괴성이나 야만주의 경향만 다루지는 않는다. 그 해체에 대응하는 방식들이 가진 파괴적이고 야만적인 측면까지 다룬다. 오늘날 자본주의 비판으로 통하는 여러 입장은 알고 보면 문제의 해결이 아니라 문제의 일부를 이루는 경우가 많다. 이 책에서 나는 바로 그 측면을 냉철하게 검토한다. 예컨대 아탁ATTAC* 등 각종 시민사회운동, 증권사 딜러들에 대한 공격, 주로 최고 금융 당국에만 초점을 맞춘 비판,

---

* Association for the Taxation of Financial Transactions and for Citizen's Action. 우리말로 번역하자면 '금융과세 시민운동 연합'이다.— 옮긴이

나아가 다시금 '정치'나 '계급투쟁'을 강조하는 흐름이나 자본주의의 야만성을 자기들의 무기로 박살내겠다는 또 다른 폭력 등이 모두 검토 대상이다. 자본주의 위기 상황에 대한 이런 방식의 대응은 이 글에서 '포퓰리즘'이라는 용어 아래 비판적으로 논의된다. 왜냐하면 이런 운동들의 구호가 얼핏 상당히 근본적인 요구를 내세우지만 그럼에도 불구하고 그 어느 것도 자본주의 생산의 토대 자체를 제대로 비판해내지는 못하기 때문이다. 이들 대부분은 오히려, 시스템 땜질이나 희생양 찾아내기, 자본주의와 함께 이미 몰락의 길을 걷고 있는 적대주의에 다시금 불붙이기 아니면 괜한 엄포 내지르기 등에 초점을 더 많이 맞춘다.

이 책의 1부에 "아니요No"라는 제목을 붙인다면, 2부에는 "아마도Maybe"라는 제목을 붙일 수 있을 것이다. 즉 2부 "자본주의, 이해하거나 오해하거나?: 다양한 대응 논리와 그 한계"는 오늘날 자본주의 사회가 처한 명백한 진퇴양난 상황에 대해 비교적 아래로부터 분출하고 있는 최근의 대응을 다각도로 검토한다. 이러한 대응 방식은 상품 사회에 대한 근본 비판이라는 관점에서 특히 주목할 필요가 있다. 왜냐하면 좀 더 멀찌감치 볼 때 여러 한계에도 불구하고 최소한 이들 접근 방식은 자본주의 사회를 진정으로 '지양'하는 길과 방향을 암시해주기 때문이다. 따라서 이런 방식 모두가 '비판적 대화'에 매우 중요하다.

5장 「호모 에코노미쿠스와 가치의 그늘」은 2009년 하반기에 《모스 리뷰La Revue du MAUSS》* 34호에 발표한 것이다. 당시 특집의 제목은 "무엇을 할 것인가, 오늘날 마르크스에 관해 무엇을 생각할 것인가?"였다. 이 글은 "선물gift" 이론가들의 주요 발간물을 논하면서, (지난 30년 이상 세밀한 작업을 해온) 프랑스 모스 MAUSS 그룹의 선물 이론과 (다양한 측면을 압축적으로 담고 있는) 우리의 가치비판론을 비교 검토한다. 그런 점에서 이 글은 가치비판론의 입문 역할을 할 수 있으며, 따라서 이 책에서 가장 먼저 읽어도 좋겠다.

6장 「장클로드 미셰아의 '자본주의 비판'과 '좌파 비판'」은 처음에는 모스의 웹사이트에 발표했고 이어 2010년 봄에는 저널 《일루지오*Illusio*》 6~7호에 발표했다. 이 글의 분석 대상은 그 전 10년간 프랑스에서 나온 사회비판 관련 글 가운데 가장 흥미롭고 독창적인 것 중 하나인 장클로드 미셰아의 저작이다.

7장 「탈성장론자가 진정한 혁명가가 되는 길」은 2009년 7월 에스파냐 저널 《엘 비에호 토포*El Viejo Topo*》 258~259호에 발표한 것이다. 탈성장 운동의 실태 조사에 대한 응답 형식으로 쓴 글인데 그 운동의 강점과 한계를 동시에 분석한다. 탈성장 운동은 예전과 달리 최근 들어서는 지지층이나 관심 층을 상당히 두텁게 확보하고 있는 추세다.

8장 「가장 위대한 유토피아!」는 브장송 미술학교에서 펴내는 저널 《다이예*D'Ailleurs*》 2호에 발표했던 글이다. 당시 특집 제목은 '유토피아'였다. 이 에세이는 '유토피아' 개념의 모호성을 주로 검토했다. 당시는 대중 사이에서 그 주제가 또다시 한창 인기를

＊ 모스 그룹에서 1년에 두 차례 간행하는 저널의 명칭이다. 'MAUSS'는 Mouvement anti-utilitariste dans les sciences sociales〔반反실리주의 사회과학 운동〕의 약자다.

끌던 때였다.

끝으로 3부 "자본의 독재와 '예술'이라는 상품: 자본 멸망 상황에서 문화의 역할"은 하나의 특정 영역을 집중해서 다루는데, 바로 현대의 문화예술 영역이다. 두말할 나위 없이 '자본주의 쇠퇴'라는 상황에서 문화가 갖는 역할은 매우 중요한 검토 대상이다.

9장 「고양이와 쥐, 문화와 경제」는 2008년 멕시코에서 열린 한 심포지엄에서 발표한 것이다. 심포지엄 제목은 "공공예술에 관한 제5차 포럼"이었다. 이 글은 2009년 12월, 앞서 언급한 에스파냐 저널 《엘 비에호 토포》 263호에 실렸다. 나는 몇몇 프랑스 예술학교에서도 이 강연을 했는데 호응이 상당했다. 현대예술과 관련된 내용을 이야기하는 것과 함께, 예술이 삶의 상품화로 인해 하위 부속물이 되어버린 현실에 대해 가혹한 비판을 했음에도, 아니 그랬기 때문에 호평을 받았다.

10장 「예술의 종말 이후의 예술」은 2007년 〈제9차 리용 현대예술 비엔날레〉 카탈로그에 실렸다. 행사의 제목은 "아직 이름 없는 10년의 역사"였다. 이 글은 애초 쓴 것을 상당 부분 보완했지만 '중요한' 내용은 그대로 남겼다. 이 글은 문화예술과 관련해 미래의 탐구 과제를 개략적으로 제시하려는 시도이기도 하다. '가끔은 단 하나의 문장이 상당히 큰 파급력을 갖는 법!'이란 말을 기억하며 읽으면 더 좋겠다.

시간이 얼마 남지 않았다

이 책의 모든 논의를 한마디로 '낙관적'이라거나 '비관적'이라고 표현할 수 있을지는 잘 모르겠다. 한편에서 가치비판론은 늘 자본주의의 추락 경향을 예측해왔다. 심지어 파국적 상황이 이어질 것이라고 보기도 했다. 그런 면에서 이 책은 구약성서에 나오는 "메네 메네, 데겔, 우바르신Mene Mene, Tekel, Upharsin"*(다니엘서 5장 25절)과 같은 '파국의 예고'라 할 수 있다. 성서에 나오는 이 신비한 말은 어떤 초자연적인 손이 바빌론 벨사살왕의 궁전 촛대 앞 석회벽에 쓴 것이다. 그런데 흥미롭게도 그 시점은 벨사살왕이 최전성기라 착각하고 흥청망청 잔치까지 벌이던 때였다. (영리한 다니엘의 해석을 통해) 이 이야기를 자세히 들은 왕은 중대한 사실을 깨달았다. 이미 자신이 저울에 달아졌으며 이래저래 계산을 해본 결과 (나라를 이끌기에는) 자질이 부족한 것으로 판명이 난 것이다. 결국 왕국은 성문 밖에서 기다리던 적군에게 통째로 넘어가고 말았다(바빌론 왕국의 멸망).

우리의 가치비판론처럼 근본적인radical 비판은 그 어떤 결론에도 별로 동요하지 않는다. 왜냐하면 그 목적이 "우리의 기존 생활방식"을 구해주자는 게 아니기 때문이다. 예컨대 우리의 위기 이론에 대해 사람들은 늘 "전면적 부정"이 아니냐고 반응했다. 부르주아 사상가는 물론 정통 마르크스주의자도 그랬다. 그러나 지난 몇 년 동안 우리가 겪은 일들은 이 위기 이론의 타당성을 재

---

* '세고, 달고, 나눠 주다'라는 뜻이다. — 옮긴이

렘브란트, 〈벨사살의 잔치〉. 1635~1638.

확인해주었다.

2002년 나는 런던의 상황주의자들the Situationists* 모임에서
강연하며 자본주의가 맞이한 심각한 위기를 상기시켰다. 그런데

---

* 상황주의 인터내셔널SI, Situationist International은 1957년 프랑스를 중심
으로 결성된 예술적·미학적·정치적 비판운동 그룹이다. 이들은 자본주의 소
비사회의 현란한 볼거리(스펙터클) 문화가 일상적 삶을 지배하는 경향성에
날카로운 비판을 가했다. 1967년에 나온 기 드보르의 『스펙터클의 사회』는
이들의 이론적 입장을 가장 잘 대변하는데, 유럽의 68혁명에도 큰 영향을 끼
쳤다. '상황주의'라는 용어는 이들이 소비와 이미지, 구경꾼 중심의 현실 '상황'
을 근본적으로 재구축하려 한 데서 나왔다. 상황 재구축의 주요 방법론은 표
류, 전용, 우회, 심리지리학, 일원적 도시주의, 직접 민주주의 등이다.─옮긴이

나중에 영국의 한 마르크시스트 간행물에 실린 어느 비평은 그때 내가 한 이야기가 매우 흥미로웠다면서도, 불행히도 "자본주의의 내재적 붕괴"와 관련된 "초현실적 주장들"[2]로 인해 상당한 흠을 남겼다고 덧붙였다. 하지만 만일 그 논평을 6년 뒤(2008년 위기 이후)에 썼다면 아마도 내 예측이 그렇게 초현실적이라고 말하기는 어려웠을 것이다.

그러나 이것은 미미한 위로에 불과하다. 왜냐하면 위기crisis는 결코 해방emancipation과 동의어가 될 수 없기 때문이다. 이 해방의 요구가 이 책의 심장부를 관통하고 있긴 하지만, 결코 낙관적이지는 않다. 그럼에도 "비양쿠르를 절망으로 몰아가선 안 된다"[*]라는 식의 태도를 고수하는 건 별로 의미가 없다.

한편 직접행동immediate action을 곧바로 세부적으로 지시하는 것은 가치비판론의 목적이 아니다. 물론 이런 입장이 급진적 사회 비판을 갈망하는 이들에게는 상당히 실망을 안길 수 있다. 이들은 즉각적으로 이렇게 질문하기도 한다. 그 세련된 이론을 실천적으로는 대체 어떻게 적용하자는 것인가?

진정한 비판을 하고자 한다면 늘 '구체적이고 즉각적인 해결책을 제시해야' 한다는 요구에 굴복해서는 안 된다. 자본주의 사회 비판이 자본주의 지양supersession을 위한 **실천** 가능한 방도를 제시할 수 있어야 한다는 기대와 요구 자체는 정당하다. 반면, 그럼

---

[*] 〔영문판 옮긴이〕 "우리는 비양쿠르Billancourt를 절망으로 몰아가선 안 된다." 이 말은 철학자 장폴 사르트르(1905~1980)가 1956년 당시 소련 USSR을 다녀와서 한 말이다. 비양쿠르는 그 무렵 프랑스 일드프랑스Île-de-France 지역에서 노동계급 운동을 이끈 주요 도시 중 한 곳이었다.

에도 불구하고 이론의 자율성을 견지하는 것 역시 대단히 중요하며, 그래야만 하는 근거도 충분하다. 실제로 만일 그 필연적 결과로 직접행동만이 유일한 가능성으로 존재한다면 아예 처음부터 근본적 이론 구축은 가능하지 않을 것이다. 다시 말해 가치비판의 배경을 이루는 "범주적 단절categorical break"*이라는 내용은 "다중" 내지 "대안적 세계화" 이론과는 다르다. 즉 즉각적 정치 전략으로의 전환과는 다른 의미를 띤다. 또 그것은 "선물" 이론과도 다르게, 개인 생활에 즉각 적용할 수 있는 것이 아니다.

또한 자본주의 사회생활의 기본 범주(노동, 상품, 화폐 등)와의 단절을 개념화하는 것은 오늘날 수없이 제안되는 다양한 아이디어의 한계를 뛰어넘는, 그러면서도 꾸준히 오래 지속될 새로운 구심점 같은 것을 가능하게 한다. 따지고 보면, 기존의 아이디어와 제안도 현실의 변화를 추구했으나 대부분 아무 변화도 이뤄내지 못한 헛수고에 그치지 않았던가.

오늘날 우리가 표류하고 떠밀리듯 가고 있는 이 상황은 결국 인간이 "쓰레기"(지그문트 바우만)가 되는 것일 뿐이다. 이른바 "제3세계"에서만 그런 게 아니라 세계 곳곳에서 수많은 사람이

---

* 여기서 '범주적 단절'이란 상품·가치·화폐 범주 자체를 확실하게 지양하는 것이다. 흔히 자본주의의 대안으로 제시되는 경제민주화나 기본소득 같은 새로운 개념조차 상품·가치·화폐 범주를 지양함으로써 완전히 새롭게 시작하는 변화가 아닌, 이들 범주 안에서 그저 현실의 개혁reform을 추구하는 수준에 그친다. 반면에 '범주적 단절'이란 상품·가치·화폐에 의해 지배되는 현실 그 자체를 전혀 '다른' 범주로 바꿔내는 것을 말한다. 물론 그 다른 범주에 대해서는 더 깊은 사회적 토론이 필요하다.— 옮긴이

쓰레기통을 뒤지며 생존을 영위하는 현실은 오늘날 인류가 대체 어디를 향해 가고 있는지 잘 보여준다. 실은 오늘날 인류가 해온 일이라는 것이 결국 자본의 가치 증식 과정을 인류 자신의 중요한 삶의 필요조건으로 만든 것 아니었던가. 그런데 그 결말은 어떠한가? 이제 인류 자체가 잉여가 되고 말았다. 즉, 인간 존재 자체가 자본 물신의 재생산을 위해 더는 필요 없는 존재로 전락했다는 이야기다.

실제로 우리 주변에는 아무 "쓸모"가 없는 사람들이 갈수록 늘고 있다. 심지어 착취를 당하고 싶어도 착취당할 기회마저 잃어버린 사람들이 수두룩하게 쏟아져 나온다. 동시에 그들은 스스로 생계를 꾸릴 수 있는 수단을 이미 모조리 박탈당했다. 한편 아직도 뭔가 자원을 좀 갖고 있는 이들은 종종 그 자원을 파괴적 용도에 투입하기 일쑤다.* 이런 상황에서 뭔가 돌파구를 찾으려면, 인간 해방 프로젝트를 근본적으로 재구성해야 한다. 즉, 엄청난 변화가 이뤄진 지금의 세계에서 낡은 처방전은 거의 아무런 소용이 없다.

의심의 여지 없이 인간 해방은 자본주의 발전의 단순한 귀결로 오는 게 아니다. 또한 그것은, 자본주의는 그대로 둔 채 (흔히 선거철마다 그렇게 기대되듯) 관리자만 교체한다고 될 일도 아니다. 또는 자본주의가 스스로 만든 생산력, 하지만 그것을 더 좋은 용도에 투입하는 걸 용납도 않는 그 자본이 지닌 생산력을

---

* 예를 들면 농지를 소유한 이들이 농사를 짓는 대신 원룸 아파트를 지어 돈벌이를 하는 것이다.— 옮긴이

"해방"시킨다고 해서 될 일도 아니다. 나아가, 공산주의나 혁명 또는 인간 해방으로 갈 수밖에 없다고 하는 역사적 경향성 내지 필연성 따위는 결코 존재하지 않는다. 해방은 사회주의나 공산주의라는 정해진 목표를 향해 나아가는, 목적론 같은 것이 아니라는 말이다. 또 해방의 힘을 싣고 갈 수 있는 그 어떤 진보 물결의 흐름도 아직 없다. 승리를 장담할 수도 없고, 자연적으로 앞뒤로 이어지는 순차적 단계 같은 것도 없다. (마르크스 식으로) "자본의 등 뒤에서" 만들어져 마침내 자본을 제거해버릴 그 어떤 힘 따위도 물론 없다. 마찬가지로 (헤겔 식으로) 그 어떤 "변증법적" 역전 현상도 없고 이성의 간계奸計 같은 것도 없다.

인간 해방 내지 사회 해방이란 만일 그것이 반드시 일어나야 하는 일이라면 아무런 안전망이 없는 상태에서 '미지의 세계'로 도약하는 그런 것일 테다. 즉, 인간 해방이란 역사가 내린 판정 따위를 집행하는 일과는 전혀 다르다. 반면에 (인간 해방이 아니라) 오히려 '인류 참사'가 일어날 가능성은 높으며 그 객관적 근거까지 있다. 실제로 상품 사회가 발전하는 과정에는 이미 예정된 어떤 것이 존재하는데, 이는 상품 사회의 위기나 몰락이 바로 상품 사회 중심부에 내재하기 때문이다. 자본주의 상품 사회의 역사란 결국 이런 파국적 상황이 전개되는 것에 다름 아니다. 요컨대 인류에게 인간 해방은 불확실한 반면 참사나 파국은 거의 확실히 예고되어 있다. 고삐 풀린 말처럼 아무 규제도 없이 달리는 자본주의 상품 사회는 끝내 아득한 심연으로 떨어질 것이다. 만일 "역사의 법칙" 같은 게 있다면 그것은 이런 식으로 늘 잘못된 방향으로 가는 경향성이다. 따라서 인간의 참된 자유와 행복은 이런 법칙으로부터 나오는 게 아니라 늘 그런 법칙을 **거슬러** 달성된다.

혁명가들이 대대로 선포해온 것처럼 자본주의가 단지 자기 무덤을 파는 자에 그치지 않고 그것을 대체할 사회의 기초까지 만들어낸다는 희망은 곳곳에서 발견된다. 그런데 그 희망은 이런 식의 "긍정적" 경우만이 아니라, 특히 최근 벌어진 일들과 관련해서는 "부정적" 경우에도 존재한다. 여기서 가장 긍정적인 경우란 자본주의로부터 이를테면 생산력 같은 것을 물려받되 (자본주의가 만들어낸) 프롤레타리아트가 궁극적으로 승리하는 것이다. 한편 부정적 버전에 따르면, 자본주의는 어떤 면에서 인간이 자본주의 자체를 제거하려고 몹시 노력한 덕분에 이렇게 되고 있다는 듯 갈수록 황폐화의 길로 치닫는다. 아니면 최소한 자본주의 스스로 (위기 탈출을 위해) 엄청난 변화와 혁신을 감행해왔다. 이런 시나리오에서는 분명 자본주의가 혁명가들에게 최선의 동맹군처럼 가정된다. 또는 그 어떤 힘으로 가정되기도 하는데 그 힘이 (비록 간접적이긴 하지만) 참사를 향해 전진한다기보다는 인간 해방을 불러온다는 것이다.

이런 것을 환경 및 경제 분야에서 흔히 볼 수 있는, (두려움을 동반하는 경고를 통해 탈출 의욕을 촉진하려는) 일종의 **불운 퍼뜨리기**doom-mongering라고 한다. 즉, 사람들이 극단적 위험 앞에 직면해 정신을 바짝 차려 마침내 기적 같은 일이 일어나게 만들려고 한다는 이야기다.[3] 달리 말해, 생존 본능이 인류로 하여금 깊은 추락의 가장자리에서 가까스로 멈춰 서게 만들 것이며, 나아가 자본주의가 추구하는 것이 인류의 최대 관심사인 생존과는 조화를 이룰 수 없음을 마침내 깨닫게 될 것이라는 말이다.[*] 과연 그럴까?

불행히도 자기보존을 위한 생존 본능 같은 것은 개인적으로도 집단적으로도, 즉 보편적으로 존재하지 않는다. 주변을 둘러보라. 자동차 운전을 하면서도 계속 담배를 피워대거나 심지어 휴대폰을 손에 들고 끊임없이 수다를 떠는 사람들이 있다. 역사를 봐도, 각종 문명이 자신의 경로를 변경해 살아남기보다는 통째로 폭삭 망해버린 경우가 많다. 더구나 인간이 현재 이미 심각한 수준인 환경 위기(미세먼지, 지구온난화, 이상 기후, 자원 고갈 등)를 깨닫는다고 해서 반드시 해방의 길로 나아가는 것은 아니지 않는가. 오히려 현실 속 인간들은 그에 대한 권위주의적 해법으로 나아가거나, 아직 망가지지 않은 공간을 먼저 차지하려고 더 치열한 경쟁, 심지어 새로운 전쟁까지 시도하지 않던가. 경제위기 역시 반드시 인류를 해방의 길로 "밀어 넣"으리라고는 장담할 수 없다.* 이에 대해서는 이 책 I부에서 자세히 다룬다.

불행인지 다행인지, "해방"이라는 단어는 아직 "혁명"만큼 오염되지는 않았다. 원래 해방이란 노예가 자유롭게 되는 것 liberation을 의미했다. 이제 노예는 주인이 없다. 스스로 독립 independence을 쟁취해 주인이 된다. 그런데 이 해방이라는 말은 늘 무엇으로부터의from something 자유를 뜻한다는 점이 중요하다. 즉, 사람들은 타율성으로부터 해방되어 자율성을 얻는다. 그리하여 자기 스스로 주인이 된다. 그렇다면 오늘날 우리는 과연

---

* 예를 들면 '자본주의가 좀 더 확실히 망해야 사람들이 정신을 차릴 것'이라 보는 것이다.─ 옮긴이

무엇에서 해방되어야 하는가? 즉, 무엇으로부터 우리 스스로를 해방할 것인가?

파국으로 치닫는 자본주의와 진정한 해방의 길

오늘날 우리의 해방이란 단지 한 집단이 다른 집단을 지배하는 문제, 그래서 그로부터 피지배자를 해방하는 문제가 아니다. 즉 자본가의 프롤레타리아 지배, 부자의 가난한 자 지배, 남성의 여성 지배, 백인의 흑인 지배, 북반구 선진국의 남반구 후진국 지배, 이성애주의자들의 "일탈자" 지배 등등의 문제에 그치지 않는다. 물론 몇몇 특정한 경우, 이런 요구는 나름의 정당성을 갖는다. 하지만 이 지배관계의 주체가 뒤바뀐다고 해서 문제가 해소될 것인가?

사태를 이렇게 집단 대 집단의 적대관계로 보는 한, 지배 주체의 교대만 일어날 뿐 근본 문제는 풀리지 않는다. 즉, 비록 주체교대가 일어났다 하더라도 많은 경우 더 다양한 (때로는 약간 신사적인) 관리자들이 등장했다는 점 말고는 그 이전과 별로 다를 게 없다. 또한 혜택과 피해를 사회적으로 배분하는 일이 그 이전보다 더 공정하다는 보장도 없다. 결국 불의 내지 부정의의 유형만 바뀌고 끝나는 셈이다. 그렇게 참사의 길은 계속 이어진다.

최상의 시나리오라고 해봐야 맥도날드 같은 데 가서 누구나 맘껏 먹을 수 있는 정도, 아니면 누구나 선거와 투표에 참여해 한 표를 행사하게 되었다는 것 정도가 아닐까? 그나마 피부색과 성별이 같고 동일한 언어를 쓰는 경찰에 의해 고문을 당할 권리 정도로 끝나지 않음을 다행으로 여겨야 할까? 요컨대 우리가 시스템의 작동 과정에 어떻게 접근하고 참여할 수 있을지 아는 것만으로 이 시스템의 구조적 제약에서 탈출할 수 있는 것은 아니다.

결국 더 깊고 넓은 차원에서 우리의 자율성을 가로막는 그 모든 것으로부터 자유롭게 되어야만 참된 해방인 것이다. 그러려면 자본주의 전반과 기술 시스템 자체를 문제 삼아야 한다. 이 "메가 머신megamachine"(루이스 멈퍼드)의 특정 측면만 살려둔다거나 옹호하는 식이 되어선 안 된다는 얘기다. 즉, 새로운 사회가 아무리 "비非자본주의"를 지향한다 해도 기존의 산업 기술을 새로운 관점에서 "전용"하는 것 따위는 아무 의미가 없다. 같은 맥락에서 기술 자체 혹은 기술의 과잉을 포기하자는 이야기 또한 사회 전반에서 가치 증식 논리나 추상노동 그리고 자본관계 자체를 철폐하지 않는 한, 별 의미가 없을 것이다. 따라서 수백 년에 걸쳐 이미 만들어진 시스템으로서의 물신주의fetishism를 철폐하는 일은 대단히 중요하다. 이미 만들어졌다는 얘기는, 크건 작건 그 어떤 결정도 더는 우리 스스로 내릴 수 없게 되었다는 뜻이다. 물신주의가 사회 전반을 지배하는 시스템에서 우리는 결코 자유롭지 못하다.

여기서 절실히 요구되는 것은 (되돌리기 어려운) 파국으로 치닫는 흐름을 막기 위해 필요한 모든 가능성을 열어두는 것이다. 되돌리기 어려운 파국이란 무엇인가? 예를 들어, 온 세상에 유전자조작생명체GMO가 넘쳐나는 것, 마찬가지로 인간이 무한대로 복제될 수 있는 날이 오는 것, 성층권의 좋은 오존층이 영원히 사라져버리는 것 등이 아닐까? 만일 이런 파국이 실제로 온다면 우리가 인간 해방을 위해 계속 투쟁하는 것이 도대체 무슨 의미가 있을까?

또 다른 차원에서 우리가 확실히 해야 할 게 있다. 유례 없이 발전해 점점 더 완벽해지는 감시 기술, 그리고 그 기술이 우리의 자유나 안전을 보장해줄 것처럼 환영하는 수많은 사람 등이 그 어떤 구조적 사회 저항도 불가능하게 만들 것이라는 점이다. 사실 이런 감시 기술은 그 범위가 하도 넓어 인터넷이나 신체 내장 마이크로칩, 나노 기술, 감시 카메라, 페이스북, 스마트폰, 신용카드, 지문 인식 등이 모두 그에 해당한다. 따라서 누군가 이런 기술을 쓰지 않겠다고 완강히 거부하면 본의 아니게 의심을 사거나 아주 심하면 옥살이를 할 수도 있다. 이런 일은 이미 언론에 종종 보도되고는 했다.

바로 여기서, 언젠가 파시즘이 한창 승리의 나팔을 불던 시기에 발터 베냐민이 한 말이 생각난다. "마르크스가 말하길, 혁명은 세계 역사의 기관차라 했다. 하지만 아마 그건 좀 아닌 것 같다. 이제 혁명은 (인류 전체를 상징하는) 그 기차를 탄 승객들이 급브레이크를 작동하는 것이 아닐까 싶다."[4] 과연 이 급브레이크는 어떻게 작동할 수 있을까? 매주 토요일 데모 같은 것만으론 결코 가능하지 않다. 해가 멀다 하고 돌아오는 선거(투표)나 "소비자의 선택" 같은 걸로는 어림없다. 그런 방식으로는 절대 세상이 바뀔 리 없는데, 그 이유는 무엇보다 우리가 근본을 놓치고 있어서다. 그 근본을 알려면 이런 질문이 필요하다. 도대체 왜 사람들은 동일한 상황이나 동일한 도전 앞에서 그토록 다르게 반응하는가?

파국이 온다

이 질문에 제대로 답하려면 우리는 또다시 우리 자신이 살고 있는 이 사회의 "객관적" 상황 전반을 제대로 알아야 한다.

　이 책에 실린 글들은 1991년 창간한 프랑스 저널《뉘상스*백과전서*Encyclopédie des nuisance*》 그룹의 원동력이었던 하이메 셈프룬Jaime Semprun(1947~2010)** 선생의 아이디어와 관련이 많다. 그는 우리 시대의 보기 드문 지성 중 한 사람이었다. 나는 의견이 좀 달라도 그를 진심으로 존경했다. 이 책을 그에게 바친다.

---

* 프랑스어 뉘상스nuisance는 '골칫거리'라는 뜻이다. — 옮긴이
** 하이메 셈프룬은 에스파냐 출신의 망명 작가 호르헤 셈프룬(1923~2011)의 아들로, 프랑스에서 태어나 프랑스에서 사망한 작가이자 번역가다. 그는 특히 영국 작가 조지 오웰의 미발표 원고들을《뉘상스 백과전서》라는 저널에 번역해서 싣는 데 많은 열정을 쏟았다. 그 자신이 쓴 글들은 주로 국가나 산업사회를 비판하는 내용이었다. — 옮긴이

I

자본주의가
자본주의를 파괴하다

자본주의 해체의 경향과 그 징후

오늘날 다시 읽는
『클레브 공작 부인』

"우리"와 "그들", 200년 동안 적대해온 두 사회집단

『공산당 선언』의 첫머리에 나오듯 초기 산업자본주의 사회는 물론 전前 자본주의 사회도 이분법적이고 위계적인 조직에 토대를 두고 있었다. 즉 주인과 노예, 귀족과 농민, 착취자와 피착취자, 자본가와 프롤레타리아 등이 그것이다. 이 두 갈래의 사회집단은 거의 모든 면에서 서로 적대했다. 이는 그들이 동일한 종교적 의식을 갖고 있더라도, 그리고 동일한 세계관을 갖고 있더라도 마찬가지였다. 따지고 보면 사회적 재생산의 기초에는 늘 직접 생산자들이 만들어낸 잉여 생산물에 대한 도둑질(탈취)이 깔려 있었다.

이 도둑질은 맨 처음엔 폭력적으로 행해졌다. 이 폭력은 사회적 "역할들"을 확실히 배분하는 최종 수단이기도 했다. 나중에 이 도둑질은 통상적으로 "상부구조"라고 하는 광범위한 기구들(교육부터 종교에 이르기까지)에 의해 정당화되고 은폐되기도 했다. 이 상부구조는 현실의 삶에서 상당히 불리한 역할 배분(권리와 의무 포함)을 수용하기를 주저하는 사람들, 그리고 동시에 (만일 충분히 단결하고 결의만 확실히 다진다면) 그런 상황을 얼마든지 뒤집어엎을 수 있는 사람들을 마침내 조용히 복종하게 만들었다.

실제로, 만일 기존의 질서 자체를 사람들이 논란의 대상(특히 산업혁명이나 계몽주의 발흥과 더불어)으로 삼기만 한다면 **혁명**(또는 대대적 개혁. 어느 쪽이건 엄청난 구조 변화가 뒤따름)은 필연적 귀결일 수밖에 없었다. 물질적 부의 생산양식에 대한 반대는 그것을 정당화하던 그 모든 것(왕의 독재나 종교 등)에 대한 의심을 키웠고, 심지어 그 최고조기에는 가족이나 교육 시스템 등에 대한 회의까지 불렀다. 그다음에는 앞서 언급한 대로 이분법이 특히 강조되었다. 즉, 한 줌밖에 되지 않는 착취자들이 나머지 모든 사람을 폭력이나 속임수로 지배했다는 주장이다. 물론 이 속임수에는 오늘날 우리가 "이데올로기"나 "조작"이라 부르는 것들도 포함된다.

그런데 이러한 견해에 따르면 이 두 계급은 공통점이 하나도 없다. 피착취자들은 모든 인간적 가치의 담지자이며 지배계급은 그 모든 인간적 가치를 부정한다. 그런데 사회적 약자인 피착취자들이 지배자들의 권력을 깨부수기란 정말 어렵다. 왜냐하면 지배자들은 피지배자들을 상대로 강제나 회유에 쓸 수 있는 다양한 수단을 엄청난 양으로 축적해왔기 때문이다. 이로써 그들은 손쉽게 피착취자들을 분열시킬 수 있었고, 마침내 그들 중 일부를 협박하거나 매수해버렸다.

그럼에도 불구하고 만일 "하위" 계급이 똘똘 뭉쳐 사회질서를 전복하기만 한다면, 그리하여 구舊질서를 공정하고 좋은 사회로 대체하기만 한다면, 여태껏 그 어디에도 없던 새로운 세상이 열릴 것이라는 데 아무도 의심을 품지 않았다. 행여 피지배계급이 현실의 삶에서 다양한 결점을 드러내거나 동료에 대해 이기주의적 태도를 보인다면, 그것은 대체로 지배계급이 그 악행으로 이들까지 나쁜 물을 들여놓았기 때문이라고 해석되었다. 나아가 혁명적 투쟁은 그러한 인간적 결함을 확실히 척결할 것으로 보였다. 왜냐하면 그것들은 원래 피착취계급 고유의 결함이 아니라고 간주됐기 때문이다.

만평처럼 다소 압축해서 말한 감이 없진 않지만, 이러한 자화상이 지난 200년 동안 사회 해방 지지자들에게 활기를 부여해준 것만은 사실이다. 물론 크게 잘못된 묘사도 아니다. 비록 일방적으로 묘사되긴 했으나 부분적으로는 현실의 모습에 부합하기 때문이다. 일례로 20세기 초의 수십 년간 에스파냐에서 있었던 아나키스트 운동*은, 자본주의 사회 안에서 가장 반反자본주의적인 사회형태를 구성할 수 있었던 대표적 사례다. 이 운동은 마침내 1936년 "하나의 사회혁명을 이끌어, 여태껏 구현된 프롤레타리아 권력의 가장 선진적인 모델"[1]을 제시했다. 그리하여 그 혁명

---

* 흔히 아나키스트를 무정부주의자라 번역하지만 정확한 표현은 아니다. 아나키즘이란 무無지배, 즉 지배나 억압이 없는 세상을 추구하는 성향이다. 따라서 아나키스트는 참된 자유와 해방을 추구한다. ─옮긴이

은 상당한 정도로 자본주의 가치(관)에 반하는 사회를 만들어냈다(하지만 그 운동이 그들 스스로 자부한 정도로 완전히 자본주의 가치법칙에 반했던 것은 아니다. 이 점은 그들이 얼마나 노동과 산업을 찬양했느냐 하는 것만 봐도 잘 알 수 있다).

한편 그 혁명운동은 확실히 전 자본주의적 지역 전통에 뿌리를 두었는데, 이것이 부르주아 사회와 관련해 "다름"의 문화를 견지하는 데 압도적 역할을 했다. 이런 전통은 일례로 독일 노동운동에서는 찾아보기 어려운 것이었다. 널리 알려진바 레닌의 관찰에 따르면, 독일의 혁명가들은 기차역이 처음 생겼을 때 문제를 제기하며 집단 점거를 하기보다 기차표를 사려고 줄을 서기 바빴다(흥미롭게도 레닌 자신도 독일의 우체국 시스템을 보고는 미래 공산주의 사회의 모델이라 찬양하며 러시아에도 꼭 건설해야 한다고 주장했다).

자본주의 사회의 양적 평등성과 "계급투쟁" 개념

그러나 지난 수십 년 동안 하나는 분명해졌다. 자본주의 사회에서 인간 해방이란 그 사회 내의 한 계급이 다른 계급에 대해 우위를 확보하고 승리하는 것을 의미하지 않는다는 점이다. 사실 여태껏 이런 생각이 지배적이었는데, 한 사회의 피지배계급은 그 사회의 내부자로 존재하는 것이 아니라 단지 낯선 사회(지배자들)의 규칙을 멍에처럼 짊어지고 있는 존재로 간주되어왔기 때문이다. 그럼에도 어쨌든 이런 인식 틀이 멕시코의 치아파스 반란군처럼 특수한 경우엔 지금도 일부 남아 있을 수 있다. 하지만 제

1 오늘날 다시 읽는 『클레브 공작 부인』

2차 세계대전 이후 활짝 만개한 자본주의 사회에서는 이런 인식 틀이 더는 유효하지 않다.

자본주의 사회의 고유한 특성은 한 계급이 다른 계급을 착취하는 데 기초를 둔다는 점이 아니다. 물론 이런 착취가 존재하는 건 분명한 사실이다. 하지만 이것이 자본주의에만 고유한 특성인가? 그 이전 사회에도 존재했다. 그렇다면 자본주의 사회의 고유한 특징, 즉 자본주의를 역사적으로 특이하게 규정 짓는 것은 무엇인가? 그것은 자본주의 사회가 이런 것, 즉 사회 전반에 번져 있는 경쟁, 삶의 모든 영역에 영향을 미치는 상품 관계, 그리고 보편적 매개물인 화폐 등을 기반으로 구성된 사회라는 점이다. 자본주의 사회에서 사람들은 시장과 화폐 앞에 평등하다. 이 평등성이란 "단지" 양적 차이만 중시한다는 말이기도 하다. 그리하여 이 평등의 사회가 점차 그 옛날 구계급(귀족, 성직자, 왕, 지주)을 소멸시켰다. 물론 그렇다고 해서 그것이 온 사회를 더 이상 아무 갈등도 없는 곳으로, 또는 거의 불의가 없는 사회로 만들었다는 말은 아니다.

사실 이 평등성은 산업혁명 초기부터 맹아 형태로 존재했다. 왜냐하면 평등성이야말로 노동가치 증식 또는 화폐의 자기증식으로 나타나는 자본주의와 일심동체이기 때문이다. 그러다가 제2차 세계대전 이후 최소한 서양에서는 이러한 평등성이 압도적 지배력을 발휘했으며, 그 후 수십 년 동안 이른바 "포스트모던" 사회의 등장과 더불어 완전히 자명한 것으로 간주되기에 이른다.

그리고 최근 20년 동안엔 그 근본적 변화에 주목하고 이론적으로 성찰하는 일도 꽤 많아졌다. 물론 기존의 "이분법적" 관점

역시 죽진 않았다. 그 가장 공통된 생각은 "계급투쟁"이라는 개념이다. 이 개념은 정통 마르크시즘traditional Marxism의 핵심 축인데, 심지어 자기 자신을 마르크스주의자로 여기지 않는 일부 이론가(피에르 부르디외부터 주류 페미니즘 이론가까지)조차 이 개념을 포기하지 않았다. 게다가 최근 자본의 세계화가 초래한 두려움은 이 개념에 새로운 동력을 제공했다. 예컨대 금융과세를 주장하는 '아탁'의 사민주의자들이나 대중의 "지적 자본"을 옹호하는 신新노동자주의자들(자율주의자들)은 화폐나 상품과 같은 자본주의 "재화"의 **분배**만을 문제 삼을 뿐 자본주의 그 **자체**를 문제 삼진 않는다.

한편 자본주의 시스템의 모순을 다른 각도로 분석해보려는 시도 또한 있다. "계급투쟁" 개념의 중심성을 포기하는 우리의 분석이 그 예다(그렇다고 우리가 계급투쟁의 존재 자체를 부정하는 건 아니다. 계급투쟁은 그것대로 합당한 근거를 갖추고 있다). 계급투쟁 '개념'의 중심성을 포기한다는 것도 1999년 영국의 토니 블레어가 공표한 것과 동일한 방식은 아니다. 블레어는 이렇게 말했다. "계급전쟁class war은 이제 끝났다."[2]

그러나 우리의 이 새로운 분석법은 사회비판을 결코 포기하지 않는다. 우리의 분석법은 오히려 오늘날 사회비판에서 진정 핵심적인 게 무엇인지 부단히 질문한다. 그렇게 함으로써 이러한 분석적 시각은 마침내 자본주의 상품 비판, 나아가 그 상품 물신주의, 가치, 화폐, 시장, 국가, 경쟁, 민족, 가부장제, 그리고 노동 등에 대한 근본적 비판에 무게중심을 둔다.

이 분석법은 지금까지 마르크스의 저작들을 살필 때 흔히 경시된 여러 측면에서 최초의 영감을 얻었다. 그 작업의 가장 기초적인 단계는 1986년 독일에서 창간된 《크리시스》라는 저널이다. 저널의 부제는 "상품 사회 비판을 위하여"였다. 이와는 별도로 발표된 주요 작품 중 하나는 미국의 모이쉬 포스톤이 1993년에 펴낸 『시간, 노동, 그리고 사회 지배: 마르크스 비판 이론의 재해석』이었다.[3] 그리고 또 이와는 좀 다른 시각이지만 프랑스에서 장 마리 뱅상이 1987년에 출간한 『노동에 대한 비판: 제작과 행위』[4] 역시 이러한 근본적 비판에 중요한 공헌을 했다.

물론 이런 몇몇 이론적 작업과 그 간행물들이 그 자체만으로는 엄청 중요한 것도 아니요, 무슨 큰 시대적 변화를 상징하는 것도 아니다. 게다가 그런 노력이 이른바 비판적 집단 내부에서 폭넓게 환영받은 것도 아니다. 그럼에도 이것은 지금까지 쭉 진행돼 온 일정한 상황 변화에 대한 인식이 어느 정도 진전되었음을 암시한다. 다시 말해 이제 우리는 역사적으로 일정한 시점에 도달했는데, 그것은 모든 사회 구성원에 의해 널리 수용된 삶의 방식(자본주의)에서는 분배 형태의 변화나 관리자의 교체가 더 이상 의미를 갖지 못하는 시점이 왔다는 것이다. 그리하여 이제 우리는 **문명의 위기**라는 낭떠러지 앞에 서 있다. 오늘날 모든 사회 구성원을 포괄하고 있는 삶의 모델이 몰락하게 생겼다는 것이다.

사실 '문명의 위기'라는 주장은 그리 새로운 것이 아니다. 이미 양차 대전 사이 기간(1918~1939)에 이른바 "부르주아" 또는 "보수주의" 관찰자들에 의해 특히 많이 제시된 얘기다(그들은 세계 전쟁과 그로 인한 전통 가치의 파괴, 진보 운동 진영의 도발 등을 문명의 위기라 보았다). 한편, 당시 거의 모든 사회 해방 사상은 "진보

progress"에 대한 확신으로 가득 차 있었고 따라서 그 진보의 결과물들이 불균등하게 분배된 것에 신경을 곤두세우고 있었다. 더구나 기술적·산업적·경제적 진보 같은 개념, 그리고 그와 관련해 사회적·도덕적 진보 개념은 서로 겹치기도 했고 또 병행해나갈 수 있는 것으로 보였다. 당시의 지배계급은 진보를 옹호하는 사람들 시각에서 보면 본성상 "보수적"으로 보였고, 따라서 원칙적으로 "진보"와 "변화" 그리고 "개혁"에 적대적인 것처럼 보였다.

그 뒤 발터 베냐민, 테오도어 아도르노, 막스 호르크하이머 같은 이들이 등장하면서 이른바 "문화" 비판이 처음으로 "자본주의" 비판과 만나게 되었다. 그러나 현대인의 삶을 아우르는 근대성 비판이 본격적으로 널리 퍼진 것은 1970년대 들어서다. 다른 편에선 이반 일리치, 귄터 안더스, 자크 엘륄, 베르나르 샤르보노, 미셸 앙리, 루이스 멈퍼드, 크리스토퍼 래시, 그리고 닐 포스트먼 같은 이들에 의해 제시된 "기술" 비판의 흐름도 있었다. 그리고 또한, 여러 생태주의 이론이나 "개발" 비판론도 있었는데, 프랑스의 모스 그룹이나 세르주 라투슈, 그리고 프랑수아 파르탕 등이 대표적이다. 이 다양한 시도는 그 나름 일리가 있었으나 막상 그들 모두 자신들이 상세히 묘사했던 여러 문제의 **원인**을 찾아내는 부분에 이르면 좀 이상해지기도 했다. 즉 그들은 대체로 인간성 측면의 도덕적 실패가 근본 문제라고 강조하곤 했다.

동시에, 앙리 르페브르의 비판사회학적 시도는 물론이고 기 드보르 같은 상황주의자, 그리고 좀 더 일반적인 용어로 (볼탄스키, 키아펠로 등) "예술 비판"의 시각에서 나온 논쟁, 또 전위주의나 초현실주의자들의 시각 등이 사회 저항의 전선에 보다 많은

"주체적" 관점을 부각했다. 일례로 삶의 기본적 필요가 충족된 "풍요의 사회"에 사는 사람들이 실제로 겪게 되는 삶의 불만족에 관한 문제들 말이다.* 그러나 이런 비판조차 여전히, 때로는 예전의 다른 그룹보다 더 심하게 이분법적 세계관에 토대했다. 즉 "우리"와 "그들"을 늘 대립시켰다. 말하자면, '죽음' 충동에 충만한 "세상의 지배자들"과 "우리의" 강렬한 '삶'의 의지를 극명하게 대치시킨 것이다.

자본주의를 지양한다는 것은 무엇인가

하지만 이제 (내가 속하기도 한《크리시스》그룹 중심의) 상품 물신주의 비판 이론은 이런 여러 비판가의 한계를 뛰어넘으려 한다. 이 입장에서 보면, 진정한 문제는 마르틴 하이데거 식의 "기술의 본질과 인간성의 관계"라는 형이상학적 운명도 아니고, 힘센 악마들이 선한 사람들을 상대로 벌이는 음모 같은 것도 아니다. 이 새로운 이론이 주장하는 바는, 사태의 핵심이 상품 사회에 사는 모든 사람에게 공통으로 나타나는 "주체-형태subject-form"에 있다는 것이다. 물론 이 말은 모든 인간 주체가 드러내는 양태가 동일하다는 뜻이 아니다. 오히려 그것은 인간 주체들이 생산

---

* 보다 덜 이론적인 차원에서는 1960~1970년대의 "반문화counter-culture" 운동이 같은 내용을 상징했다. 즉, 자본주의 사회 안에서 나름 살아 보겠다고 발버둥치거나 사는 게 얼마나 힘든지 불평하기보다 직접적으로 자본주의 생활방식을 거부하는 것이다.

과 소비 과정을 통해 가치 증식을 하는 물신주의 시스템이 필요로 하는 촉매이자 대리인, 매개자로 기능함을 말한다.

그렇다고 해서 이 주체가 때때로 자신을 (예컨대 "남성" 역할이나 "생계부양자" 역할을 하는) 고정 틀에 갇혔다고 느끼는 그런 개인 내지 인간과 완전히 같다는 말은 아니다. 바로 이것이, 마르크스가 가치 증식의 주체를 "자동 주체automatic subject"라 부른 까닭이다. 여기서 자동 주체는 일반적 "주체" 개념이 상징하는 자율성이나 자유와는 반대된다. 이 자동 주체는 우리가 반드시 해방시켜야 하는 (대상으로서의) 주체이지 결코 그를 통해 또는 그를 조건으로 해서 우리를 해방할 수 있는 (행위자로서의) 주체가 아니다.

이런 시각에서 보면, 자본주의의 지양은 자본주의의 발전과 더불어 창조된 주체들이 승리를 거두는 것(예컨대 노동계급의 승리)에 있지 않다. 그럼에도 지금까지의 인간 해방론들은 자본주의의 지양을 정확히 이런 식으로 이야기해왔다. 즉, 자본주의란 그 자체로는 긍정적인 어떤 것들(예컨대 프롤레타리아 노동에 의해 창조된 진보와 산업사회, 과학과 기술)을 대단히 비효율적이고 불공정하며 기생적인 방식으로 관리하는 시스템 정도로 파악되었다. 이런 맥락에서 공산주의 역시 이 자본주의의 "성취물"을 전혀 다른 주체들이, 그리고 색다른 소유 양식으로 연속적으로 잘 관리해나가면 된다고 이해했다. 즉, 여기엔 과거와의 심층적 단절이 없었다.

전통적 해방 이론들은 "주체"의 긍정적 자아실현과 관련하여, 주체야말로 (자본주의 번영의 기초가 아니라) 자본주의 지양의 기초라 봤다. 따라서 이 인간 주체들이 그 본질을 완전히 실현하도록, 그 잠재력을 잘 펼칠 수 있도록 도와주는 일이 필요하다고 봤다. 여기서는 인간의 본질이나 잠재력이 자본주의 지배 시스템과는 무관한 것으로 파악되었다. 이런 맥락에서 혁명이란, 노동을 온 사회에 총체적으로 확장하도록 돕는 것이다. 그리하여 모든 개인은 혁명을 통해 노동자(근로대중)가 된다. 기껏해야 인간 주체들은 자신을 타락하게 만드는 힘들에 대해 경계심을 갖고 이를 잘 제거하기만 하면 될 뿐 육체노동자로서 자기 존재 또는 정보기술 노동자로서 존재 자체를 의심해볼 하등의 이유가 없었다. 사람들이 그 주체들 내면에 집어넣은 혁명가적 이미지들은 무엇이 주체를 구성하는가와 관련해 그 어떤 성찰로도 이어지지 않았다. 이는 주체들이 그 심층 구조(느낌, 생각, 태도 등)에 상품 사회의 여러 인자를 내면화하고 있으리라는 인식을 하지 못했기 때문이다. 자본주의 상품 사회 시스템의 자기 영속성이나 자기 재생산 가능성, 그리고 그에 저항하는 여러 비판들까지도 곧잘 "이겨내는" 엄청난 역량 등의 문제도 바로 이것으로 쉽게 설명이 된다.*

이 주체의 실체를 찾아내는 일은 다양한 방식으로, 심지어 서로 상반되는 방식으로 가능하다. 이를테면 전통적 노동자 운동에서는 그 주체들이 생산적 노동 속에 존재했고 이 점이 프롤레

---

* 여기서 말하는 것은 포스트구조주의나 포스트모던 이론이 아니다. 이들 이론은 오히려 주체와 객체 사이의 변증법 문제를 간단히 회피했다. 그렇게 함으로써 수많은 사회현상 뒤에 깃든 원리(예컨대 상품가치와 상품 물신주의)를 추적해 찾아내는 작업을 사실상 거부했던 셈이다. 바로 이 원리들을 찾아내 제대로 비판하는 작업이 지금 이 책의 과제다.

파국이 온다

타리아의 자부심이기도 했다. 그 뒤 1970년대 좌파들에게 주체란 노동 거부 속에 존재했고, 따라서 개인적 창의성 아니면 "욕망" 안에 존재했다. 그러나 대상은 달라도 개념적 구조는 모두 동일했다. 즉, 혁명 활동의 목적은 주체들의 내적 본질을 드러내는 것, 그리하여 소수의 이익을 위해 봉사하는 잘못된 사회가 그들에게 덮어씌운 각종 굴레를 극복하기만 하면 되는 것이었다.**

따라서 거기서 중요한 것은 저 유명한 "혁명 주체"의 호명이었다. 처음엔 노동자와 농민, 나중엔 학생, 주변부 사람, 여성, 이주민, 제3세계 사람들이 부각되었고, 마침내 "비물질" 노동자, 그리고 비정규직 노동자에까지 이르렀다. 그러나 이 혁명 주체 탐색은 불행히도 실패로 끝났다. 이는 구조주의나 후기구조주의 이론가들이 주체는 환상에 불과하다고 말하듯 주체가 존재하지 않아서가 아니다. 오히려 주체는 의심의 여지 없이 존재한다. 그러나 이 주체들이 (자본주의의 여러 관계와 무관하게 존재하거나 외적으로 존재하는) "인간 본성"을 갖고 있는 게 아니란 점이 문제다. 따지고 보면 이 주체들은 자본주의 사회관계의 산물이고, 이 관계들 역시 그 주체들이 만들어낸 것이다.

앞서 나열한 여러 주체, 즉 노동자, 농민, 학생, 여성, 주변인,

---

* 이른바 "급진적" 흐름, 즉 트로츠키주의자에서 상황주의자에 이르기까지 그 모두가 항상 "지도부의 배신"을 과도하게 강조한 것도 바로 이 때문이었다. 그들은 늘 "프롤레타리아들"이나 "인민들"은 그 **자체가** 본질적으로 혁명적이라는 점, 그리고 지도부나 관료들이 작전을 써서 (불행히도, 또 납득이 어렵게도) 늘 방해하지만 않았다면 그들 스스로 급진적 선택을 했을 것이라 가정했다. 즉, '주체 자신'의 문제는 진지하게 성찰하지 않았다.

이주민, 제3세계 사람들, 비물질 노동자, 그리고 비정규직 노동자가 가진 각각의 주체-형태는 (결코 하늘에서 떨어진 것이 아니라) 자신들의 생활양식, 정신적 태도 및 이념 등과 더불어 만들어지고 변형되는 것이다. 그것도 자본주의 상품 사회의 품 안에서 이뤄지는 사회화의 결과다. 따라서 이런 주체-형태들이 현재 자신들이 지닌 모습 그대로 자본주의에 저항하려고 나서기란 매우 어렵다. 그러므로 흔히 외치는, 노동자 혁명이나 농민 혁명 또는 비정규 노동자의 혁명 같은 건 있을 수 없다. 만일 혁명이 가능하다면 그것은 진정으로 자본주의와 단절하기를 원하는 사람들에 의해서만 가능할 것이다. 즉, 자본주의가 덮어씌운 주체-형태(이미 모든 사람 내부에 존재하는 모습)와 진심으로 단절하고자 하는 사람들만이 혁명을 이룰 수 있다.

'다중'은 과연 혁명의 주체인가

바로 이런 이유에서 오늘날 그 어떤 넓은 의미의 혁명도 기존의 주체들을 긍정적으로 실현(자아실현)하는 형태로는 이룰 수 없다. 달리 말해, 자본주의가 우리에게 떠넘긴 그 모든 외적 족쇄로부터 해방되기만 해선 혁명이 이뤄지지 않는다. 그럼에도 매우 민주적으로 보이면서 최근 유행처럼 번지기도 했던 "다중multitude" 같은 개념은 직접적으로 실존하는 인간 주체들을 마치 비행기 태우듯 드높이 칭송했다. 그 덕분에 사람들은 자신의 주체-형태들과 근본적으로 단절할 필요가 없어졌다. 그런데 이 주체-형태들은 단지 외부로부터 덮어씌워진 것만은 아니다. 오히려 그런 주체-형태들이 가장 심층적인 차원에서 인간 자신의 인성(인간됨)을 형성했다. 그렇게 형성된 인성을 가장 잘 대표하는 것이 오늘날 거의 모든 이가 지닌 경쟁심이다.

불행히도 자본주의 사회에서 사람들의 삶의 조건이 갈수록 악화하고 있지만, 그렇다고 해서 주체들이 자본주의를 전복할 수 있는 역량을 더 **많이** 갖게 되는 건 아니다. 오히려 그렇게 할 수 있는 역량을 갈수록 더 **적게** 갖는다. 그도 그럴 것이, 온 사회가 총체적으로 상품-형태를 띠게 됨으로써 그 구성원인 주체들로 하여금 자신들을 감싸고 있는 시스템과 총체적으로 스스로 동일시하게 만들기 때문이다.

그리고 설사 이 주체들이 단순히 불이익을 당했다는 정도를 넘어 더 심층적인 불만족을 드러낸다 하더라도, 그들은 완전히 새로운 삶을 위한 자원, 또는 하다못해 색다른 아이디어를 위한 자원을 자기 내면에서 발견하지 못한다. 그것은 이들이 여태껏 (자본주의와는) 전혀 다른 경험을 해본 적이 없기 때문이다. 환경주의자들이 흔히 하듯 도대체 우리는 아이들에게 어떤 세상을 물려주려 하느냐고 자문할 일이 아니라, 하이메 셈프룬이 잘 표현했듯 우리는 이제 이렇게 물어야 한다. "우리는 이 세상을 과연 어떤 아이들에게 물려줄 것인가?"*

---

* 그리고 니콜라 사르코지 자신도 반복해 말한 바 있지만, 주로 대통령 선거 기간에 일어나는 뜻밖의 일(놀라운 선거 결과) 같은 걸로 과연 새로운 사람, 새로운 사회가 나올 수 있을까?

이런 맥락에서 이른바 "진보", "기술", "근대성" 등에 대한 문명 비판이 갖는 중요성을 좀 더 논할 필요가 있다. 이런 분석이 가진 복합적 특성이나 여러 약점에도 불구하고, 이 비판은 산업사회의 궤적에 대해 의심의 눈초리를 던진다. 이어 단지 관리자만 바꾸는 게 아니라 경로 자체를 바꿔야 한다고 제안한다. 이는 이른바 '피지배 집단'의 태도에도 비판적 초점을 두어야 함을 시사한다. 그리하여 자본가나 노동자, 피고용인과 경영자, 부자와 가난뱅이 사이에 더는 절대적 차이가 없으니 오히려 이들이 합심하여 (결과가 어떠하건 너무 두려워하지 말고) 기술의 도움으로 온 세상을 새롭게 형성하는 노력을 해야 한다. 달리 말해, 오늘날 진정으로 도전받고 있는 존재는 자본가만이 아니다. 총체적 문명 그 자체가 문제다. 물론 그와 함께 그것이 만들어낸 인격과 인성, 멘털리티, 심리 구조 역시 도전에 직면해 있다.

현대사회가 더는 강압적 힘이나 "프로파간다에 의한 대중의 폭력적 장악"(세르게이 차코틴)으로만 이해될 순 없다. 따라서 그것은 개인들과 구조들이 교차적으로 상호작용하는 가운데 사회 현실을 만들어내는 것으로 이해함이 바람직하다. 이 순환적 생산과정은 대부분 무의식적 과정으로 이뤄진다. 바로 이 부분이야말로 이 문명 비판론이 우리의 물신주의 비판의 범주들과 부드럽게 연결되는 지점이다.

다른 한편, 주체의 사고 과정에 깃든 이분법적 시각은 상품 주체들이 지닌 나르시시즘(자아도취)을 더욱 돋보이게 한다. 그것은 각 주체에 내재하는 (상품 사회의) 부정적 측면(경쟁심, 질투심 등)을 외부화함으로써, 또 그것을 "다른" 주체들('탐욕스러운' 금융자본이나 '거지 같은' 이주민 등)에게 투사함으로써 이뤄진다.

따라서 오늘날 인간 주체들이 (설사 그들이 스스로를 "비판적"이라고 인식한다 하더라도) 크리스토퍼 래시[5]가 나르시시즘에 대해 묘사한 것을 인정하기란 매우 힘들다. 래시에 따르면, 흥미롭게도 동일한 나르시시즘 구조가 기존의 지배적 문화는 물론, 그에 반대하는 거의 모든 저항 문화에서도 발견된다고 한다. 이반 일리치의 현대 의학 비판, 그리고 그 고통의 중성화[*6]라는 통찰은 또 어떤가? 사실 오늘날 우리는 고통의 중성화를 진보의 한 국면이라며 널리 수용하고 있다. 좀 다른 경우이긴 하지만, 대중적으로 높이 추앙받는 보조 생식 기술(불임 처방술)이나 유전자 요법을 거부하기란 매우 어렵다. 보다 일반적인 용어로 말하자면, 오늘날 우리가 소비자주의에 입각한 개인주의를 거부하기란 하늘의 별 따기다.

자본주의는 자기 자신을 삼키는 괴물

오늘날 진행 중인 사실상의 시스템 해체 과정은 결코 혁명가들이 투쟁한 결과가 아니다. 그렇다고, 예컨대 노동 거부와 같은

---

* 자본주의 삶의 양식에서 초래된 인간의 고통을 마치 중립적 기술로 치료가 가능한 것처럼 만드는 것, 그리하여 마치 더 이상 아무 고통도 없으리라 생각하도록 만드는 것, 그러나 실은 그 기술조차 자본주의 상품관계에서 생성, 실행되는 것이며, 나아가 주체가 느끼는 고통의 근본 원인은 제거되지 않은 채 다만 겉으로 드러난 증상만 제거되는 현실을 가리킨다.— 옮긴이

소극적 저항의 결과도 아니다. 그보다는 차라리 이 자본주의 상품 사회 안에 존재하는 우리 삶의 토대가 고갈되는 방향으로 모두 달려온 결과다.

상품 사회 속 우리 삶의 토대란 무엇인가? 노동이 자본으로 전화하고 또 자본이 노동으로 전화하는, 일종의 영구운동이다. 즉 자본은 인간의 살아 있는 노동을 고용하여 생산적으로 소비함으로써 더 큰 자본을 만들어가고, 인간은 자신의 살아 있는 노동력을 팔아 자본의 몸집을 불려주는 대신 임금을 받아 소비를 통해 생계를 유지한다. 그런데 바로 우리 눈앞에서 나날이 벌어지는 일들은, 인간의 산 노동living labor을 기술로 대체하는 것 아닌가? 이렇게 인간의 살아 있는 노동이 자본의 생산과정으로부터 추방당하는 것이야말로 자본주의 가치 생산의 토대가 붕괴되는 것에 다름 아니다.

바로 이 사실이 인간 주체들을 엄청난 두려움과 공포로 내몬다. 왜냐면 이들의 삶이 직간접적으로 노동의 가치화(노동이 자본에 고용되어 가치 증식에 협력하는 것)에 의존하기 때문이다. 이러한 사정은 당사자가 "유럽 중견 기업"의 경영자이건 아프리카의 약탈-민병대원이건, 미국의 사회복지 수혜자이건 러시아의 광부이건 마찬가지다. 이제 사람들은 이런저런 방식으로 자기 발밑에서 삶의 토대가 사라지고 있음을 감지한다. 그 결과 갈수록 줄어드는 파이를 조금이라도 더 많이 얻기 위한 처절한 싸움이 도처에서 벌어지게 되며, 마침내 곳곳에서 극우주의 내지 야만주의가 설친다.

이제 크게 보면, 군벌이나 최고경영자나 인종주의 편견이 강한 구직자나 가난한 달동네의 좀도둑이나 모두 오십보백보 꼴이다. 이들은 모두 상품 사회의 폐기물이나 잔재를 하나라도 더 챙기려 안달이다. 민족주의자, 인종주의자 또는 반유대 이데올로기, 또는 다른 "배척주의"를 표방하는 그 어떤 이데올로기에서도 이런 퇴행적 흐름이 쉽게 확산한다. 특히 사회의 "최하위"계층에서 그렇다.

범지구적 노동 사회는 여태껏 내려온 그 옛날의 인간적 유대는 어떤 형태건 모두 파괴하고 마침내 자기파멸적으로 되어버렸다. 살아 있는 주체들은 이제 그 대가가 무엇이건 대부분 경쟁의 원리를 온몸으로 받아들인 상태다. 개인 차원은 물론이요, 민족이나 인종 집단, 가족, 마피아나 갱단 등에서도 그렇다. 오늘날 인류는 자신의 사회적 유대나 생산적 토대가 전반적으로 해체되고 있는데도 이를 직시하거나 극복할 준비가 전혀 되어 있지 않다.

이런 상황은 엄청난 불평불만을 야기한다. 하지만 그 불평불만이 과거처럼(고전적 프롤레타리아트 운동이나 1960년대 학생운동*처럼) 모두를 위한 사회 개선의 요구로 이어지진 않는다. 게다가 이 불평불만의 표현 방식도 너무나 다양해 좀체 하나로 모이지 않는다. 그 결과 한 줌밖에 되지 않는, 억압적이고 착취적인 지배 엘리트에 대항하고자 온 세상의 모든 희생자를 단결시킬 수 있는 거대한 운동 역시 난망하다. "대안 세계화"운동의 위대한 전략가들이 아무리 지속적으로 "민중 전선Popular Front"같은 것을 이야기한다 할지라도 마찬가지다. 오히려 이런 제안은 종종 모종의 음모론과 손을 잡기도 한다(여기서 음모론이란 모든 잘못을 세계 금융자본의 큰손이나 미국 정부, 아니면 신자유주의자나 네오콘, 또는 유대인을 비롯해 또 다른 자들의 "모략"이나 "로비" 탓으로 돌리는 것을 말한다).

이 지구 위의 모든 또는 거의 모든 거주자는 그 무엇보다 우선 경쟁의 주체가 되어버렸다. 한 주체가 다른 모든 주체에 대항해 상시적 전쟁을 벌이는 상태가 된 것이다. 그 옛날 토머스 홉스(1588~1679)가 인간 사회의 기원에 대해 묘사했던 칙칙한 이미지, 곧 한 사회 내 부르주아적 인생관의 진정한 기원인 바로 이것('만인의 만인에 대한 전쟁')이 수백 년이 흐른 지금에 와서야 현실이 되다니 정말 놀랍다(홉스의 예언이 맞았다고나 해야 할까?). 그러나 우리는 그의 묘사에다 한 가지 사실을 보태야 한다. 장기적 관점에서 보면, 통제되지 않는 영원한 경쟁에서는 생존이 절대적으로 불가능하다는 사실 말이다. 왜냐하면 그런 경쟁은 결국 광란으로 치닫기 때문이다.

오늘날 우리가 종종 목격하는 무차별 학살극(미국 등 곳곳에

---

* 물론 통상적으로 우리는 이라크전 등 전쟁에 반대하는 전 세계의 데모, 특히 기후 위기 같은 환경 문제와 연관된 운동을 보편적 이슈라 본다. 그러나 평화주의pacifism 운동은 어쩌다 한 번씩 일어날 뿐이고, 그것도 대단히 감성적 차원의 운동일 뿐이다. 한편 (쓰레기 소각장, 핵발전소, 고속열차 건설 같은) "해로운 프로젝트"에 대한 저항이 "운동" 형태를 띠는 경우는 아주 드물다. 대개 이런 일은 전문가가 고민해야 할 문제로 치부되거나 정부 주최 토론회 정도로 끝나고 만다. 예외적 투쟁도 있긴 하다. 그러나 특히, 자기 "뒤뜰 정원"에서 일어나는 "해로운 프로젝트"에 대한 투쟁 같은 경우 진정성은 높으나 매우 편협한 시각에 갇히기 쉽다. 왜냐하면 이런 (개별 이해관계에 기초한) 투쟁은 막상 그 "해로운 프로젝트"를 초래한 삶의 방식 전반, 즉 산업사회와 그것이 제공한 삶의 편리함 등을 성찰하지 않기 때문이다.

서 잘 일어나는 학교 내 학살 테러 또는 중동 지역의 자살 폭탄 등을 상기해보라)이 대표적 증거다. 따지고 보면, 오로지 자신을 노동시장에 잘 파는 것이 개인적 삶의 목표가 되어버린 사회, 그리하여 '시장'이라는 이름의 '신'의 은총을 받는 것이 유일한 삶의 목표가 된 사회, 그 결과 삶의 모든 과정이 경제(가치)법칙 앞에 희생되어버린 사회에서는 점점 뚜렷이 "죽음 충동"이 활기를 띤다. 이 모든 사실이, 자본축적이라는 공공연한 목적으로 작동하는 이 시스템의 밑바닥에는 공허 외엔 아무것도 없음을 폭로한다.

따라서 어떤 경쟁자가 다른 경쟁자를 경쟁 게임에서 제쳐내고 이기는 일은 더 이상 의미가 없다. 특히 살아 있는 노동(즉, 노동력)의 소유자들이 죽은 노동(즉, 자본)의 소유자들을 힘 경쟁에서 이긴다는 것도 큰 의미가 없다. 정작 중요한 것은, 이 자본주의 문명 자체, 그 속에서 인간은 그저 일부에 지나지 않게 되는 이 문명 전반에 대해 (보다 열린 자세로) 의문을 제기하는 것이다.

그러나 이런 생각이 겉보기엔 별 문제가 없어 보이지만, 20년 전에 비해 요즘은 이런 생각을 말하기도, 나누기도 그리 쉽지 않다. 오늘날에는 수많은 이슈가 아예 토론조차 되지 않는다. 몇 가지 예만 들어봐도, "현실 사회주의" 문제나 그 개혁 가능성에 대한 토론, "민족 해방 운동", 국가가 지원하는 사회 진보(미테랑 집권 시기의 프랑스나 카스트로 집권 시기의 쿠바)의 문제나 "좌파" 노동조합 또는 정당 안에서 보다 급진적 활동이 가능한가 하는 문제들에 관한 토론이 거의 없는 형편이다.

물론 그사이 여러 가지 환상이 그 자체로 사라진 경우도 있고, 그 덕에 현장이 좀 정리된 면이 있긴 하다. 이 과정에서 국가나 시장, 그 어느 것도 보다 인간적인 사회를 여는 데는 실패할 수밖에 없다는 확신이 강하게 굳어졌다. 그리하여 세계 경쟁이 갈수록 격화하는 프레임 안에서는 국가나 시장 모두가 사회적 퇴보, 심지어 인류 전체의 퇴보를 초래할 수밖에 없음을 반복해서 확인할 수 있었다.

실제로 지난 수십 년 사이에 완전한 관점의 역전이 일어나기도 했다. 예컨대 오늘날은 특정 권력체와 대항해 힘겨운 싸움 끝에 결국 무너뜨리는 것이 별 의미가 없다는 점이 명백해졌다. 이기기도 힘들지만, 굳이 기존 권력체를 넘어뜨린다 하더라도 그것이 자동적으로 더 나은 시스템을 만든다는 보장도 없음이 확실하다. 이 관점을 진지하게 수용한다면, 지금 우리가 할 일은, 이미 진행 중인 시스템 해체로부터 비교적 피해를 덜 입으면서 탈출할 길을 준비하는 것이다.

과거의 혁명가 세대에게는, 엄청난 방어용 무기를 지니고 있던 지배 질서를 정면 공격함으로써 그에 큰 타격을 입히는 것이 중요했다. 그런데 만일 그중 "진보" 분파가 이 힘겨루기 과정에서 결정적 승리자로 부상하면 사회주의나 공산주의와 같이 찬란한 미래를 약속하는 새로운 이름의 체제가 자연스레 자리를 잡았다. 물론 이런 일이 이해가 되지 않는 바도 아니다. 이 관점에 따르면 자본주의 체제를 붕괴시키는 데 필요한 유일한 것은 그 제거를 단호히 결심하고 또 이를 성공적으로 진행할 역량을 지닌 계급의 존재였다. 당시 자본주의는 그것을 다른 사회질서로 대체하려는 특별한 결심을 지닌 특정 계급의 행위에 의해 소멸될 운명이었다. 즉, 대중 계급이 "공산주의에 대한 열망"으로만 충만하면 자본주의 붕괴는 식은 죽 먹기였다. 그리하여 마침내 자본주의의 종말과 해방 사회의 시작이 정확하게 일치하는 것처럼 보였다.*

그러나 이 역사적 경로는 한때 그것이 존재했다 하더라도 지금은 길을 잃고 말았다. 그리고 사회 해방의 이론은 이제 전례 없는 국면을 맞고 있다. 흥미롭게도 오늘날 자본주의는 수백 년 전 초창기 때의 **본질적** 모습을 이제는 **겉으로도** 잘 드러낸다.** 그 본질이란 마치 자기 자신을 삼키는 괴물의 모습, 자기 자신을 파괴하는 기계의 모습, 나아가 장기적으로는 사회생활의 근거 자체를 소멸시키는 사회의 모습이다. 자신을 소멸시키는 사회라니, 그게 어떻게 가능한가. 그것은 이 사회가 가치 축적의 메커니즘을 지속하기 위해 모든 자연 자원은 물론 모든 인간적 유대를 소모해 버리고 말 것이기 때문이다. 그러나 이 논리 자체가 암시하듯 이것은 지속 가능하지 않다. 말하자면 자본주의는 나날이 자신의 토대를 좀먹는다. 이 이야기는 자본주의 붕괴의 미래와 관련한

---

* 이런 입장도 크게 두 가지로 나뉜다. 이른바 "정통" 공산주의자들(레닌주의자들)은 이 대중적 해방의 기운이 (자본주의 경제가 필연적으로 초래한) 생활조건의 급격한 악화와 더불어 더 강화할 것으로 보았다. 반면 이른바 "급진"적 흐름(신좌파)은 그보다는 인간의 "주체성"이나 "자발성"을 더 강조하기에 대개는 자본주의 생활방식을 거부하는 데로 초점이 간다. 그러나 이런 실천은 비타협적 존재의 급진성existential radicality의 결과일 뿐 객관적 경제 상황과는 별 관계가 없다.

** 비非마르크스주의 역사학자 칼 폴라니도 이를 잘 지적한 바 있다. 그는 고전적 작품 『거대한 전환The Great Transformation: The Political and Economic Origins of Our Time』[1944](Boston: Beacon Press, 1957)에서 영국 산업혁명의 초기 상황을 본격 분석했다.

"예언"이 아니다. 오히려 이것은 오늘날 우리 눈앞에서 날마다 벌어지는 현재의 실상이다.

물론 일부 경제인이 여전히 엄청난 이윤을 거둬들인다는 사실을 잊어서는 안 되지만, 그렇다고 해서 사회체제로서 자본주의의 건강 상태가 대체로 양호하다고 착각해선 곤란하다. 자본주의 문명의 점진적 붕괴(모순어법이지만)는 거의 확실하다. 그런데 이 붕괴가 결코 (이 체제를 더 나은 체제로 대체하려는) 사람들의 의식적 개입에 의해 이뤄지진 않을 것이다. 체제의 종말은 체제 자신의 힘에 의해 스스로 초래된다. 즉, 바로 그 역동적이면서도 자기 파괴적인 자기 동력의 결과가 자멸이다. 이런 면은 자본주의 사회가 그 이전의 사회와 차별성을 갖는 지점이기도 하다. 이렇게 말할 수도 있겠다. 자본주의는 자신의 적들이 행하는 그 모든 저항 행위를 합친 것보다 더 큰 해악을 스스로에게 입힌다.

그런데 이 희소식은 사태의 절반만을 이야기한다. 나머지 절반은 무엇인가? 기존 체제가 붕괴한다고 해서 그보다 훨씬 바람직하게 조직된 사회가 나온다는 보장이 없다는 것이 또 다른 절반의 진실이다. 이는 첫째로, 기존 체제의 해체가 그 자체로 파괴적일 수밖에 없는, 맹목적 힘(자본의 경쟁적 이윤 추구)이 작용한 결과라는 사실 때문이다. 둘째로는, 지난 수백 년 동안 자본주의가 흘러오면서 이후 다른 사회 창조의 토대가 될지도 모르는 중요한 것들(생산과 재생산 모든 면에서)을 죄다 제거해왔기 때문이다. 따라서 만약 실제로 자본주의에 종말이 온다면 시커멓게 그을린 지구 말고는 아무것도 남지 않을 것이다. 거기서 생존자들은 자본주의 "문명"의 잔해를 둘러싸고 치열한 싸움을 벌일지 모른다. 그런데 이런 그림은 이미 우리가 "제3세계" 빈국들에서 익히 볼 수 있는 일상 아닌가? 이른바 "선진국"에서도, 특히 주요 도시의 변두리 같은 곳에서 갈수록 더 많이 보게 된 일상이 바로 이런 것 아닌가? 따라서 만일 자본주의를 자기 동력이 행하는 대로 내버려둔다면 결코 저절로 사회주의로 이어지진 않을 것이다. 오히려 폐허로만 남을 공산이 크다. 만약 자본주의라는 말이 어떤 의도를 가질 수 있다면 아마 그것은 인류의 마지막 단어가 되고자 하는 의도가 아닐까 싶다.

그러나 공포 영화조차 때로는 해피엔딩을 보여준다. 다행히 모든 게 사라진 건 아니기 때문이다. 이윤이라는 이름의 낭떠러지로 치닫는 경주가 늘 좌절로만 이어지는 건 아니다. 과거에 혁명을 향해 쏟아 부은 에너지와 거의 같은 정도의 에너지를 이제는 야만주의로 몰락하는 일을 피하는 쪽으로 쓰기 시작했다. 해방된 사회, 아니 적어도 지금 우리가 경험하는 이 사회보다 더 나은 사회는 여전히 가능하다. 하지만 우리는 이것을 자본주의 사회의 돌무더기 위에서 건설해야 한다.

변화된 전선, 붕괴하는 이분법

이를 이루기 위해 우리가 기본적으로 해야 할 일은 우선 이론적으로라도 중요한 몇몇 지점에 대해 보다 명징해지는 것이다. 그 과정에서 우리는 사회 해방 프로젝트의 조건이 얼마나 변했는지 성찰하고 그 변화를 적극 고려해야 한다. 실제로 예전의 전선들은 완전히 달라졌고 그 경계조차 흐려졌다. 이를 제대로 인지하지 못하고 50년 전 내지 100년 전에 이미 끝난 과거 노선에 집착하는 것은 제아무리 좋은 의도라 하더라도 실패할 수밖에 없다. 실제로 더 나은 세상을 바라며 선의를 품은 많은 사람이 이 시스템의 근본 결함과 조건의 변화를 명확히 인지하지 못한 탓에 종종 현실을 제대로 이해하지도, 또 적절히 대응하지도 못했다.

오늘날의 상황에선 한쪽에 질서의 편이 있고 다른 쪽에 무질서 및 전복(반란)이 있다는 식의 이분법은 성립하지 않는다. 같은 맥락에서 이제 "개혁", "보수", "자유", "위법" 또는 "도발" 같은 단어는 그 의미가 예전과는 아예 정반대가 되어가고 있다. 그러므로 이런 변화를 추적해 잘 관찰하기만 해도 우리는 아주 많은 것을 배울 수 있다.

오래도록, 그러니까 약 100년 내지 150년 동안 세상에선 크게 두 파벌이 대결을 벌였다. 통상적으로 말하자면, 한편에는 "부르주아지" 파벌이 있었고 다른 편에는 "프롤레타리아트" 내지 "인민"이라는 파벌이 있었다. 전반적으로 볼 때 각 파벌은 삶의 각 국면과 실질적으로 연관된 프로그램을 갖고 있었다. 여기서 부르주아 사회(그 경제적 얼굴이 곧 자본주의다)는, 최소한 그 이상형으로만 보면, 모든 사회적 관계에 보편적 위계질서를 깔고 있었다. 동시에 개인 생활이나 공적 생활을 막론하고 종교의 중요성이 컸다. 그리고 가족이나 교육 시스템에서는 권위주의 색채가 짙었다. 민족주의와 더불어 군사주의도 강조되었다. 성 도덕과 관련해서는 상당히 억압적이고 위선적인 면이 강했다. 예술의 경우는 고전주의 및 엘리트주의 성향이 강했다. 전반적 문화에서도 인간의 상상력보다 합리성을, 지출보다 저축을, 소비보다 생산을, 즉각적 쾌락보다 냉정한 계산을, 개인보다 공동체를, 서로 "다른" 개인보다 전체를 아우르는 **악조건**a fortiori에 대한 고려를, 여성보다 남성의 지배를, 나이 어린 자보다 나이 많은 자를, 유색인보다 백인을 압도적 우위에 두는 식이었다.

　이런 풍토에서 만일 누군가 부르주아 사회에 반감을 가지면 그때마다 다른 선택을 할 수 있었다. 그 선택이란 부르주아 사회가 열등하다고 설정해놓은 반대편으로 가는 것이다. 바로 이런 태도가 이른바 "일탈" 숭배 문화다. 이것은 사실상 (볼탄스키와 키아펠로가 전통적 노동운동을 두고 말한) "사회적 비판"이라기보다는 오히려 "예술적 비판"에 가까운 것이었다(이 "예술적 비판"의 중요성은 초현실주의에서 시작된 이래로 1968년 이후에 비로소 그 위력을 발휘했다). 그 후 수십 년 동안 예술, 도덕, 일상생활 등 여러 분야에서 일어난 일탈적 태도와 행위는 적어도 사회적 투쟁과 맞먹을 정도로 부르주아 사회의 근간을 뒤흔들며 "상징적 전복"으로 스스로 자리매김했다. 일례로 기존의 성 도덕에 대한 저항이 사회 전반의 전환을 위한 지렛대로 작용할 수 있다는 견해까지 제시되었다. 그러나 돌이켜 보면, 대부분의 경우 문화적 저항은 그 전부터 전승되어온 고대의 요소 내지 시대착오적 요소들을 마치 자본주의 사회의 본질적 특성인 것처럼 잘못 인지했다.

　이런 변화한 조건 속에서 1968년 이후의 자본주의는 "새로운 정신"으로 무장해 크게 두 가지 면에서 방향을 바꿨다. 한편으로는 각종 사회 저항의 기운을 무디게 하려고 앞서 말한 일탈 정치의 영역에서 여러 가지 양보도 했다. 또 한편, 이 계기를 활용해 일부 불필요한 짐을 과감히 덜어내거나 수많은 상부구조를 자발적으로 제거했다. 그런 짐이나 상부구조가 이제는 자본주의 자신의 발전에 장해물로 작용하게 되었기 때문이다. 두말할 필요도 없이 만일 오늘날 젊은이들이 (과거의 부모 세대처럼) 금욕적으로 생활하고, 순수하고 소박하며, 돈도 아주 절약해 쓴다면 포스트모던 시대의 자본주의*는 더 이상 존재하기 어려울 것이다.

　그러나 대부분의 "진보" 진영은 이러한 패러다임 전환을 무시해왔고, 부단히 "일탈" 행위들만 찾아냈다. 이러한 헛수고는 마치 이미 죽은 말을 계속 채찍질하거나 이미 열린 문을 연달아 발로 차서 부수는 것과 같다. 게다가 그들은 기존의 인간적이고 고전적인 전통의 잔재들을 스스로 제거함으로써 포스트모던 사회를 다양한 방식으로 지원해왔다. 그 잔재들이 노동시장의 진보(유연화)와 공화주의적 평등(모두에게 일자리 기회를!)에 방해물이 된다 싶을 정도로 고리타분하게 느껴졌기 때문이다. 예컨대 오늘날 이른바 민주주의 사회에서 그 누가 이렇게 말할 수 있겠는가? "학교에서 컴퓨터나 경영을 배우는 것보다 그리스어나 라틴어를 배우는 게 더 낫다", 아니면 "오페라가 랩 음악보다 더 가치롭다"라거나 "미켈란젤로가 만화책보다 더 낫다"라고 말이다.

　자본주의 시스템은 이미 오래전에 "질서의 편"이기를 그만두었다. 오히려 자본주의는 각종 "예술적" 저항을 얼마든지 자기

---

* 주로 1980년대 이후의 선진 자본주의 사회를 가리키는 표현으로, 이미 사회의 물질적 필요 충족이나 시장 포화가 진전된 상태에서 '허구적 상품'을 파는 금융자본이나 '일탈적 욕망' 충족(과잉과 낭비)에 의해 지탱되는 자본주의를 말한다.— 옮긴이

이익에 맞게 활용해, (질서가 아니라) 혼란(카오스)까지 만들어낼 수 있음을 보여주었다. 전통적 가족의 해체, 이른바 "대안" 교육, 확실한 양성 평등, "도덕성" 개념의 소멸 등 이 모든 변화조차 (사회 해방의 방향이 아니라) 일단 상품 형태로 변환되기만 하면 결국 자본주의에 이득을 안겨주게 된다.

물론 이 지적은 결코 과거로 돌아가자는 이야기가 아니다. 그 누가 학교에서 체벌을 받고 강제 군복무와 엄격한 교리문답을 해야 했던 가혹한 가부장주의 시절로 회귀하고 싶겠는가? 하기야 지난 20년 이상 여러 정책은 분명 어떤 방식으로건 "68운동의 아이디어"에 힘입은 바 있음에도(예컨대 교육 분야),[7] 최근 동일한 시스템 속의 일부 정치가(보수 우익)는 바로 그 "68운동의 아이디어"야말로 세상 모든 문제에 원인을 제공했다고 소리친다. 아마 이들만큼은 그 이전으로 돌아가고 싶은 모양이다. 물론 이런 문제 제기는 아무 내용이 없다. 이것은 마치 정치적 좌파나 우파를 막론하고 일시적 유행에 따라 케인스주의(포디즘)나 통화주의(신자유주의)를 교대로 주창하는 것과 비슷하다. 즉, 일관된 소신이나 이념적 지향과 무관하게 그때그때 상황에 따라 우왕좌왕하는 셈이다.

유일한 희망은 자본주의의 완전한 폐기

따라서 우리는 불편할지라도 다음 사실을 직시해야 한다. 과거의 상황이나 갈등은 현재 무엇을 해야 하는지와 관련해 큰 도움이 되지 못한다는 사실 말이다. 즉, 예전의 사회운동이나 문화적 저항은 그 어느 것도 지금 우리가 해야 할 일과 관련해 시원하게 말해주는 바가 없다. 예를 하나 들어보자. 1963년 벨기에의 초현실주의자 루이 스퀴트네르가 다음 말을 하는 바람에 일종의 스캔들을 자초했다(이 때문에 갈리마르 출판사가 그 말이 포함된 그의 책 출판을 거부했다). "간밤에 나는 『클레브 공작 부인』을 내 똥구멍으로 다시 읽었다."* 그 일이 있고 나서 수십 년 뒤, 한 프랑스 대통령이 같은 내용을 약간 부드러운 형태로 언론에서 언급했다.** 약간의 논란이 일었지만 그는 그 하찮은 것쯤이야 함부로 말해도 되는 권력자임을 잘 보여줬다.

　이 두 경우를 곰곰이 생각하다 보면 약간 침울해진다. 1963년 스퀴트네르는 윤리적으로 말 한마디 잘못하는 바람에 책 출판 거부라는 타격을 입었다. 반면 2006년 사르코지는 돈 많은 고위 권력자였기에 윤리적 흠결조차 결정적 타격이 되지 않았다. 하지만 이런 이야기는 오늘날의 행위 전략 모색에 별 도움이 되지 않는다(돈과 권력으로 현재의 모순을 극복한다는 것은 어불성설이다). 게다가 실용적이지도 않고, 생활"정치" 전략으로 쉽게 활용될 성질도 아니다. 한편 지난 150년 동안 수많은 "구체적" 제안이나

---

* 1678년 라파예트 부인Madame de Lafayette이 쓴 『클레브 공작 부인』은 16세기 앙리 2세 말기의 궁중에서 일어난 일을 소재로 한 소설로, 이미 클레브 공작과 결혼한 상태였던 부인이 외간 남자 느무르 공작과 사랑에 빠진 일을 다룬다.—옮긴이

** 2006년 니콜라 사르코지 프랑스 대통령은 "국가 공무원 시험에 『클레브 공작 부인』과 같이 쓸데없는 문제가 출제되다니…"라고 말했다.—옮긴이

"실용적" 행위가 있었으나 당초 의도했던 바와 전혀 다른 결과만 불러왔다.

그렇다면 이제 우리가 해야 할 일은 이론적 측면의 논의를 한 걸음 더 전진시키는 것, 다시 말해 올바른 방향으로 우리의 의식을 좀 더 고양하는 것이다. 즉, 우리의 유일한 희망은 자본주의를 완전히 폐기하는 것, 그리고 그 토대를 확실히 허무는 것이다. 여기서 말하는 토대란 상품 및 상품 물신주의, 가치, 화폐, 시장, 국가, 경쟁, 민족, 가부장주의, 노동, 그리고 나르시시즘 등이다. 뒤집어 말하면 더 이상 이런 것들에 대한 적응이나 그 전용, 개선과 활용 등을 논할 일은 아니라는 말이다. 만일 사람들이 지난 수십 년 동안 뭔가 불길한 느낌에 젖어 허송세월하지 않고 역사적 과제를 좀 더 많이 파악했더라면 지금 우리가 이토록 무력함을 느끼지는 않을 것이다.

2

정치 없는 정치

최종 심급으로서의 정치?

가장 먼저 말해야 할 것은, "정치의 우선성primacy of politics"
이라는 말이 독일 히틀러의 법률가였던 카를 슈미트가 매우 좋
아하던 표현이라는 점이다. 그러나 비교적 최근 한동안은 이른바
"근본" 좌파들이 "정치의 귀환return of the political"이라는 말을
쓰면서 이 분위기에 꽤 편승했다. 말인즉슨 "정치" **그 자체**를 "시
장"과 정반대 위치에 있는 것, 즉 시장에 대한 저항으로 간주한
다는 뜻이다. 그렇다면 자본주의에 대한 반대 내지 그 현재적 모
순에 대한 저항은 이제 이른바 "정치"를 통해서만 가능하다는 새
로운 신조가 탄생한 셈인가?

그러나 굳이 따지자면, 2007년부터 2012년까지 프랑스 대통
령을 지낸 니콜라 사르코지 대신 그 자리에 세골렌 루아얄(전 사

회당 대표)이 당선되었다 하더라도 크게 달라지지는 않았을 것이다. 게다가 설사 트로츠키주의자들이 프랑스에서 정치권력을 나눠 갖게 되었다 하더라도, 사민당으로부터 전향한 자유주의자들까지 넘겨받은 그들이 어떻게 세상을 근본부터 제대로 바꿀 수 있겠는가. 실제로 독일에서는 '민주사회주의당'이 일부 지방정부에 참여하고 있고, 이탈리아에서도 '공산주의재건당'이 몇몇 장관 자리까지 차지하고 있으며, 특히 저항운동의 최전위로 알려진 '센트리 소시알리Centri sociali'는 선진 활동가들을 대도시의 부시장 자리까지 내보내기도 했다. 그러나 거의 모든 곳에서 이 "근본" 좌파의 대표자들 역시 결국은 신자유주의 정책들을 지지하는 것으로 끝나고 말았다.

사태가 이러하다면, 이제 우리는 다시는 절대 그런 수렁에 빠지지 않을, "진정으로" 급진적인 정당을 만들어내야 하는가? 아니면, 과연 그런 "배신들"이 구조적으로 일어날 수밖에 없는 것이라 도무지 어쩔 수 없다고 봐야 하는가? 일단 "정치"에 몸을 담그기만 하면, 아무리 주관적 지향이 확고하다 하더라도, 불가피하게 시장 및 시장 법칙 앞에 항복할 수밖에 없는 것인가?

이런 면에서 우리는 근본적인 질문을 던져야 한다. 도대체 "정치"라는 말은 무엇을 의미하는가? 사실 이 문제를 논하는 것은 "노동"이나 노동 비판을 토론할 때처럼 상당히 혼란스럽고 복잡하며 괴로운 면이 있다. 이를테면 우리가 노동 개념을 생산적 활동 그 자체와 동일시한다면 노동 비판은 전혀 무의미하다. 왜냐하면 생산적 활동 그 자체야 모든 인간 사회에 존재할 수밖에 없는 것이기 때문이다.

그러나 만일 우리가 노동을 자본주의 사회의 맥락에서 이해한다면, 즉 노동을 (그 생산물이 무엇이건) 더 많은 가치 생산을 위해 투입해야 하는 가치로 본다면 사태는 달라진다. 이렇게 우리가 (자본주의) 노동을 자본주의 사회에만 존재하는 역사적 현상으로 바라보면 이제 우리는 이를 제대로 비판할 수도 있고, 마침내 그것을 제거할 수도 있는 것으로 자리매김할 수 있다. 그런데 지금까지의 정치 무대에서 좌파건 우파건 아니면 중도건 그 모든 행위자가 구원하고자 했던 "노동" 또한 바로 이 자본주의 노동이 아니던가.

마찬가지로 "정치" 개념도 명확히 정의할 필요가 있다. 만일 우리가 정치를 집단 행위와 동일시한다면, 즉 "세상에 대한 사랑"(한나 아렌트)이 넘친 나머지 사람들이 사회의 의사결정 과정에 의식적으로 개입하는 것으로 이해한다면, 그런 정치는 언제 어디서나 사람들의 환영을 받을 것이다. 이 관점에서 보면 "정치 비판"은 자칫 세상에 대한 무관심으로 비칠 가능성이 크다. 하지만 "정치의 귀환"을 얘기하는 사람들은 대개 "정치"에 대한 다른 개념을 갖고 있기 일쑤다. 그런 정치는 사실상 그들에게 일종의 마약 같은 것이라 그들이 말하는 정치의 부재는 그들 자신에게 금단 증상을 초래한다. 그리하여 그들은 세상을 바꿀 유일한 길이라며 "정치"를 으레 불러내며, 그것이 오늘날 "좌파"의 핵심 개념처럼 되어버렸다. 누가 그런가? 부르디외 같은 사회학자로부터 '다중'을 말하는 네그리·하트까지, 또 아탁(금융과세) 운동부터 "급진" 좌파 의회주의에 이르기까지 그 예야 수두룩하다. 물론 이들은 "완전히 다른" 정치를 창조한다는 명백한 의도를 지니

파국이 온다

고 있지만, 그럼에도 불구하고 그들은 또다시 "현실주의" 내지 "차악의 선택" 논리로 빠지고 만다. 보다 구체적으로 말하면, 이들은 결과가 빤한 선거에 적극 참여하며, 국민투표의 중요성을 논하기도 하고, 사회주의 정당의 현실주의적 진화에 대한 토론도 하며, 선거 연대나 정책 연합을 펴기도 하고, 때로는 모종의 "역사적 타협"에 서명하는 등 다양한 일을 한다.

그런데 이들이 "본격적 게임을 하려는" 의욕에 불타면(실은 거의 모두가 특정한 "이해관계"의 "대변자"일 뿐이지만) 그동안 "반反정치" 노선을 견지하던 급진 저항운동 진영까지 끌어들인다. 실제로, 역사적인 아나키스트로부터 전위 예술가에 이르기까지, 또 브라질 포르탈레자에서 일어난 '크리티카 라디칼Critica radical' 같은 제3세계 운동부터 1968년 5월 프랑스의 비공인 파업 운동, 그리고 1970년대 이탈리아 여러 공장에서 잇따랐던 불복종 저항 운동까지 다양하게 끌어들였다. 마침내 "반정치" 노선도 "반反예술" 노선과 비슷하게, 의식적 개입 행위(이른바 "정치")의 거부와는 거리가 멀어졌다. 애초에 다다이스트나 초현실주의, 상황주의자 등이 제창한 예술 거부 운동이란 단순히 예술적 수단을 거부한다는 뜻이 아니라 예술 본연의 의미에 더 충실을 기하고자 하는 유일한 선택이었는데도 말이다.

그러나 오늘날 누가 "정치"야말로 시장 영역에 제한을 가할 수 있는 사회 영역이라고 진심으로 믿겠는가? 그런 식의 정치가 원래 "민주적"이어서 (적자생존 법칙이 지배하는) 자본주의 경제 세계에 제대로 저항할 수 있다는 말인가?

상품생산과 자유경쟁에 기초한 현대 자본주의 사회는 그 자체의 존속을 위해서라도 여러 가지 공적 구조와 이를 보살펴줄 기구를 필요로 한다. 그 기구가 바로 국가다. 그리고 (근대 이후 협의의) 정치란 이 국가에 대한 통제를 둘러싼 쟁투에 다름 아니다. 그런데 이 정치 영역은 상품경제 영역의 외부에 존재하거나 대안적 영역이 결코 아니다. 오히려 정치 영역은 구조적으로 상품경제에 기대고 있다. 따라서 정치 영역의 논쟁은 언제나 상품 시스템의 성장이나 그 과실에 대한 분배를 중심으로 일어난다. 전통적인 노동운동 역시 본질적으로는 이 역할을 수행해왔다. 즉, 정치 영역이나 노동운동 영역이 상품 시스템의 실질적 존재 자체를 두고 쟁투를 벌인 적은 거의 없다.

눈에 보이는 증거도 있다. 정치 활동치고 그 이전부터 상품 생산에 의해 "자금 지원"을 받지 않은 경우는 하나도 없기 때문이다. 만일 상품생산 체제 자체가 삐걱거리면 정치 세계는 마침내 무장한 갱단이 벌이는 난투극으로 변한다. 이런 종류의 "정치"야말로 물신주의 그 자체다. 이것은 달리 보아, 무의식적으로 전개되는 상품 시스템의 2차적 조정 메커니즘이기도 하다. 따라서 이런 유의 (국가주의) 정치는 저항운동 진영이 자본주의 부르주아로부터 낚아챈 승리와는 사실상 거리가 멀다. 이런 면에서 국가기관들은 어떤 "중립적" 기구라 하기 어렵다. 그리고 실제로 부르주아라고 해서 늘 국가나 공공 영역에 적대적인 것도 아니다. 모든 건 역사적 계기가 무엇이냐에 따라 달라진다.

오늘날 "정치하기"를 옹호하는 이들은 (정치적) "행위"의 원래 목적을 왜곡한다. 왜냐하면 현실 정치에서 그들이 할 수 있는 것은 고작해야 사회적으로 용인되는 범위 내의 땜질 처방밖에 없기 때문이다. 오늘날 그 어떤 (정치적) "행위"라도 하고자 한다면 더는 예전의 낡은 정치 수단들을 가지고 임해서는 곤란하다. 전반적 상황이 너무나 심각해 예전 방식으로는 도무지 답이 나오지 않을 것이다.

투표밖에 할 줄 모르는 사람들

오늘날 새로운 운동 영역은 인류의 진정한 방향 전환에서 찾아야 한다. 한편으로 이것은 지난 수백 년 동안 자본주의가 누적되면서 맞닥뜨린 과업이기도 하고, 다른 한편으로는 특히 최근 수십 년 사이 더욱 심해진 사회적 자기-파괴성의 결과이기도 하다. 이러한 인류적 퇴행이 사회 전반에 걸친 **야만주의**로 귀결되고 있다.

예를 들어보자. 십 대와 연관된 사건들이 갈수록 늘고 있는데 그중 이런 일도 있다. 같은 반 친구가 방금 버스에 치여 죽었는데도 응급 대처는커녕 그 장면을 핸드폰 동영상으로 찍으면서 킬킬거리는 모습. 상상해보라. 어쩌면 그 아이는 나중에 그걸 비디오 형태로 유튜브 등에 올릴지 모른다. 과연 이를 어떻게 설명할 것인가? 이런 사건을 단지 노동시장에서 실업률이 높고 취업난이 심각하기 때문이라든가 비정규직으로 상징되는 노동의 유연화 탓이라고만 할 수 있을까? 아니면 오늘날 학교 교육(특히 인성 교육)의 문제에 근본 원인이 있다고 할 것인가?

나는 다르게 본다. 현재 우리가 목격하고 있는 것은, 비록 일관성은 떨어지지만 상당히 일반화된 "인류학적 퇴행"의 문제다. 이 것은 인간 내면 깊이 자리 잡은 집단적 정신장애의 소산, 자아도취적narcissistic 정신 질환이다. 그런데 이것은 근본적으로 상품 물신주의로부터 유래되었다. 이 상품 물신주의가 각 개인들이 세상과 맺는 관계 내지 상호작용 과정에 개입함으로써 진정한 인간 관계를 손상시키기 때문이다. 따라서 솔직히 그 누구도 이 인류의 문명적 위기에 효과적으로 대처하기 위한 '단기' 처방전 같은 건 내놓을 수 없다.

실제로 우리 주변을 둘러보면 상황이 심각하다. 바로 이런 조건 속에서, 긴 토론 같은 것을 할 시간이 없다는 이유로 또 손쉬운 **실천**이 어려운 이론보다 백번 낫다는 이유로 지금 당장 뭐라도 좋으니 뭔가 발 벗고 나서야 하지 않느냐고 재촉하는 것은 오히려 상황을 악화시킬 우려가 크다. 분명 지금과 같은 금융적·유동적 자본주의 시대엔 과거 포드주의 시대에나 걸맞았던 저항 형태들이 더는 효과가 없다.

어떤 정치적 행위의 전망을 다시 만들기 위해서라도, 우리는 모든 제도화된 의미의 "정치"와 확실히 단절해야 한다. 이런 맥락에서 오늘날 유일하게 가능한 "정치" 형태가 있다면 그것은 기존 정계나 제도들과의 근본적 결별, 그리고 대변의 정치나 위임의 정치와도 근본적 결별을 하는 것이다. 달리 말해, 새로운 형태의 직접행동을 만들어내고 기존의 낡은 정치를 완전히 바꿔내는 것이야말로 오늘날 시급한 참된 정치 행위다.

이런 맥락에서, 아직도 **투표하기**를 원하는 사람들과 어떻게 해야 할지를 놓고 토론하는 일은 별로 의미가 없어 보인다. 보통선거 제도가 도입된 지 거의 140년이 흐른 오늘날 아직도 투표함으로만 달려가는 사람들은 1888년 옥타브 미르보가 한 말,* 그리

---

* "나를 상당히 놀라게 하는 일이 하나 있다. 실은, 기가 막혀 말이 안 나올 지경이다. 그것도 지금이 소위 '과학의 시대'인데 말이다. 이미 우리는 수많은 경험도 있고 심지어 추문 같은 것을 날마다 겪지 않았는가? 그런데도 우리의 귀중한 프랑스에 [⋯] 오로지 한 명의 투표자, 단 하나의 투표자밖에 남은 게 없다니 이게 말이 되는가? 이 얼마나 비합리적이고, 비유기체적이며, 환각에 빠진 동물인가! 그렇지 않다면, 자기 할 일이나 자기 꿈, 자기 기쁨 같은 것을 누리지 않고 어떻게 일부러 시간을 내 누군가 다른 사람이나 다른 것을 위해 투표장에 갈 수 있는가? 잠깐만 시간을 내 생각해본다면, 이 놀라운 현상은 저 영리한 기존 철학을 전복하고 이성을 당황시키기에 충분하지 않은가? 오늘날 유권자들의 생리를 잘 설명해줄 발자크는 어디 있으며, 저 치유하기 어려운 광신도들의 정신 상태나 신체 상태를 설명할 수 있는 샤르코는 도대체 어디에 있는가? [⋯] 그들은 어제처럼 내일도 투표할 것이다. 투표밖에 할 줄 모른다. 양들을 보라. 그들은 도살장으로 간다. 아무 말도 없고 아무 기대도 없다. 그러나 그들은 자신을 죽일 도살자를 위해, 나아가 자신들을 맛있게 먹을 부르주아를 위해 투표하진 않는다. 이에 비하면 오늘날 유권자들은 가축보다 더 우둔하고 양보다 더 양 같다. 이들은 자신을 죽이는 이들의 이름을 부르며 환호하고 자신을 지배하는 부르주아를 굳이 선택한다. 이들은 고작 이렇게 할 권리를 위해 혁명까지 하며 투쟁했던 것인가. [⋯] 그러니 착한 친구여, 제발 그냥 집으로 돌아가라. 그리고 보통선거권에 저항하여 싸우라."[1] "투표자 파업"을 호소하는 이 글이 나온 지 100년도 넘은 오늘날에도 여전히 같은 호소가 유효하고 필요하다. 만일 누군가 이 글에서 몇 가지 이름만 바꿔서 새로 써낸다면 아마도 사람들은 그것이 요즘 쓴 것이라 믿지, 프랑스 제3공화정 당시, 즉 100년도 넘은 이야기인 줄은 상상도 못할 것이다. 그렇게 많은 세월이 흘렀는데도 오늘날 유권자들이 옛날보다 현명하다고 말하긴 정말 어렵다. 이 모든 상황은 안타깝게도 정말 우리를 맥 빠지게 한다.

고 1906년 알베르 리베르타드가 한 말*을 경청할 필요가 있다.

물론 보통선거로 상징되는 참정권 운동의 승리는 역사적 좌파들이 행한 가장 위대한 투쟁 중의 하나였다(부정하기 어려운 사실이다. 하지만 과연 선거를 통해 모든 보수 기득권층이 제거되고 진정한 민주주의가 구현되는가?). 솔직히 말해, 보수 우익 투표자도 그렇게 바보는 아니다. 종종 그는 지지하는 후보로부터 자신이 기대하던 작은 떡고물이라도 건진다. 비록 그것이 자신이 지지하는 정당의 공식 결정의 결과가 아니라도 말이다. 예컨대 보수 유권자가 운영하는 사업체의 탈세를 눈감아준다든지 노동법 위반을 모르는 체해준다든지 하는 것들이다. 이런 면에서 그에 의해 뽑힌 자들은 그렇게 많이 배신하진 않는 편이다. 보수적 유권자 입장에

---

* "유권자는 곧 범죄자다. […] 유권자, 당신은 현 상태를 수용하는 자다. 그렇게 선거 제도를 지지하는 바람에 결국 오늘의 이 모든 비참함을 미리 승인해준 거나 다름없다. 이런 식으로 유권자는 이 제도가 영원히 지키려는 노예 상태를 지지하고 만다. […] 유권자, 당신은 우리 같은 자유인, 아나키스트에게 위험한 존재다. 그런 면에서 당신은 독재자와도 다르지 않고, (당신이 선택하고, 이름 부르고, 지지하며, 먹여주고, 총검으로 보호하고, 힘으로 지켜주며, 무지로 격찬하고, 표를 통해 합법화해주며, 당신의 백치 같은 짓 덕에 우리를 맘대로 속여 먹는) 노예주들과도 크게 다르지 않다. […] 만일 지배에 굶주리고 진부하기 짝이 없는 후보자들이 당신의 표 앞에 굽실거린다면, 만일 당신이 늘 당신을 배신했고 속였으며 사기를 친 자들의 헛된 약속에 질질 끌려다닌다면 그것은 당신이 그들과 다름없기 때문이다. […] 그래, 투표하러 가라! 당신의 의원들을 믿고 대리인을 믿으라. 대신 불평하지 말라. 당신의 굴레는 스스로 쓴 것 아니던가. 그건 마치 당신이 범죄를 저지르고 그 결과에 고통당하는 것과 마찬가지 이치다. 당신은 노예주이면서 범죄자이고, 얄궂게도 노예이면서 피해자이기도 하다."[2]

서 보면 자기 친척에게 일자리 하나라도 더 줄 수 있는 후보자, 아니면 자기 지역구 개발을 위한 보조금을 많이 끌어올 후보자에게 표를 던지는 것이 가장 합리적 선택이다. 반면 진보 좌파 유권자들은 이보다 훨씬 더 어리석다. 그들은 자기에게 이득이 되는 것을 하나도 얻지 못해도 늘 민주-진보 후보에게 표를 준다. 이들은 투표를 통해 위대한 변화는커녕 작은 떡고물 하나도 챙기지 못한다. 선거 때마다 그들은 달콤한 약속만 듣고도 흡족해한다.

바로 이 점이, 이탈리아에서 실비오 베를루스코니* 같은 자에게 표를 던진 유권자들이 왜 결코 바보가 아닌지를 설명해준다. 그들은 그 반대 측이 믿는 것처럼 결코 텔레비전 속 이미지 같은 것에 현혹되어 표를 준 게 아니다. 보수 우파 유권자들은 자기들이 뽑은 후보와 정부(특히 무엇보다 **자유시장** 정책들)로부터 (비록 제한적이나마) 확실한 이득을 챙긴다. 그러나 이 보수 정권이 끝나고 나면 유권자들은 이제 반대로 민주·진보·좌파에게 표를 주는 경향이 있는데(이 점에 관한 한 옥타브 미르보의 말을 새겨들어야 한다), 이런 것이야말로 병적인 기미를 강하게 암시한다.

우리가 지금까지 알아온 (국가주의) "정치"를 거부하는 것은 무슨 극단주의 같은 태도를 얌전하게 표현하는 것이 아니다. 전술한바 우리가 직면한 현실은 무엇보다 인류학적 퇴행이 근본 문제다. 이런 상황에서 의회 민주주의에 기대를 거는 것은 허리케인과 같은 폭풍을 종교적 제사로 잠재우려는 마음과 유사하다. 어쩌면 당장 내일부터 모든 텔레비전을 즉각 없애는 것이 유일하게

---

* 보수 언론 출신의 이탈리아 독재자.─ 옮긴이

"현실적인" 제안일지 모른다. 하지만 과연 이 세상에 그런 제안을 감히 환영할 "정당"이 있을까.

지난 수십 년 동안 (지금 우리가 직면한) 각종 야만주의를 제대로 완화하기 위해 과연 어떤 조치들이 취해졌던가? 사람들은 흔히 말한다. 아무것도 안 하는 것보다는 (아무리 작은 일이라도) 무엇이든 하는 게 낫다고 말이다. 과연 그런 조치가 어디서 제대로 행해졌는가? 이미 30여 년 전, 당시로서는 가장 강경하다던 운동가들조차 일주일에 단 하루라도 텔레비전을 꺼버리자는 그 제안을 거부하지 않았던가? 지금은 어떤가? 오늘날 우리는 텔레비전을 틀고 리모컨을 돌리기만 하면 수십 수백 가지 채널을 볼 수 있다. 여태껏 그 어떤 사회운동도 이런 지속적인 인류의 퇴행*을 멈추지 못했다는 사실, 이는 무엇을 의미하는가? 결국 기존 운동의 목표나 수단에 모두 문제가 있었다는 의미가 아닐까? 그리고 우리가 이제는 완전히 새롭게 생각해야 한다는 뜻 아닌가? 이것은 물론 우리가 일반 대중에게 그저 달콤한 말로 다가감으로써, 그리고 텔레비전에 자주 얼굴을 드러냄으로써 해결될 문제는 더더욱 아님을 뚜렷이 보여준다.

---

* 안젤름 야페는 앞서 언급한 '인류학적 퇴행'과 같은 맥락에서 이 말을 하고 있다. 참고로 30년 전 사회운동 일각에서 일어났던 텔레비전 끄기 운동이란 이른바 '바보상자'라고 일컬어지던 TV (시청) 자체를 거부함으로써 진정으로 생동하는 일상적 삶의 관계를 회복하고자 했던 급진적 실천 운동이다.— 옮긴이

현대 자본주의의 문제

실제로 반정치 직접행동anti-political action의 대표적 사례들이 제법 있다. 예컨대 "유전자 변형 작물을 갈아엎는 자발적 활동가"들이 있는데, 이들은 언론의 주목을 받으려 하지 않고 주로 밤에 활약하면서 사보타주 전통을 이어간다. 또 자동감시 장치나 생체인증 출입제어 장치 같은, 갈수록 첨단을 달리는 감시·통제 기술의 작동을 방해하려는 직접행동도 있다. 이탈리아에 접한 알프스의 수사Susa 계곡 주민들도 이런 면에서 모범이라 할 만하다. 이들은 수차례에 걸쳐 그 산악 지대를 관통하는 고속열차 건설을 저지해왔다. 이런 "방어적인" 투쟁의 확산이 굳이 더 넓은 전망의 부재 때문이라 볼 이유는 없다. 오히려 이런 최악의 "골칫거리nuisance"에 대항한 투쟁들이야말로 더 넓은 전망을 열어내는 데 도움을 준다.

상품 논리로 설계되는 온갖 비인간화 시도는 일단 시행되면 그 모든 대안을 사전에 차단하는 효과를 보인다. 따라서 우리는 최소한 미래 해방의 **가능성**만이라도 제대로 지켜내야 한다. 이런 직접행동 노력은 새로운 전선 내지 새로운 동맹의 창조를 가능하게 만들기도 한다.

우리의 삶 속에서 문제되는 이슈야 얼마든지 있다. 일례로, "인공수정 출산 기술"이라는 이름으로 알려진 의학적 시도가 있는데, 따지고 보면 이것은 개인들이 가진 고유의 생체 재생산 능력을 박탈해버리는 것이다. 그런데도 많은 근대주의 좌파마저 이 기술만능주의적 착각을 공유한다. 그러나 알고 보면 이런 기술만능주의는 현대 자본주의가 품고 있는 망상에 불과하다. 이 망상이 얼마나 심했으면, 로마 교황이 현대 자본주의에 대해 대단히 비판적 입장을 표명했을 때 수많은 사람이 일리가 있다고 느꼈겠는가.*

다시 말하지만, 야만주의barbarism의 반대는 인간화humanization이다. 물론 이 인간화란 그 실질적 느낌과 달리 논리적으로는 정의 내리기가 쉽지 않은 개념이다. 그럼에도 오늘날 우리가 취할 수 있는 실현 가능한 "정책"이란 이 인간화의 도정에서 역사적으로 성취한 작은 승리의 경험들을 수호하는 것, 그리고 그 승리와 성취의 결과들을 제거하려는 시도에 저항하는 것이다.

아직 논란은 많지만, 현대 자본주의의 문제는 단순히 경제적 불의에만 있지 않다. 그리고 자본주의가 범한 악행들은 그것이 초래한 수많은 환경 참사를 다 나열한다고 끝나는 것도 아니다. 즉, 현대 자본주의는 경제적·환경적 문제를 넘어 인류 문화의 상징적·심리적 토대까지 해체("파괴")하고 있다. 이것은 특히 전자 미디어가 초래한 가상현실 창조 과정에서 뚜렷이 드러난다. 바로 이 상징 조작의 측면을 염두에 둔다면, 우리가 접하는 작은 전자 스크린에 사르코지(공화당 대표)가 나오건 루아얄(사회당 대표)이

---

* 2010년 체외수정 기술을 개발한 영국 케임브리지대 로버트 에드워즈 명예교수가 노벨상을 받자 로마 교황청의 이그나시오 카라스코 데 파울라 생명학술원 원장은 성명 발표를 통해 "노벨상위원회의 결정은 전적으로 잘못된 것"이라 비판했다. 그는 "에드워즈가 없었다면 난자 시장이 형성되지도 않았을 테고 버려지는 배아로 가득한 냉동고도 없었을 것"이라고 지적했다. ─ 옮긴이

나오건, 또는 르펜(인종주의 극우당 대표)이 나오건 브장스노(반자본주의당 대표)가 나오건 그건 전혀 중요치 않다.

이런 면에서 앞으로도 다양한 실천이 새롭게 발명되어야 한다. 그러면서도 특히 "뭔가를 서둘러 해야 한다"라는 강박적 요구에 굴복하지 않는 것이 중요하다. 그렇게 되면 이미 수차례 시도했으나 여전히 부족한 것, 즉 실패의 오류들이 또다시 반복될 뿐이다.

현대인이 직면한 진짜 문제는, 존재의 물신주의 형태 안에서 일어나는 전반적 고립이다. 이것은 통상적으로 말하는 정신적 고립의 차원을 넘어선다. 존재의 물신주의 형태는 흥미롭게도 상품 시스템 지지자만이 아니라 소위 그 적들(민주·진보 진영)에게도 악영향을 미친다.* 따라서 모든 사람의 마음속에 자리 잡은 이 물신주의 형태를 끊어내기 위한 싸움이 중요하다. 보다 구체적으로 말하면 돈과 상품, 경쟁과 노동, 국가와 "발전", 진보와 성장

---

* 다른 한편, 오늘날 반자본주의 **실천**이 직시해야 하는 또 하나의 새로운 현실은 시스템 지지자와 그 적들 사이의 경계가 흐려졌다는 점이다. 마찬가지로 많은 사람은 비판적 사고의 조각들을 나누는 와중에도 아무렇지 않다는 듯 현실 세계의 정치경제적 흐름에 담담하게 참여한다. 예컨대 그들은 마르쿠제(1898~1979)의 책을 읽으면서도 광고업에 종사한다. 그들은 사업체 경영자이면서도 멕시코 사파티스타 민족해방군에 후원금을 보낸다. 그들은 스스로를 아나키스트라 하면서도 행정가로서 경력 관리를 철저히 한다…. 그러나 우리가 제대로 산다는 것은 이런 식이 아니지 않은가. 따라서 우리는 이 과정에 일종의 "미트리다티스 면독법mithridatism"(독물을 점차 많이 섭취함으로써 면역이 생기도록 하는 처방— 옮긴이) 같은 게 작동하고 있지 않은지 잘 살펴보고 잡아내야 한다. 왜냐하면 이것이 사람들을 잘 깨어나지 못하게 함으로써 모두의 삶을 심각하게 망가뜨리기 때문이다.

등이 지닌 가면을 철저히 벗겨내는 것이 요구된다. 이 싸움을 제대로 하려면 통상적으로 말하는 "이론"과 **실천** 사이의 대립을 넘어서는 "이론적 투쟁"을 보다 철저히 해야 한다. 그래서 이런 질문도 해볼 수 있다. 상품 논리나 가부장주의 논리를 비판적으로 해부하는 것을 "단지" 이론으로 치부할 것인가? 임금 인상을 위한 노동자 파업이나 대학이 취업 준비를 제대로 시켜주지 않는다고 학생들이 벌이는 시위 등은 곧잘 **실천** 또는 "정치"라고 부르면서 말이다.

사람들의 생각과 느낌은 행위에 우선한다. 따라서 어떻게 행동하느냐는 무엇을 어떻게 생각하고 느끼느냐에 따라 달라진다. 이런 맥락에서 사람들이 생각하고 느끼는 방식을 변화시킨다면 이는 그 자체가 이미 행위의 한 형태, 즉 실천의 한 형태다. 예컨대 적어도 소수자들 사이에서 어떤 행위의 목표가 무엇인지 생각이 분명해지면 그다음은 일사천리다. 이런 면에서 1968년 5월이 불현듯 떠오른다. 당시 온 유럽과 미국까지 들썩거리게 만든 68운동은 얼핏 보기에 어느 날 갑자기 터진 것처럼 보이지만 실은 뚜렷한 신념을 지닌 소수자들이 오랫동안 조용히 준비해온 싸움이었다.

한편 우리는 1917년 러시아혁명처럼, 명백한 이론적 뒷받침이 나오기 전에도 행위를 위한 최선의 기회가 먼저 등장할 수 있음을 더러 보았다. 게다가 그런 이론적 선명함이 반드시 책이나 토론회 같은 데서 나올 필요도 없다. 사람들의 마음속에 이미 그런 선명함이 존재한다는 것이 중요하다. 따라서 우리가 정치를 말할 때 이를 상품 사회의 다양한 공적 기구에 참여하는 것과 동일시

파국이 온다

해서는 안 된다. 차라리 일반적 의미의 실천과 동일시하는 게 낫다. 그러나 바로 이 실천을 약간의 추상적 방식으로 무조건 이론과 대립시키면 곤란하다. 여기서 논의되는 이론이란 실천의 하인도 아니요 그 준비만도 아니다. 오히려 실천의 통일적 일부다. 그런 의미에서 물신주의는 (우상숭배처럼) 일련의 잘못된 표상만 가리키지 않는다. 화폐에서 분명히 드러나듯 물신주의는 자본주의 사회에서 삶이 **실제로** 이뤄지는 전반적 형태를 의미한다. 즉, 자본주의 삶은 한마디로 '돈의 삶'이라 볼 수밖에 없고 바로 이것이 물신주의의 실체라는 이야기다. 이런 관점에서 보다 깊은 이론적 이해를 위해 한 걸음씩 나아가는 것 그리고 그것을 사회적으로 공유하는 것 등이 그 자체로 실천적 행위다.

정치적 재구성 ─ 물신성을 넘어 인간성으로

　물론 우리의 이야기가 여기서 끝나는 건 아니다. 미래의 실천 형태들은 의심의 여지 없이 더 다양해질 것이고 물질적 재생산 과정과 관련해서도 다소 방어적인 투쟁(예컨대 노동 불안정성 강화에 저항하는 투쟁이나 복지국가 해체에 저항하는 투쟁 등)까지 포함할 것이다. 즉, "구매력"이라는 용어에서도 드러나듯 물신주의 논리에 의해 구성된 생활 과정의 상품 형태(임금, 고용, 부동산, 저축 등)를 지키기에 급급한 현실 "정치"와의 단절은 필수다. 하지만 그렇다고 해서 자본주의가 대다수 사람들에게 필요한 삶의 토대를 철저히 파괴하는 모습이나 새로운 빈곤을 만들어내는 일에 대해서도 절대 묵과해선 안 되며 당연히 이를 막아내는 싸움을 해야 한다. 특히 이 새로운 빈곤 형태는 기존의 착취보다는 배제를 통해 더욱 많이 생겨나지 않던가.

실제로, 오늘날은 착취당하는 것조차 거의 특권처럼 되어버렸다(아예 처음부터 노동시장 진입이 불가능해진 청년이나 여성, 이주민의 경우 착취당할 기회마저 없다). 예전만 해도 수많은 대중은 일단 고용이 되었다가 나중에 자본에 더는 "수익성이 없기" 때문에(즉, 상품생산에 계속 써봐야 돈이 되지 않기에) "불필요하게 남아도는 잉여"로 선언되고 해고되기 일쑤였다. 그러나 이들은 한때 자본에 착취당할 기회나마 있었다. 이렇게 잘린 사람들이나 아예 처음부터 취업을 하지 못한 이들은 이른바 "잉여 인간"이 되는데, 이들이 자기 현실에 대응하는 형태는 대단히 다양하긴 하지만 대체로 야만주의로 치닫는 경향이 있다. 즉, 희생자라는 존재 양태가 저절로 도덕적 올바름을 보장하는 건 아니다.

여기서 한 가지 사실이 매우 중요하다. 자본주의에서 삶의 우여곡절에 대한 개인들의 대응 행동은 결코 그들이 처한 "사회적 상황"이나 그들의 "이해관계", 그들의 지리적·민속집단적·종교적 배경 등의 기계적 결과가 아니라는 점이다. 마찬가지로 그들이 지닌 성 정체성의 결과도 아니다. 따라서 자본주의가 붕괴하면서 야만주의로 치닫는 데 대한 사람들의 반응을 정확히 예측한다는 건 불가능에 가깝다. 이는 흔히 사회학자들이 쉼 없이 우쭐대며 말하는 "개별화individualization"의 문제 때문도 아니다. 오히려 이들은 '개별화'(또는 개성화)라는 용어로 우리 삶에서 실질적으로 증가하는 온갖 '표준화standardization'에 대한 문제의식을 미리 차

단해버리기도 한다(실은 개별화가 아니라 사회 분열이 문제다).

흥미롭게도 이젠 분열의 경계선이 (협의의) 자본주의 틀 안에서만 생기지 않는데, 이는 야만주의가 언제 어디서나 발생할 수 있는 것과 같은 이치다. 실제로 사회 분열과 야만주의는 핀란드의 고등학교에서도, 아프리카의 판자촌에서도 일어난다. 그리고 여피족*이나 빈민촌 꼬마들 사이에서도 나타난다. 첨단 무기를 지닌 군인과 비무장 저항군 사이도 마찬가지다.

같은 이치로, 야만주의에 대한 다양한 저항이나 사회 해방을 위한 각종 운동 역시 언제 어디서나 일어날 수 있다(물론 정말이지 한없이 더 힘든 일이긴 하지만 말이다!) 심지어 전혀 그러리라 예상하기 어려운 곳에서 폭발적 저항이 터져 나오기도 한다. 사실 그 어떤 사회집단(비정규직이나 국제 이주노동자)도 사회 해방의 새로운 주체를 미리 분명히 예고한 적은 없다. 그러나 자본주의 아래 전개되는 비인간적 삶의 조건에 항거하는 운동은 늘 분출하고 있다. 이 새로운 풍경, 즉 예기치 못한 데서 동지들이 움직이거나 뜻밖의 지원이나 연대가 생성되는 풍경이야말로 오늘날 좀체 규정하기 힘든 새로운 광장의 모습이다. 뭔가 새로운 미래를 만들고자 하는 사람들은 바로 이 새로운 광장을 바탕으로 그 모든 "정치적 재구성"을 이뤄내야만 한다.

---

* 도시에 거주하는, 젊고 세련된 전문직 종사자.— 옮긴이

3

무엇을 위한 폭력이며
누구를 위한 합법성인가

제도화된 폭력

폭력은 어떤 모습인가? 가령 유럽에서 폭력은 공적으로 어떻게 나타나는가? 유럽의 여러 나라를 수시로 여행하는 사람이 국제공항이나 기차역에 도착했을 때 가장 먼저 만나는 폭력의 이미지는 아마도 경찰일 것이다. 내 경우 프랑스, 특히 파리에서 요즘처럼 많은 경찰을 본 적이 없다. 심지어 군사독재 치하의 터키에서도 이처럼 많은 경찰이 설치진 않았다. 그래서 누군가 파리에서 이 많은 경찰을 보면 혹시 쿠데타라도 일어난 건가, 이 나라가 점령이라도 당했나 하는 생각을 할지도 모른다. 현재의 프랑스는 이탈리아나 독일과도 도무지 비교가 안 된다.

폭력이라는 측면에서 이들 경찰은 최고 수준을 달린다. 그들에게서는 타의 추종을 불허할 정도로 완벽한 잔인함 내지 오만

파국이 온다

함의 분위기가 풍긴다. 프랑스에선 여행객이 기차를 타기 직전 경찰에 의해 각종 신분증과 서류 등을 체크당하고, 심지어 가방 수색까지 당하기 일쑤다! 최소한의 저항이라도 할라치면 그 여행자는 자칫 체포되거나 거칠게 취급당할 위험, 그리고 마침내 "공무집행방해죄"로 벌금을 물 위험을 감지하게 된다. 보통이 이 정도니 흑인이거나 제대로 된 여권이나 비자 등을 제시하지 못하는 경우 어떤 일이 벌어질지는 상상만 해도 끔찍하다.

한번은 사람들이 경찰에 관한 언론 보도에 분노가 치밀고 마음이 들끓었던 적이 있다. 몇몇 경찰이 마약 단속을 한답시고 아이들 학교 안에까지 들이닥쳐 벌집을 만들었던 것이다. 그들은 교사들에게는 아이들을 잘 보호하랍시고 엄포를 놓더니, 막상 자기들은 아이들 앞에 무서운 개를 들이대며 공포에 떨게 만들었다. 다른 언론에서는 경찰이 갑작스레 기자들을 체포한 일을 보도했는데, 단지 "통상적이지 않은 관점"을 공공연히 드러냈다는 이유로 그랬다는 것이었다. 더 자주 일어나는 일은 이주민 추방인데, 정식 체류 허가를 얻거나 어떤 식으로든 계속 머무르려 노력한 이주민들을 가차 없이 추방하는 것이다. 심지어 정부 당국은 마치 산업생산물 총량을 수치로 정하듯 재난의 희생자 수나 추방할 가정의 수를 미리 정해 내려 보내기도 한다. 이는 옛 소련이 (경찰 입장에서) 한창 잘나가던 시절에 당국의 칙령으로 체포자 수를 정해 내려 보낸 것과 비슷하다.*

---

* 2009년 앰네스티 인터내셔널에서 발간한 보고서 「프랑스: 법 위에 존재하는 경찰」에서도 이런 점이 잘 확인된다.

이 모든 것은 무엇을 의미하는가? 인간성에 대한 모욕이다. 우스꽝스럽게도 이 모든 일은 대개 '과학적 정확성'의 이름으로 수행된다. 그러나 언론과 기자들은 때때로 공항의 안전 검사 과정이 겉보기와 달리 얼마나 엉터리로 이뤄지는지 보도하고는 한다. 말하자면 테러범들이 아주 쉬운 방식으로 칼 같은 흉기나 폭탄 부품을 기내로 몰래 갖고 들어간다는 이야기다. 반면 우리 같은 일반인은 공항에서 수시로 몸수색을 당하고, 아기를 데리고 다니는 부모는 젖병을 뺏기지 않으려고 그 안의 내용물을 억지로 마신다. 허리띠를 빼서 보여달라는 식의 명령은 두말할 나위도 없다.

이런 일을 겪을 때마다 나는 제2차 세계대전 말기에 프로이센 장군 출신들이 받아야 했던 재판을 떠올린다. 이들은 1944년 7월 20일 나치 히틀러를 암살하려다 발각되어 군사재판을 받았다. 나치 집단은 법정에서 이 옛날 귀족들에게 최대한 모욕을 주고자 갖은 아이디어를 다 짜냈다. 허리띠 없이 아주 헐렁한 죄수복을 줌으로써 이들이 재판 받는 내내 바지를 두 손으로 꼭 부여잡고 있게 한 것이 대표적 예다. 나치는 그들을 속으로 비웃으며 그 장면을 즐겼다.

이런 점에서 경찰이나 사법 제도의 비행을 자세히 알려고 우리가 군이 엄청난 내용을 담은 비판서 같은 것을 읽을 필요는 없다. 단지 《르몽드》 기사 몇 개만 봐도 충분하다. 실은 자유주의 부르주아지조차 경찰이나 사법부를 불쾌하게 생각할 정도다. 그런데도 이른바 "시민적 자유"를 수호하는 운동은 왜 하나도 일어나지 않는가? 물론 물가 인상과 소득 감소로 인한 구매력 저하 문제나 학교 교직원 인원 감축 문제 등과 관련해서는 대규모 시위가 꽤

파국이 온다

일어난다. 하지만 CCTV 같은 첨단 감시 장치에 대한 대규모 저항은 없다. 하물며 생체 인식 여권이나 "나비고Navigo"라 불리는 카드-인간 추적기* 따위에 대한 저항은 더욱 없다.

따지고 보면, 정부 산하의 경찰이나 사법부에 거의 절대적 권력을 부여하는 것은 세계 각국의 보편적 경향이 되었다. 그 확실한 증거는 부르주아 민주주의의 원조국 영국이 인신보호 명령Habeas corpus 제도를 사실상 없애버린 데서 확인된다. 이는 경찰이 누군가를 체포하면 3일 이내에 판사 앞으로 데려와 구속적부심사를 받게 한 제도다. 1679년 처음 도입된 이 제도는 법치주의의 시작이자 개인의 신체적 자유권을 알리는 상징이었다. 그러나 이제 다시 국가가 이 제도를 임의로 없앴으니 이 사건은 하나의 긴 역사적 단계가 종식되었음을 상징적으로 알린다. 이제 다시 경찰국가로 돌아가는 것인데, 이런 추세는 "오래전부터 민주주의가 정착된" 다른 어느 나라들보다 프랑스에서 더 강한 듯 보이며, 그 과정에서 테러리즘, 집단 폭력, 사보타주, 그리고 불법성이 서로 구분이 안 될 정도로 뒤엉켜버렸다. 전례 없는 일이다. 이런 식으로 엄격히 "합법적"이라 판명되지 않는 그 모든 형태의 저항을 범죄시하는 것이야말로 이 시대가 보이는 유별난 특징이다. 예컨대 최근엔 스프레이 벽화(그라피티) 그리기나 열차 운행 방해 같은 행위를 죄다 "테러리즘"으로 분류해버린다. 심지어 학교 교사

---

* '나비고' 카드는 프랑스 파리에서 사용할 수 있는 교통카드로 1주일이나 1개월 또는 1년 단위의 선불 카드다. 이 카드로 대중교통은 물론 유료 화장실도 편리하게 이용할 수 있다. 하지만 개인의 동선이 전자기술 시스템에 철저히 기록된다는 단점도 있다.─옮긴이

들이 우연히 비행기 안에서 목격했던 이주민들의 "강제 송환"에 대해 반대 입장을 표명하고 이를 정당화하기 위해 법정에 출두해야 할 정도로, 외국인의 강제 추방도 흔하다. 경찰국가로의 퇴행을 보여주는 이야기는 익히 알려진 사실이라 굳이 여기서 그 모든 예를 일일이 반복할 필요는 없다.

다시 경찰국가로?

원래 "민주주의"란 순수하게 형식적인 것 이상의 무엇이다. 게다가 그것은 본질적으로 동일한 것을 약간씩 다르게 표현하는 후보자들 일부를 정기적으로 선출하는 일 이상을 의미한다(심지어 이 선거 과정조차 조작되기도 한다). 그럼에도 단순한 청원이나 국회의원에게 보내는 서한 수준을 넘어서는 집단행동, 즉 선출된 권력 정치에 대한 모든 저항에는 "반민주주의적"이라는 딱지가 붙는다. 다른 말로 '집회'나 '시위', '표현의 자유'처럼 세상 변화에 그리 효과적이진 않다 하더라도 널리 허용된 지 별로 오래되지도 않은 민주적 방식들이 오늘날 죄다 금지되고 있다. 대표적으로 이탈리아에선 베를루스코니 정부가 공공서비스 분야에서 더는 파업권이 행사되지 못하게 심각한 제약을 가하고 나섰다. 같은 맥락에서 특히 공공교통 분야 노동자들이 농성 같은 것을 벌이면 어마어마한 벌금을 물린다. 심지어 한 장관은 끈질기게 저항하던 대학생들을 두고 "게릴라"라며 막말을 하기도 했다.

공공의 삶에 대한 개념이 이런 식으로 규정되면 어떤 새로운 시도든 국가나 그 산하 기구, 당국의 주관 아래서만 가능하게 된다. 나아가 모든 갈등 형태에 대한 국가의 독점권은 우리 일상적 삶의 모든 과정에서 관철되고 만다. 예컨대 오늘날 사람들은 아주 작은 모욕을 당하거나 사소한 분쟁에도 당사자끼리 잘 해결하기보다는 굳이 법적 보상을 청구하는 절차를 밟는다. 또 각종 "학대나 희롱" 사건에 대한 법적 분쟁은 대체로 타자가 입힌 해악에 직접 대항해서 반응할 수 있는 인간적 역량을 없애는 것으로 끝나기 일쑤다. 이로써 사람들은 잠정적으로는 결국 모든 사안을 사법 기구에 의존하게 된다. 혹시라도 한 사람이 타인에게 모욕을 당하면 그 모욕을 되돌려주거나 심한 경우 주먹을 한 방 날리는 것으로 끝나지 않고, 대개는 둘 다 경찰서로 가서 이런저런 서류를 귀찮게 작성해야 비로소 끝이 나는 식이다.

그런데 특히 좌파 진영이 종종 그렇게, 즉 이런 대응 방식이 특히 여성과 같이 사회적으로 취약한 사람들을 보호하기 위해 어쩔 수 없는 것이라고 주장한다. 하지만 실제로는 정반대 효과가 나타난다. 즉, 경찰이나 사법의 권위에 호소하는 과정을 통해 여성 등 취약 계층이 자율 역량을 기르기보다는 더 나약해지고 외적인 힘에 의존하게 되는 경향 또한 증가한다. 바로 이런 과정을 통해 자신도 모르는 사이에 인간 상호 관계의 가장 기본이 되는 것들이 우리에게서 달아나버린다.[*1]

이제는 비밀도 아니지만, 사실 미국은 이라크 같은 데서 사람을 죽이는 등의 더러운 일을 대부분 민간 기업을 통해 계약한 이들에게 맡기는데, 세계 각국에서 선발된 용병들이다. 이 민간 "보안 요원들"의 수는 세계 곳곳에서 증가 일로에 있다. 베를루스코니 정부는 해외 이주민에 대한 배타적 인종주의 정책을 거대한 지지 기반으로 삼고 있다. 즉, 국제 이주민을 거의 범죄인으로 취급한다. 그런 정부가 최근에는 전국 어디에나 경찰이 깔려 있도록 하기 위해 "시민 순찰대" 같은 것을 조직하도록 관련 법령을 만들어냈다. 베를루스코니는 이런 시민 순찰대가 민간 기업의 자금 지원까지 받을 수 있도록 허용했는데, 이런 변화는 결국 남미의 "살인 특공대" 같은 게 창궐하도록 만드는 전초전으로 보인다. 이 살인 특공대란 그 지역 사업가들이 돈을 대고 그중 누군가를 시켜 눈엣가시인 존재를 "깨끗이 정리"하게 하는 고약한 집단이다.

---

* 물론 우리 일상의 모든 관계에 도사린 폭력을 악마화demonization하는 것은 자칫 그 책임을 다른 곳으로 전가轉嫁하기 쉽다. 독일 사회학자 괴츠 아이젠베르크는 독일 학교에서 발생한 총기 난사 사건을 분석한 바 있다. 그는 당시 범인이 (늘 폭력에 노출된) "거친 가정 출신"이나 노동계급 내지 하층계급 출신이 아니라, (그 어떤 긴장 관계도 만일 폭력적으로 표현하면 문제아로 낙인찍히는) "지극히 평범한" 중산층 출신이라는 사실을 강조했다. 오히려 중산층이었기에 폭력적 비디오게임이 아이들 사이에서 널리 인기를 얻었고 마침내 아이들은 게임을 현실로 옮겨보려는 욕망을 갖게 되었다고 했다. 이를 본 대중은 본능적으로 "아모크amok"라 불리는 이 충동적 살상이 인간 사회의 숨은 진실을 드러낸다고 느낀다. 또 마지막에 대개 자살로 "사명mission"을 마감하는 범인 역시 이런저런 방식으로 모든 상품 주체(자본주의 사회의 구성원)에 스며든 죽음충동death drive을 표현한다.

파국이 온다

게임의 유일한 지배자가 된 '국가' 혹은 국가 폭력

얼핏 보아 이러한 '폭력의 민영화'는 기존 국가의 폭력 독점과 모순되어 보일지 모르나 전혀 그렇지 않다. 왜냐하면 폭력이 국가의 실체를 핵심적으로 드러내기 때문이다. 지금도 그렇고 과거에도 언제나 그랬다. 특히 위기의 시기가 닥치면 국가는 역사적으로 원래 자신의 자리로 돌아간다. 무장한 갱단이 바로 그 자리다. 실제로 세계 곳곳에서 민병대 조직은 "정규" 경찰이나 다름이 없다. 역으로, 경찰이 민병대 조직 또는 무장 갱단이 되기도 한다. 따라서 국가적 차원에서 벌어지는 온갖 멋지고 거창한 말, 그리고 그것이 사회적으로 수행하는 온갖 통치 과정 뒤에는 결국 누군가의 머리통을 깨부수는 폭력 내지 최소한 그렇게 할 수 있는 잠재적 폭력이 도사리고 있었음을, 마지막 단계에 가서 따져 보면 잘 알 수 있다.

국가의 기능 및 기능 방식은 역사적으로 상당히 다른 양태를 띠어왔다. 이는 분명한 사실이지만, 폭력의 행사라는 관점에서 보면 역사를 통틀어 커다란 공통분모가 있다. 달리 말해 국가는 국민의 행복을 돌볼 수도 있고 전혀 그렇지 않을 수도 있다. 마찬가지로 공교육을 잘 제공할 수도 있고 그렇지 않을 수도 있다. 도로나 철도 같은 사회 기반 시설을 잘 구축, 유지할 수도 있고 그렇지 않을 수도 있다. 경제에 대한 규제 역시 할 수도 있고 하지 않을 수도 있다. 동일한 방식으로 국가는 노골적으로 특정 집단이나 개인만을 위해 봉사할 수도 있고 반대로 모든 구성원, 즉 공공의 선을 위해 봉사할 수도 있다. 한마디로, 이런 일은 국가의 본질이 아니다. 그런데 외적 위협과 내적 "무질서"로부터 자신을 지켜내기 위한 무력을 갖고 있지 않다면, 그건 국가가 아니다. 토머스 홉스나 카를 슈미트는 바로 이런 점에선 확실히 옳았다. 즉, 죽음의 관리 능력(생사여탈권)이야말로 국가 구조의 핵심이다.

지난 수백 년 사이 자본주의와 더불어 국가는 더 큰 존재가 되고자 했다. 국가가 사람들에게 두려움의 대상으로 머물지 않고 더 많이 사랑받는 존재가 되고자 한 것이다. 국가는 예전에 가족이나 마을, 지역 공동체 영역에 속했던 것들에 대해 갈수록 더 큰 규모로 스스로 접수, 관리하기 시작했다(복지국가가 그 최고봉이다). 그러나 자본의 가치 증식에 위기가 닥치면 국가는 재정 지출을 과감히 줄이고 경로를 바꾸기도 하며 더 많은 영역에서 손을 뗀다. 그 결과 공공서비스 분야에서 살아남는 간호사나 교사는 점점 줄어드는 반면, 경찰관 숫자는 갈수록 늘어난다.*

위기의 국면이 오면 국가는 시민들을 "보호"하는 것 외엔 해줄 일이 없다. 그래서 경찰을 통해 시민 보호 명목으로, 역설적이게도 갖은 이유를 대며 불안감을 조장하는 경향이 있다. 국가가 다른 공적 기능은 전혀 수행하지 않아도 별로 치명적이지 않지만 법이나 질서 유지 기능만큼은 그렇지 않다(모든 국가가 법과 질

---

* 여기서는 그냥 경찰관이 아니라 더 많이 무장한 경찰관이라고 말하는 게 차라리 낫겠다. 왜냐하면 기술에 의한 인간 대체가 경찰 분야에서도 일어나기 때문이다. 그러나 "좌파"의 일부 대표자는 늘 이런 주장을 한다. 국가가 경찰을 첨단 무기로 무장시키기보다는 "공동체 경찰"에 투자를 많이 해야 정부가 추진하는 "범죄와의 전쟁"에 회의를 표명하는 경찰도, 적절한 업무 수행을 위한 재정이 부족하다고 불평하는 경찰도 존중받을 수 있다는 것이다.

서를 강조하는 것도 이런 이유다). 바로 이것이 신자유주의의 예언 자이기도 한 밀턴 프리드먼의 견해 아니었던가? 달리 말해, 국가 는 안전 유지 이외의 모든 기능을 시장과 같은 민간 기구에 넘겨 야 한다는 것 말이다(그의 아들 데이비드 프리드먼은 한술 더 떠 법 률 제도마저 민영화해야 한다고 주장했다. 물론 이 주장은 골수 자유주 의자들에게도 너무 심한 것으로 여겨져 정책으로 구현되지는 못했다).

이런 식으로 국가는 100년 넘게 덮어쓰고 있던 화려한 껍데기 를 벗는 중이다. 그렇다고 이를 국가의 후퇴라 할 순 없다. 그보다 는 역사적 상황이 새로워졌다고 할 수 있는데, 이는 국가가 스스 로를 **게임의 유일한 지배자**로 자처하기 때문이다. 특히 최근 30여 년간 국가는 규율과 억압의 새로운 시대를 구축해왔다. 이것은 이른바 "전체주의" 국가 시절에도 없던, 전례 없는 일이다.

만일 누군가가 이런 일련의 변화를 보면서 조용히 이런 상상 을 해본다고 하자. 독일 나치와 그 동맹자들이 오늘날 민주주의 국가들에서 유행하는 것과 동일한 감시와 억압의 수단들을 사용 했다면 무슨 일이 일어났을까? 유대인이나 집시는 CCTV와 전 자 출입 기록, DNA 표본, (문서나 언어를 통한) 모든 소통에 대한 도·감청 등이 쫙 깔린 상황에서 강제수용소로부터 도주할 생각 을 전혀 하지 못했을 것이다. 하물며 그 누가 수용소 내에서 저 항을 할 수 있겠는가? 행여 누군가 수용소를 탈출했다 하더라도 금세 붙잡혔을 것이다. 요컨대 오늘날의 이른바 '민주주의' 국가 들은 과거의 그 어떤 전체주의 국가와 견주어도 훨씬 고급스러운 감시 및 억압 체계를 갖추고 있어, 그에 저항하는 누구도 즉각 위 해를 가하거나 쉽게 찾아내며 금세 제거해버릴 수 있다.

물론 지금 당장은 그럴 일이 별로 없지만, 미래에 언제라도 국가가 필요를 느낀다면 그런 수단을 사용할 가능성이 얼마든지 있다. 따지고 보면, 늘 그 어떤 불가피한 논리(예컨대 국가 경쟁력 강화, 지속적 경제성장)가 국가로 하여금 무슨 일이건 꼭 하게끔 만드는 경향이 있었다. 만일 그 국가가 과학기술 시스템의 관리자 역할을 수행하는 경우라면 더욱 그렇다. 이 점은 최근 그런 통제 기술이 널리 사용되는 우리의 일상에서 여실히 드러난다. DNA 표본 추출이 대표 사례인데, 원래 이 기술은 어린이 살해처럼 심각한 범죄가 일어난 경우에만 예외적으로 사용되었다. 그런데 오늘날에는 미니 오토바이 도둑이나 유전자조작 식품 반대 운동가를 잡아들일 때도 예사로 쓰인다. 엄밀히 보자면 오늘날에는 이 방식이 (금융 범죄를 제외하곤) 사실상 모든 범죄자에게 적용되고 있다(물론 좌파 진영의 착한 이들은 금융 범죄자들의 "특권"을 허물기 위해서라도 이들 또한 같은 방식을 적용받아야 한다고 주장할지도 모르겠다). 이런 식으로 오늘날의 국가들은 그 지도자들이 예측할 수 있는 미래와는 전혀 다른 미래가 절대 열리지 못하도록 가능성의 싹을 깡그리 없앰으로써 역사상 처음으로 통치의 절정기를 맞고 있다. 그런데 만일 그들의 미래 예측이 신통찮다면 어떻게 될 것인가?

국가에 대한 '올바른' 투쟁?

저 유명한 역사 변증법은, 현재의 국가가 결코 전지전능할 수는 없다고, 언젠가 어떤 다른 힘이 출현할 수밖에 없다고 예측한다. 그런데 오늘날 상황을 보면, 국가는 수단과 방법을 가리지 않고 방향 변화의 가능성을 차단하고 있다. 하지만 프랑스 어느 도시든 거리 명칭을 찬찬히 살펴보면 흥미로운 점을 발견할 수 있다. 예컨대 오귀스트 블랑키, 프랑수아뱅상 라스파유, 아르망 바르베, 루이 미셸, 에두아르 바양, 쥘 발레… 등이 모두 거리 명칭에 나온다. 모두들 당시 검찰에 의해 기소되었던 자, 옥살이를 했던 자, 강제로 추방당한 자, 사형이 선고된 자들이다. 그리고 이런 사실을 오늘날의 국가도 잘 알고 있다. 즉, 국가 역시 (비록 기꺼이 그런 건 아니지만) 위의 역사적 인물들이 당대의 국가에 **대항하여** 올바른 투쟁을 했음을 스스로도 인정하는 것이다.

프랑스는 스스로 인정하듯 애초 두세 가지 혁명과 레지스탕스 운동을 토대로 구성된 국가다. 하지만 만일 당시의 선조들이 오늘날 국가가 지닌 바와 동일한 무기를 지니고 있었다면 아마 현재의 국가는 존재하지 못했을 것이다. 다시 말해 만약 국가가 자기 자신만의 논리를 고집했다면 제대로 정립되기는커녕 아마도 적들에게 자리를 넘겨줘야 했을 것이다…. 물론 국가라는 존재는 국민이나 시민을 위해 공공선을 베푼다는 그럴듯한 말을 곧잘 하지만, 실제로 그런지 보여달라고 시민들이 요구하거나 관련 질문을 던지면 썩 시원한 대답은 나오지 않는다. 그러나 만일 국가가 그 적들이 가진 최소한의 행위능력마저 모두 박탈한다면, 또 그 이전의 선조들보다 더 완벽한 듯 보이게 포장하려 들고 마침내 스스로 최고인 척하며 (이보다 더 좋은 국가는 있을 수 없다는 의미에서) "역사의 종말"을 운운한다면 아마 그 국가는 참담한 종말을 맞게 될 것이다.

그럼에도 국가라는 존재는 그 통치 체제의 존속을 위해 노골적 야만성이 유일한 "대안"인 것처럼 전력을 다해왔다. 기 드보르가 1988년 『스펙타클의 사회』 개정판에서 지적했듯, 국가는 존재하지도 않는 자신의 성공담에 근거해서가 아니라 오히려 적들에 의해 평가받기를 진짜로 선호하는 것처럼 보인다. 실제로 모든 "반反테러리스트" 정책은 이런 원리를 따르고 있으며, 특히 알제리 정부는 아마도 그 어떤 다른 정부보다 이 원리를 확실히 적용해왔다고 할 수 있다.

그래서 국가는 말한다. 변화 따위는 이제 불가능하다고. 다만 우리가 하는 일에 찬성하든지 아니면 아무 소리 말고 가만있으라고. 역사적으로 볼 때 상당히 중요한 시점에 국가가 이런 말이나 하고 있으니 참으로 문제다. 우리 모두가 경제와 환경 그리고 에너지 위기로 추락을 경험하고 있는 이 시점에 말이다. 이런 다각적 위기 상황에서는 시민들이 지금까지 살아온 방식으로 계속 그렇게 살아나가기가 점점 더 어려워진다. 그럼에도 시민들은 국가나 정부에 더욱더 순종하는 경향성을 보인다. 이런 이유로, 국가가 일방적으로 "불법적"이라거나 "폭력"이라고 규정해버린 수단이나 방법을 두고 그것을 정당화하든 비난하든 아무런 의미가 없게 되어버렸다.

적어도 이것 하나는 분명하다. 앞으로 저항운동들이 이른바 "합법성"의 척도 안에 머물기는 정말 어려우리란 점이다. 합법성이라는 개념 자체가 이미 그런 저항운동을 거세하기 위해 고안된 장치이기 때문이다.[*2] 역사적으로 초창기 노동운동은 스스로 부

파국이 온다

르주아 사회의 법적 테두리 바깥에서 투쟁을 전개했다. 부르주아 역시 노동운동을 합법의 테두리 안으로 끌어들이지 않고 불법화했다. 그 뒤 노동운동 안에서도 "합법주의" 노선이 등장했는데, 특히 19세기 후반에 그랬다. 하지만 수많은 조합원이나 활동가가 그런 노선을 일종의 배신 내지 반역으로 간주했다. 그런데 제2차 세계대전 이후 상황은 완전히 달라진다. 마침내 국가가 그 모든 사회 갈등을 규제하고 관리하는 주체로 자리 잡은 것이다. 이와 동시에, 사회적 투쟁들 자체도 더는 완전히 색다른 사회의 등장을 목적으로 하지 않고 이미 생산되고 획득된 가치의 분배를 위한 투쟁과 대화에만 몰두한다. 그리하여 좌파 내부에서도 "규칙 준수"(준법정신)라는 구호가 서서히 당연시되어 이에 저항하는 자들은 극소수의 "극단주의자" 취급을 받을 정도로 균열의 경계선이 달라진다.

그러나 합법성 내에서의 분배 투쟁을 통한 삶의 개선이란 일종의 환상일 뿐인데 이 환상조차 완전히 사라질 가능성이 나날이 커지고 있다. 그런 환상을 위한 작전 공간, 즉 폭넓은 대중에게

* 합법성(준법성)legality보다 높은 개념인 정당성legitimacy은 차원이 좀 다르다. 즉, 준법정신에 기초해 법 앞에 순진무구한 청원 운동을 하는 사람도 많다. 하지만 (불법 투쟁이라 할지라도) 자신의 정당한 행위에 대해 당당하게 재판 절차를 밟는 사람, 그리하여 그 판결 결과까지 감수하겠다고 자랑스레 나서는 사람도 꽤 많다. 르네 리젤 역시 그런 모범을 보여주었다. 그는 유전자조작 농산물을 갈아엎은 죄로 기소되었고 재판을 받고 옥살이까지 했다. 그 모든 과정에서 그는 자신이 얼마나 정당하고 자부심이 강한지 잘 드러냈다. 역사를 통틀어, 대부분의 혁명가들은 감옥에 갇혔을 때나 나왔을 때나 결코 평정심을 잃지 않았다.

더 많은 떡고물을 분배해줄 여지가 이젠 없기 때문이다. 국가가 재분배해줄 떡고물이 더는 없으니 사회운동 역시 법적 테두리 안에 남아 있을 이유는 없다. 시민들이나 사회운동이 제아무리 참고 기다려봐야 국가로부터 얻을 게 별로 없다는 이야기다. 따라서 갈수록 이른바 "불법적" 행동이 늘어날 수밖에 없다. 각종 점거 운동, 회사 대표 납치, 기계 해체, 건물 내지 기물 파괴, 각종 수송로 차단 등이 대표적 예다. 이런 불법행위가 아직은 실제로 많이 목격되고 있지 않지만 앞으로 늘어날 가능성은 매우 크다.[*]

사보타주와 합법성의 한계 – 타르낙 사건과 『반란의 조짐』

이제 곳곳에서 사보타주 행위가 늘어날 것이고, 이야말로 권력 기구가 가장 두려워하는 일이다. 이 사보타주는 파급효과가 큰 편이다. 일례로 오늘날 일부이긴 하지만 프랑스에서 GMO 작물 재배를 거부하는 분위기가 있고 또 일반 시민들도 GMO에 반대하는 분위기가 상당히 센 편인데, 이 역시 따지고 보면 결국 조직적으로 집단행동에 나섰던 'GMO 작물 갈아엎기' 운동 덕이 크다. 탄원서 정도로는 그런 분위기까지 가기가 어렵다는 이야기

---

[*] 올리비에 브장스노(프랑스 반자본주의당 대표) 같은 정치가는 곧잘 그 "평당원들"로부터 엄청난 욕을 먹는다. 실제로 브장스노는 이른바 테제베 라인에 대한 사보타주 사건으로 "타르낙 마을의 청년들"이 체포되자 자기 정당 당원들은 절대 그런 행위를 않는다고 해 격심한 비판을 받았다. 이런 게 2등급 레닌주의자들의 역사적 운명이다.

파국이 온다

다. 실제로 프랑스 내무부장관은 지난 수 년 동안 이 'GMO 작물 갈아엎기' 운동가들을 거듭 지목해 검찰 기소 대상이라고 주장해왔다.

여기서도 분명히 나타나듯 대중 불복종 운동, 지속적 사보타주, 불굴의 저항운동 등은 법과 질서만 강조하는 지배층에는 가장 고약한 움직임이다. 그래서 지배층은 차라리 노골적 폭력과 테러 따위를 선호한다. 폭력이나 테러가 **자기들의** 독점 영역인 것처럼 말이다. 잡지《리뉴*Lignes*》25호(2008년 봄)에 실린 글에서 나는 사보타주야말로 현실적으로 가능한 정치적 저항의 한 형태라 쓴 바 있다. 그때 내가 제시한 사례도 한밤중에 진행된 GMO 작물 갈아엎기 운동, 그리고 생체 인식 측정기 고장 내기 운동이었다. 하지만 그런 글을 썼다고 해서 몇 달 뒤 내가 테러리즘을 부추긴다고 기소되어 옥살이를 하게 되리라고는 꿈에도 생각지 못했다.

내가 여기서 언급하고 싶은 건 "타르낙 사건"인데, 이것은 2008년 11월 중부 프랑스의 타르낙 마을에서 청년들이 정부의 테제베TGV 철도 노선 계획에 반대하다가 체포, 기소된 사건이다. 당시 경찰에 의해 "주동자"로 지목된 쥘리앵 쿠파는 증거 불충분에도 불구하고 약 6개월 동안 감옥에 갇혀야 했다. 게다가 경찰은 이들을 『반란의 조짐 *The Coming Insurrection*』을 펴낸 장본인으로 지목했다. 이 책자는 2007년 "비밀위원회Invisible Committee"(경찰의 시각과 달리 그 지지자들은 이 조직의 존재를 전혀 부인하지 않았다. 그럼에도 경찰들은 마치 엄청난 조직 사건이라도 되는 것처럼 "비밀위원회"라고 칭했다)가 펴낸 것이었다.

물론 국가에 대한 큰 분노를 담고 있지만 실상 이 책은 놀라울 정도로 순진하다. 국가에 대한 분노가 큰 탓에 그들은 국가에 의해 "본보기로" 감옥살이를 해야 했던 것이 사실이다. 그런데 역설적이게도 그들은, 현 상태의 민주주의를 너무 믿었다가 당하고 말았다. 즉, 그들은 지금 우리가 경험하는 위기처럼 일정한 역사적 단계가 오면 자신들이 쓴 책을 활용해 별 어려움 없이 철도망 전반의 사보타주를 끌어낼 수 있으리라 믿었던 것이다. 과연 그들은 자신들이 어디에 살고 있다고 생각했을까? 19세기 영국 정도라고 생각한 건가?

그들이 당한 비극은 실은 경찰이나 법관에게 일어난 일이라고 보는 게 마땅하다. 왜냐하면 이들은 사회비판이나 저항을 하는 이들을 아주 냉소적으로 생각하기에, 폭력을 객관적으로 판단하지 않고 자신의 관념대로 해석하기 때문이다. 다시 말해 이들 경찰이나 법관은 그 책을 쓴 이들이 자신들의 상상대로 대단히 위험한 인물일 것이라고 마음대로 생각한다. 그래서 그 착각에 근거해 자기들 마음대로 큰 벌을 내린다. 이런 것과 매우 유사한 일이 1979년 이탈리아에서 안토니오 네그리에게도 일어났었다.

한편 그 지지자들이 나눠 주는 선전 문건들은 종종 지배층의 신경을 건드린다. 이런 맥락에서 프랑스 경찰이 쥘리앵 쿠파를 찰스 맨슨*의 후계자쯤 된다고 말한 것은 그리 놀랄 일도 아니다. 쥘리앵 쿠파는 자신이 만든 잡지 《티쿤 *Tiqqun*》에 이렇게 쓴 적이 있다. "독일에 6·2운동**이나 적군파RAF가 있다면, 미국에는 블랙팬서Black Panthers, 웨더멘Weathermen, 디거스Diggers,*** 맨슨 패밀리가 있다. 이 모두는 '강력한 내부 탈주'의 상징이다."[3] 과연

파국이 온다

이런 이야기는 화살이 자신을 향하지 않도록 단지 그가 익살을 부린 것에 불과할까? 물론 쿠파가 찰스 맨슨과 같은 종류의 인물일 가능성은 거의 없다. 그러나 분명한 것은 쿠파의 역사적 분석 능력이 텔레비전 논쟁에나 나올 정도로 순진하다는 점이다.

결과적으로 국가는 자신의 의도를 제대로 관철하지 못했고 피의자들은 결국 아무런 의심의 여지가 없다는 판정을 받았다.**** 오히려 이 사건으로 피의자들이 유명세를 떨치면서 지지자들만 상당히 늘고 말았다. 그 지지자들은 쥘리앵 쿠파 등이 살던 시골 마을의 이웃에서도, 심지어 의회 의원들 중에서도 나왔고, 《르몽드》의 중요 기사들에도 쿠파 이야기가 등장했다.

한편 어떤 의미에서는 국가가 이겼다고도 할 수 있다. 언젠가 대규모 사보타주가 벌어질지 모르는데 그 싹을 미리 제거해버렸다는 의미에서 말이다. 실제로 국가가 막 싹트기 시작하는 사회운동에서 등장할 수 있는 아주 낮은 단계의 저항에 대해 "절대

---

* 찰스 맨슨은 1934년 미국 출생으로, 불우한 환경에서 자라나 절도와 살인 등으로 옥살이를 많이 했으며, 30대 때 히피 문화와 종교 문화를 결합한 사이비 종교 단체 '맨슨 패밀리'의 교주가 되었고 음악 활동까지 하며 '유명세'를 떨쳤으나 '폴란스키가 살인 사건'을 사주했다는 혐의로 사형 선고를 받았다. 이후 사형제 폐지로 무기징역형으로 감형되어 수감 생활을 이어가다가 2017년 사망했다. ― 옮긴이

** 1967년 6월 2일, 이란 팔레비 국왕의 독일 방문 반대 시위에 참여한 대학생 벤노 오네조르크가 경찰 총탄에 맞아 죽임을 당한 사건을 계기로 형성된 전투적 아나키스트 학생운동. ― 옮긴이

*** 정치적 성향을 떠나 이들 모두가 극단적 폭력이나 전투성을 앞세우는 실천 운동 집단들이다. ― 옮긴이

불관용"이라는 단호한 입장을 취한다는 점을 널리 알리려는 의도
였다면, 그런 의미에서도 국가는 성공한 것으로 볼 수 있다.

그런데 진짜 "테러리스트"라면 몇 달 정도 감옥에 갇힌다고 해
서 겁에 질리진 않는다. 삶에서 뭔가 크게 좌절해본 사람들은 보
통 한두 번은 남을 위협할 정도로 욱할 수도 있고, "이 정도는 별
것 아니지. 내가 누구를 죽인 것도 아니고 말이야" 하는 정도로
생각하기 일쑤다. 반면 평범한 사람이야 대개 또다시 감옥에 가
고 싶어 하진 않는다. 나아가 만일 누군가 (국가에 의해) 모욕을
당하거나 그로 인한 분노로 무장투쟁에 나선다면 아마도 국가는
그런 적들과 기꺼이 또다시 맞서 싸우려 할 것이다.

다른 한편 국가는 주동자도 없고 다루기 힘들 정도로 고집스러
운 사회운동을 대단히 싫어하는 경향이 있다. 예를 들어 2008년

**** 여기서 당시 프랑스 내무부장관이었던 미셸 알리오 마리의 역사적·
정치적 수완이 얼마나 탁월한지 특별히 언급할 만하다. 그는 68운동 40년이
지난 시점에서 프랑스 공산당은 매력이 없어졌다고 했다. 실은 공산당조차
사회 불안을 억제하는 그르넬Grenelle 협정을 맺는 데 일정한 역할을 했는
데 내무부장관이 그런 공산당의 실상을 확인해준 셈이다. (그르넬 협정이란
1968년 5월 '68혁명' 당시 프랑스 노·사·정 사이에 논의된 협상안으로, 노
측 대표로 공산당과 노동총연맹CGT이 참여했다. 노측이 내세운 핵심 내용
은 최저임금 35퍼센트 인상, 임금의 평균 10퍼센트 인상, 노동권 강화 등이었
다. 문제는 공산당과 노동총연맹 등의 제도 정치와는 달리 진보적 학생들과
파업 노동자들은 직접민주주의 방식의 민중정치를 추구하면서 다시 갈라서
게 되었다는 점이다. 결국 제도 정치권은 당시 정부 수반이던 드골 대통령의
의회 해산과 조기 총선 제안을 수용했다. 그러나 6월 말 선거에서 드골이 승
리한 반면 공산당과 노동총연맹은 패배했다.— 옮긴이)

파국이 온다

하반기에 프랑스 교육부장관은 고교 교육 체계를 개편하려던 구
상을 포기해야만 했다. 중·고교 학생 시위대의 규모가 점점 커졌
을 뿐 아니라 (학생 조직이나 그 지도부조차) 통제할 수 없을 정도
의 폭력이 동반되었기 때문이다. 게다가 그리스에서 벌어진 청년
반란이 그들에게 본보기가 되어 프랑스에서도 비슷한 일이 벌어
질까 봐 정부는 잔뜩 긴장할 수밖에 없었다.*4

그럼에도 『반란의 조짐』 필자들이 묘사한 바와 같은 "폭력"의
형태는 결코 바람직하지 않다. 그들은 《티쿤》에서 언급했던 자기
선배들처럼 증가하는 야만성을 일종의 해방의 기운으로 전환할
수 있을 것이라고 선전·선동했다. 실제 그들은 사회 혼란이 심해
질수록 흥분했으며, 유일한 탈출구일지 모르는 인간성에 호소하

---

* 당시의 '그리스 신드롬'은 분명히 프랑스의 교육부장관 그자비에 다르코
의 고등교육 개혁이 180도 방향 전환을 하는 데 원인을 제공했다. 교육부장
관은 대통령과 수차례 협의한 끝에 마침내 개혁을 1년 뒤로 미루기로 해 U
자 곡선을 완성했다. 예기치 못한 일이었고 그만큼 극적이었다. […] 그래서
너도나도 '그리스 신드롬'을 얘기했다. 만일 여러 면에서 상황이 좀 달랐다면
정부가 그렇게 빨리 양보진 않았을 것이다. 예를 들어 청년들의 고용 가
능성을 위협하는 경제위기라든지 경찰이 조금이라도 건드리면 곧 터질 준
비가 되어 있는, 도시 곳곳의 긴장 상황, 그리스처럼 임박한 청년 반란의 위
협 같은 변수가 교육부장관의 신속한 양보를 이끌어냈다. 당시 해법을 둘러
싼 정부와 엘리제궁 간의 뜨거운 논쟁은 결국 사회 폭동 수준의 뜨거운 열기
를 가라앉힐 조치가 필요하다고 보았던 측의 승리로 끝났다. 사실 정부가 두
려워했던 것은 보름 가까이 계속된 고등학생 시위대의 규모보다, 시위대 자
체가 대부분 (중앙 통제 없이) 자발적으로 움직였으며 획일적 통제가 어렵고
때로는 폭력적이기도 했던 그 전반적 성격이었다.

기보다는 온 사회에서 벌어지는 야만성을 애써 강조하기도 했다.*

그러나 통상적 믿음과 달리『반란의 조짐』에는 "아나코-코뮤니스트anarcho-communist"나 마르크스주의 같은 건 전혀 없다. 오히려 그 책자를 넘기다 보면 마르틴 하이데거나 카를 슈미트의 냄새("정치의 우선성")가 훨씬 많이 풍긴다. 그 (국가의) "결정",** 다시 말해 국가 정치의 심장부에서 느낀 것과 동일한, 아무 내용 없는 결의 같은 것을 그 책에서 느낄 수 있다. 필자들은 단지 국가가 하는 모든 일에 자신들은 반대한다는 의지를 확실히 내보이는 것만을 원한다. 결국 그들은 자신이 최고 강자임을 내세우고 싶어 한다. 자신의 주먹으로 코앞의 책상을 그 누구보다 더 세게 내리치고 말겠다는 식이다. 그들이 법적으로 패배해 감옥에 갇힌 사건은 오히려 지지자들 사이에서 그들을 신격화하게 만들었다.

---

* 『반란의 조짐』에는 이런 구절이 나온다. "통상적으로 세상이 돌아가는 방식은 우리가 정말 재난 수준으로catastrophic 늘 강탈당하는 현실 상황state을 곧잘 숨긴다. 지진 같은 진짜 '재난catastrophe'은 이런 상황이 잠시 정지되는 것에 불과하다. 오히려 이런 재난이 닥치면 우리는 잠시나마 세상에 살아 있음을 느낄 수 있다. 그러니 예컨대 석유 비축량을 예상보다 일찍 바닥나게 하라. 또 국제 현금 흐름을 방해해 각 나라마다 경제가 엉망이 되게 하고 대규모 사회 혼란이 일어나게 하라. 아니면, '원시 상태로 돌아가'거나 '지구 전체에 위협'을 가하거나 마침내 '문명의 종말'이 오게 하라! 그 어느 것이건 저들은 통제력을 잃겠지만, 오히려 준비된 위기관리 시나리오를 발동할 수 있다며 더 좋아할지 모른다."
** 같은 책에 이런 구절이 있다. "그건 사실이다. 그러나 이 사실들facts은 결정decision으로 전환돼야 한다. 온갖 사실은 마법으로 쫓아낼 수 있지만 결정은 정치적이다. 문명의 종말을 결정한다는 건 그것이 어떻게 일어나게 할지 방도를 찾는 것이다. 오로지 결정만이 우리를 죽음에서 구해낼 것이다."

그러나 문학적 차원에서 봐도 별 근거 없는, 죄에 대한 그들의 사과는 상투적인 면이 강했다. 마치 1948년 시인 앙드레 브르통이 자신이 언급했던 "가장 간단한 초현실주의 행동"*에 대해 뒤늦게나마 사과한다고 한 것처럼 말이다.

우리가 사보타주나 다른 형태의 "폭력" 문제를 제대로 보고자 한다면, 참된 질문은 언제나 '누가 무슨 목적을 위해 그것을 행사하는가?'이다. 급진 좌파는 종종 폭력을 "급진성"과 혼동하는 경향이 있다. 특히 임금 인상 요구처럼 완전히 상품 논리에 빠진 목적을 위해 폭력이 사용될 때조차 이들은 그 폭력 투쟁이 근본적 내지 급진적이라 착각한다.

사보타주 역시 특정한 이해관계를 위한 폭력적 행위와 뒤엉키고는 한다. 그 결과 상대방의 폭력적 역공을 초래하기 쉽다. 예컨대 GMO 작물 갈아엎기 운동가들에 의해 밭이 엉망이 된 농민들이나 국가로부터 크게 좌절감이나 실망감을 맛본 중산층은, 형편만 된다면 민간 보안 용역회사 사람들을 돈 주고 고용하기도 한다. 처음엔 상당히 좋은 명분으로 시작될 수도 있지만, 궁극적으로 보면 이런 식으로 해서는 사회운동이 절대 해방적 방향을 갖지 못한다. 나아가 이런 방식은 늘 일종의 포퓰리즘으로 치닫게 되는데, 이는 "좌와 우를 가리지 않고 일어나는" 현상이다.

실제로는 국가에 대항하던 저항운동이 거의 마피아로 변하면

---

* 1948년의 한 인터뷰. 이는 1952년 갈리마르 출판사에서 나온 『앙트르티엥 Entretiens』에 재수록되었다. 〔영문판 옮긴이〕 브르통은 한때 이런 끔찍한 말을 했다. "가장 간단한 초현실주의 행동이란 손에 권총을 들고 길거리를 따라 내려가면서 닥치는 대로 군중을 향해 최대한 많이 쏘아대는 것이다."

서 나중에는 조직 보존 그 자체가 목적이 되어버리는 경우도 있다. 중남미 콜롬비아의 FARC가 대표 사례다. 게다가 『반란의 조짐』에 언급된 "코뮌들(마을들, 지역들)"은 어떤 면에서 북미의 생존주의자들(곧 세상의 종말이 다가오니 서둘러 탈출을 준비해야 한다는 식의 주장을 펴는 사람들)을 닮은 후예일 수 있다. 그런데 만일 다른 사람들이 그들과 같은 길을 걸으려 하지 않는 경우 그들은 철저히 고립되고 만다. 사실 이런 일은 최근의 역사만 찬찬히 둘러봐도 결코 처음이 아님을 확인할 수 있다.

　정작 중요하고도 시급한 일은 자본주의의 작동 방식에 대한 비판, 즉 가치, 화폐, 노동, 자본, 경쟁 등의 범주를 철저히 비판하는 작업인데 이런 일은 좀처럼 보이지 않고 도리어 우리가 목격하는 것은 (그 주거지 공격이나 납치를 포함한) "경영자 마녀사냥"* 이나 초호화 레스토랑 습격 같은 일이다. 이런 폭력 방식에 경도되는 이들은 대부분 "프롤레타리아들"이 아니라 중하위 내지 중간층 부르주아들로, 예를 들면 사기를 당한 투자자나 집을 압류당한 소유주 등이다. 그런데 이들은 일단 자기 문제만 해소되면 언제 그랬냐는 듯 금세 다시 지배 질서에 충성을 맹세한다. 그러면서 오히려 자기 재산을 또 다른 "약탈자"로부터 지키기 위해

---

* 이런 일이 드물지 않은데도, 언론은 그것이 모방 행위로 이어질까 몹시 두려워 거의 보도하지 않는다. 이 경영자 납치극의 최고 수준은 아마 한국일 것이다. 예컨대 한국에서는 노동자들이 기업주를 10층 건물에서 떨어뜨린 일도 있었고, 심지어 큰 석유 기름통에 빠뜨린 일도 있었다.(그러나 이 내용은 차후에 사실과 다름이 확인되었다고 한다─옮긴이. 최영기 외, 『1987년 이후 한국의 노동운동』, 한국노동연구원, 2001).

무장 경비원을 고용하기도 한다.

이런 맥락에서 보면, 숲 하나를 통째로 날려버릴 "개발 프로젝트"에 대중적 저항이 일어날 가능성은 매우 낮다. 반면 모든 시민으로부터 1유로를 더 받아먹은 장사꾼에 대해 대중적 분노가 일어날 가능성은 상대적으로 높다. 그런데 이런 증오와 분노를 촉발한 것이 자신도 그들처럼 되고 싶다는 열망, 즉 시기심이라면 이를 어떻게 봐야 할까? 그런 논리라면 우리 자신 역시 『반란의 조짐』이 원하듯 여러 우익 지도자와 그 하수인 들을 대량 학살하고 싶을지 모른다. 그렇게 되면 한바탕 피범벅 잔치가 끝난 뒤 또다시 동일한 (폭력) 시스템을 새로 시작하는 꼴이 된다. 예컨대 1934년 '스타비스키 사건Stavisky Affair'*에서 드러난바, 스타비스키라는 한 사기꾼과 그 정치적 공범들을 모조리 잡아넣겠다는 ('민주-진보' 세력의) 강경함이 극우파들의 프랑스 의회 점거를 초래하고 말았다.

저항하지도 탈주하지도 않는 현대인들

다시 『반란의 조짐』으로 돌아가보자. 이 책은 "계급, 인종, 지역 등에 대한 깊은 성찰이 아니라 현 사회에 대한 증오가 그 필

---

* 1934년 초에 알렉산더 스타비스키가 일으킨 공금 횡령 사건이다. 당시 중도 좌파 총리가 스타비스키를 보호해줄 정도로 그와 가까웠는데, 정부에 반감을 가진 우익 정치가들이 이를 계기로 의회 점거 등 난동을 부렸다. 이 사건의 와중에 파리 경찰의 발포로 시위대에서 열다섯 명이 사망했다. ─옮긴이

자들이자 피의자들(도시 근교의 민감한 곳에서 소란 행위를 벌인 혐의다) 사이에 공통으로 깔려 있는 정서였다"[5]라는 점을 우리에게 잘 알려준다. 그건 그렇다 치자. 하지만 오늘날 현존하는 증오 사회의 실체를 현장에서 찾아내기는 쉽지 않다. 게다가 그 증오의 근거가 올바른지 잘못되었는지도 좀 더 자세히 살펴봐야 한다. 많은 경우 이슬람주의자들은 이 사회에 대한 증오심에 불타며, 거의 파시스트 수준의 축구광들은 경기장에서 "모든 경찰은 개자식!"이라 외친다. 한편 안토니오 네그리의 추종자들은 이 세상의 모든 적들 사이에서조차 완전한 상상의 동맹자를 찾고 싶어 한다. 같은 맥락에서 그들은 팔레스타인 자살 폭탄 감행자부터 파업 중인 교사들까지, 또 파리의 빈민가 아이들로부터 볼리비아 광부에 이르기까지, 단지 뭔가 새로운 일이 터지는 것처럼 보이기만 하면 그들이 모두 동맹자가 될 수 있으리라 본다.

오늘날 세계가 만들어내는 온갖 거부의 감정은 대개 전통적 형태의 폭력보다 "추상적 증오심"(보드리야르)이나 맹목성에 훨씬 가깝다. 이런 바탕 위에서는 그 어떤 종류의 "정치적" 전략 같은 것도 만들어내기가 어렵다. 그리고 이런 식이면, 실제로 내란이라도 발생한 것처럼 한밤중 누군가가 어느 집 안방까지 들이닥쳐 남편을 깨워 무지막지하게 벽 구석으로 몰아세운 채 다른 쪽에서는 아내를 강간하거나 아이들을 살상하는, 청천벽력 같은 일이 벌어질 수 있다.

물론 세상에 존재하는 어떤 것에 대한 증오가 그보다 훨씬 더 나쁜 명분 아래에서 일어날 수도 있다. 아니면 누군가는 사르코지는 증오하지만 마오쩌둥이나 폴 포트는 좋아할 수도 있다. 아무런 대응할 힘도 없이 무기력하게 굴복해야 하는 느낌인 모멸감 내지 굴욕감은 학교나 시의회 같은 데서 일어난 무차별 난사처럼 '이성의 파괴'를 부르기 쉽다. 오늘날의 저항적 몸부림 대다수에 교묘히 스며들어 있는 것은 무엇보다 사회로부터 배제될 것 같아서 느끼는 두려움, 따라서 그러한 몸부림을 통해 사회의 일부분으로 계속 남고 싶은 강렬한 열망이다. 보다 일반적으로, 오늘날의 상황은 68운동이나 그 이후의 분위기와는 다르다. 즉, 요즘 사람들은 참을 수 없는 상황에 무조건 "적응"하라는 압박에 강경하게 저항하거나 탈주하고 싶어 하지 않는다. 오히려 그들은 가뜩이나 쪼그라진 현 사회에서 더군다나 주변화하는 것을 두려워하며 피하려 할 뿐이다.

그러나 폭력과 증오를 그 자체로 찬양하는 것은 오직 자본주의를 도울 뿐이다. 자본주의는 그 희생자들이 품게 되는 노여움을 또 다른 희생양을 통해 그들에게 쏟아붓도록 만들어버리기 때문이다. 그 와중에 많은 것이 악화 일로로 치닫는다. 도처에서 벌어지는 폭력이나 불법적인 일들도 증가 일로다. 이런 추세를 감안할 때 이른바 "합법성"의 갑옷은 곧 뜯겨 나갈 게 틀림없다. 그것이 사라진다고 한탄하는 것도 별 의미는 없다. 하지만 그렇다고 해서 폭력을 사용하는 근거가 늘 옳다는 보장 역시 없다. 아마도 폭력에 유일한 근거가 있는 경우란, 그 폭력이 증오나 원망 같은 게 별로 없는 사람들에 의해 행사될 때일 것이다. 그런데 과연 이게 얼마나, 어떻게 가능할까?

4

재앙을 예고하는
대자보

그것은 '우리의' 부채가 아닌 '자본의' 부채

"2008년 가을의 어느 목요일 《가디언》 웹사이트에 이런 보도
가 났다. 미국 뉴욕의 맨해튼 중심부 타임스퀘어에 있는 한 건물
에는 늘 미국의 공공부채액을 표시하는 알림판이 있다. 그런데
그 알림판의 숫자가 너무 불어나 더는 쓸 자리가 없다는 이야기
였다. 그 배경은 이른바 '리먼 브라더스' 파산으로 상징되는 미국
발 금융위기로, 여기선 특히 양대 투자은행 프레디맥Freddie Mac
과 패니메이Fannie Mae를 연방정부가 구제한 '폴슨 플랜Paulson
Plan' 탓이었다. 이에 따르면, 미국 달러만으로도 무려 조 단
위를 넘어 10조를 돌파한 천문학적 규모의 공공부채(정확히는
10,299,299,050,383달러)를 기존 알림판에 더는 표시할 수 없었던
것이다. 그래서 맨 마지막의 달러 부호 $를 생략하고 숫자만 표

시함으로써, 지나가던 시민들이 당시의 미국 공공부채 규모를 알 수 있게 했다."[1]

이미 낡아빠진 이 얘기를 다시 꺼내봐야 누가 관심이나 갖겠는 가. 어쩌면 (미국에 이어 온 유럽을 휩쓴) 2008년 10월의 엄청난 공 포도 벌써 잊힌 나머지 18세기 프랑스대혁명 초기의 "대공포"보 다도 먼 얘기처럼 들릴지 모르겠다. 하지만 2008년 당시 사람들 의 느낌은, 단지 너무 많은 물이 배 안으로 흘러 들어온 나머지 곧 바닥으로 가라앉으리라는 것만은 아니었다. 오히려 사람들은 누구나 마음속으로 언젠가 그런 일이 닥칠 것이라 예감하고 있었 다. 그래서 모두들 속으로는 '마침내 올 것이 왔다'고 생각했다.

당시 유럽, 특히 프랑스의 분위기는 전문가들조차 미국처럼 가 장 강한 국가까지 파산하는 게 아닌가 의문을 제기할 정도였고, 언론들도 1면 기사에서 프랑스 은행들의 줄도산을 예고했다. 은 행의 거물급 후견인인 이사들마저 은행에서 돈을 모두 인출해 자 기 집 침대 아래 숨겨둬야 하는 게 아닌지 진지하게 고민했다. 심 지어 미리 정기권을 끊어 통학이나 통근을 하는 이들은 몇 주 뒤 에도 기차가 제대로 운행될지 우려해야 했다.

미국의 조지 W. 부시 대통령은 전국으로 방송된 연설에서 2001년 9·11 사건 직후에 했던 것과 비슷한 표현을 쓰면서 금 융위기와 그 해법을 이야기했다. 이에 프랑스 《르몽드》의 월간지 2008년 10월 호는 이런 제목을 달았다. "세상의 종말." 당시 모든 논평가는 나름의 분석을 통해 당시 일어나고 있는 일이 금융시 장에서 흔히 볼 수 있는, 단순하고도 일시적인 문제가 아니라 제 2차 세계대전 이후 내지는 1929년 세계대공황 이후 최악의 위기라 주장했다.

사실 위기 발발 이전만 해도 최고경영자부터 복지 수혜자까지 누구나 이렇게 생각했다. 즉, 통상적인 자본주의 생활이 당분간은 별 문제 없이 지속될 것이라고 보았다. 그런데 놀랍게도 막상 위기가 터지고 나니 언제 그랬냐는 듯 모두가 이 중차대한 위기 상황에 금세 익숙해지는 게 아닌가. 게다가 거의 모든 사람이 낭떠러지 끝에 아슬아슬하게 서 있는 느낌을 갖게 되었다는 사실은 더욱 놀라웠다. 왜냐하면 보통 사람들은 처음에 그 위기를 단지 언론이 전달하는 보도 내용만으로 알게 되었기 때문이다. 실제로는 대량 해고도 없었고 주요 생필품 공급이 중단된 사태도 없었다. 은행의 자동현금인출기ATM 고장도 없었고, 신용카드를 거부하는 상점도 전혀 없었다. 한마디로 위기의 "가시적" 징후는 전혀 없었다는 이야기다.

그러나 한 가지만은 분명했다. 이제 하나의 시대가 마침내 저물고 있다는 느낌이 사람들 마음속에 강하게 자리 잡은 것이다. 그 느낌이란 얇은 얼음 위나 다 낡은 밧줄 위를 걸을 때 (반신반의하면서도) 희미하게 갖게 되는 감각인데, 이 느낌이 사람들 사이에 널리 퍼졌다. 그랬기에 실제로 위기가 막 터졌을 때는 사실상 (동시대의 관찰자) 어느 누구도 마음 깊은 곳에선 별로 놀라지 않았다. 매일 줄담배를 피우던 사람이 결국 암 선고를 받았을 때 별로 놀라지 않는 것처럼 말이다. 비록 아무도 드러내놓고 말하진 않았지만, 세상이 "이런 식으로" 돌아가선 안 된다는 느낌은 거의 모든 사람이 이미 가지고 있던 공통분모였다.

종말의 예감, 그러나 반복되는 '자본주의 구하기'

그 와중에 훨씬 더 놀라운 것은 언론의 태도였다. 언론은 정말 놀라운 속도로 그 이전의 종말론(파국론) 같은 것을 헌신짝처럼 내다 버리고 초점을 완전히 옮겨버렸다. 언론이 중요하답시고 적극 보도한 주요 이슈들은, 정말이지 가관이었다. 예컨대 바다 굴 산업의 현황이나 베를루스코니의 무모한 정책들을 다루거나 심지어 최악의 상황은 끝났다면서 모든 일이 순조롭게 될 것이라고 시원하게 선언해버리는 경제학자들을 집중 보도했다. 또는 예금주들이 자기 은행 앞에 모여 은행이 문을 다시 열 것이라 확실히 믿고 서 있는 모습, 그리고 보통의 시민들에게는 위기라는 게 그저 올해 휴가가 다른 때보다 좀 짧아지는 정도가 아니겠느냐 하는 정도의 뉴스였다.

그런데 모든 것을 사실대로 설명한다면서 실은 아무것도 하지 않았고, 전혀 불길한 일이 일어나지 않을 것이라던 전문가들이 이제는 좀 다른 반응을 내놓았다. 서서히 심각한 우려를 드러내는 한편 언론이 유포하는 성급한 위로나 망각을 의심의 눈초리로 보기 시작한 것이다. 그럼에도 이들은 마치 눈앞의 암 환자가 자신이 탁월한 건강 체질임을 증명하려고 여전히 줄담배를 피워대듯 겉으로는 별다른 모습을 드러내지 않았다.

나아가 이들 역시 임기응변에 익숙해졌다. 사실 지난 수십 년 동안 경제성장률이 낮으면 국가적 재앙이라도 발생한 것처럼 온 사회가 야단법석을 떨곤 했다. 그런데 2009년 각 나라의 경제성장률을 보면 60년 만에 처음으로 사실상 마이너스를 기록했다.

그럼에도 이른바 전문가들은 차분한 어조로 아무 문제가 없다고 했다. 그러면서 내년이면 경제성장이 정상궤도를 되찾을 것이라 예측했다. 그들은 자기 말을 뒷받침하기 위해 아무리 작은 것이라도 좀 긍정적인 통계치만 보이면 (그것이 비록 한 나라나 한 분야에 국한된 것이건 한 분기의 것이건 또는 막대한 부채를 통한 정부의 "경기회복 프로그램"이 미약하나마 긍정적 결과를 나타냈건) 얼른 언론 앞에 들고 나왔다. 경제위기가 제대로 극복되고 있다고 주장하려는 의도였다.

하늘 아래 (그 하늘마저 오존층에 구멍이 났지만) 새로운 게 뭐가 있겠는가. 학계의 공식적 주장 아니면 우리의 일상 의식 또는 사람들의 상상력은 거의 대부분 이미 우리에게 익숙한 것에 국한되어 있다. 여기서 이미 우리에게 익숙한 것이란 곧 자본주의 내지 더 많은 자본주의다. 물론 자본주의는 심각한 후퇴를 겪을 수 있다. 또 "과부하"로 이어지기도 한다. 그래서 다가올 미래는 매우 가혹할 수 있다. 그러나 권력을 쥔 자들도 자신의 실수나 실패로부터 배우곤 한다. 게다가 미국을 비롯한 각 나라들도 가끔은 제정신인 대통령을 선출하기도 하고, 그리하여 위기에 빠진 경제를 구하기 위한 개혁 조치를 실시하기도 한다.* 예로부터 '하늘이 무너져도 솟아날 구멍이 있다'지 않던가!** 이런 맥락에서 보면 각종 연구소나 언론의 이름으로 통상적 공개 발언을 하는 이들, 즉

---

* 한국을 포함해 대체로 '민주당'이라는 이름을 내건 정당들이 그러하다.—옮긴이

** 그러나 자본주의 안에서 이뤄지는 개혁이란 대체로 자본주의의 땜질에 불과하다.—옮긴이

(자본주의 지배층에 의해) 고용된 낙관주의자들이 제비 한 마리를 보고 여름이 왔다며 떠들어대는 일은 결코 놀랍지 않다. 그들이 무슨 다른 이야기를 할 수 있겠는가.

그러나 2008년 금융위기가 극에 달했을 때 언론은 종종 이른바 "반자본주의적" 색채로 위기를 비판하는 이들에게도 말할 기회를 주고는 했다. 이들은 당시의 위기를 보다 심각한 시스템 오작동의 징후라 보고 단도직입적으로 "근본적 변화"가 절실하다고 주장했다. 물론 이런 의견에도 약간의 편차는 있었다. 이른바 "신新반자본주의당"과 그 동료들은 당연히도 그 위기에 대한 대가를 민중이 치러서는 안 된다며 단호히 거부했다. 동시에 그들은 수십 년 전 시위 당시 나왔던 온갖 팸플릿이나 선전지 더미를 다시 끄집어내기도 했다. 한편 오늘날 현대사회에 대한 완강한 비판자로 널리 알려진 대표자들(정확히 말하자면 바디우, 지제크, 네그리 등)은 예전에 비해 주류 언론에 훨씬 많이 등장했다. 이들은 최소한 자신이 승운을 잡았다고 느꼈을지도 모른다.

아무튼 여기서 더 놀라운 사실은, 앞서도 말한바 이 핵심적인 자본주의 위기가 (그들 말처럼) 이른바 "피착취자들"이나 "다중"의 저항에 의해 촉발되는 것이 아니라 자본주의라는 기계 자체의 오작동에 의해 추동된다는 점이다. 이 점은 이른바 "반체제" 분석가들조차 전혀 예견하지 못한 것이다. 실제로 그들은 누구도 흉내 내기 어려운 자기들만의 방식으로 위기에 대한 대처법까지 제시했다. 이제 더는 멍하니 바라만 보고 있을 때가 아니라 뭔가 실질적 행동을 취해야 할 때라는 것, 현재의 위기는 과거의 위기와 크게 다르지 않다는 것, 시간이 지나면 위기도 사라지리라는 것, 왜냐하면 위기가 자본주의의 정상적 일부이기 때문이라는 것 등이 그들이 제시한 대처법이다.

그러나 그들이 위기라고 부르는 것(주식 시장 붕괴나 글로벌 경기 침체)은 사실상 자본주의 위기의 부수적 현상에 불과하다. 즉, 이런 현상은 그들 자신도 헤아리기 어려운 진정한 위기의 가시적 표현 내지, 단지 표면적으로만 드러나는 것일 뿐이다. (불행히도) 스스로 자본주의의 대항군이라 자부하는 이들("강경" 내지 "근본" 좌파이건, 다양한 마르크스주의 학파이건, "성장 반대론자"이건, "심층" 생태주의자이건 간에)조차 대체로 자본주의와 그 범주들(상품, 화폐, 가치, 경쟁 등)의 영속성을 계속 믿는 형국이다. 심지어 어떤 때는 이들이 자본주의 찬양자들보다 더 확고한 신념을 가진 것처럼 느껴질 정도다.

나아가 이런 식의 자본주의 비판은 흔히 **금융계**만 집중 공격하는 경향이 있다. 금융계야말로 문제의 원흉이라는 것이다. 이 관점에 따르면, 이른바 "실물경제"는 건전한데 금융 분야가 완전히 탈규제화하는 바람에 온 세상 경제를 위협할 지경이 된 거다. 따라서 이런 논리는 가장 신속하고도 폭넓은 방식으로 현 위기의 탓을 한 줌의 "탐욕스러운" 투기꾼에게 돌린다. 이 금융 투기꾼들이야말로 카지노에서 그러듯 무고한 시민 투자자들의 돈을 갖고 흥청망청 놀음판을 벌인다는 이야기다. 위기 속에 캑캑거리는 자본주의 경제의 비밀스러운 원인을 일종의 끔찍한 고급 음모 탓으로 돌리는 것은 상당히 오래된, 그리고 위험한 전통의 하나다. 이런 사고방식의 최악은 일종의 희생양 찾아내기인데, "유대인 거물 금융가"가 대표적 예로, 이들은 "정직한 민중"인 노동자

파국이 온다

등 소규모 예금주들이 마음 놓고 신랄히 비난할 수 있는 표적이 되어준다.

또 다른 비판의 방식으로 (영미식) 앵글로색슨 자본주의와 유럽 대륙 자본주의를 대비하는 것이 있는데 이 역시 핵심을 빗나간다. 즉, 대륙 자본주의가 비교적 책임감이 강하고 "선하다"라는 평판을 받는 반면, 앵글로색슨 자본주의는 탐욕적이고 한계를 모르는, "사악하다"라는 평가를 받는다는 식이다. 그러나 이미 말한바 이 둘은 사실상 그 구분이 몹시 힘들다. 아탁(금융과세시민연합) 같은 조직이나 니콜라 사르코지 같은 이들처럼 금융시장에 "보다 많은 규제"를 가하기를 요청하는 자들은 주식시장이 평소에는 건강한 것이지만 일시적으로 광풍이 불거나 지나치게 비대해지면 비로소 문제가 커진다고 여긴다.

자본주의에는 애초 탈출구가 없다

이런 맥락에서 볼 때 이른바 급진 좌파의 "반자본주의" 행보는 결국 "반자유주의" 정도에 지나지 않는다. 예전에 이들 급진 좌파가 자본주의의 대안으로 상상할 수 있었던 유일한 것은 소련이나 동구권 혹은 제3세계 등지에서 흔히 볼 수 있는 국가 통제적 경제와 결합된 독재주의였다. 그런데 특히 1990년대에 이 국가자본주의가 파산하거나 경로 변경 내지 더는 방어 불가능한 상태로 바뀐 이후로 이들 반자본주의자들이 품을 수 있는 유일한 비전이란 자본주의 내의 서로 다른 모델 중 하나를 선택하는 것뿐이다. 일례로, 자유주의(시장중심주의)와 케인스주의(국가복지주의) 중에서 선택하자거나 유럽 대륙 모델과 앵글로색슨 모델 중에서 선택하자는 것이다. 좀 달리, 터보식 금융자본주의와 사회적 시장경제 중에서, 아니면 주식시장 만능주의와 "일자리 창출" 우선주의 사이에서 선택하자는 식으로 말할 수도 있겠다.

물론 자본주의 가치 증식의 방식 내지 자본축적 방식, 즉 화폐를 더 많은 화폐로 바꿔내는 방식엔 당연히 서로 다른 길이 있을 수 있다. 그러나 이 '다른' 길마저 동일한 자본주의 생산방식이 낳은 과실果實을 어떻게 분배하느냐와 관련해서만 '다를' 뿐이다. 그 과정에서 어떤 길이 채택되느냐에 따라 특정 사회집단이나 특정 국가가 좀 더 많은 이득을 보기도 하고 손해를 보기도 한다. 그들은 심지어, 위기가 자본주의에 이로운 면이 있다고 보기도 한다. 즉, 과잉 평가된 자본은 위기 국면을 맞아 가치 절하를 겪게 되며 이미 조지프 슘페터에 의해 널리 알려진 바와 같이 이러한 "창조적 파괴"야말로 자본주의의 기본 법칙이 아니던가.

그러나 이들이 내놓는 대안은 인류가 가치 증식 내지 자본축적 또는 돈 놓고 돈 먹기 방식이 아니더라도 얼마든지 살아갈 수 있다는 점을 조금도 상상하지 못한다. 실은 이것이야말로 지금 당장 현실적으로 떠올릴 수 있는 유일한 대안인데도 말이다. 왜 그런가. 자신이 자칫 가망 없는 이상주의자나 미래의 폴 포트가 될지 모른다는 사회적 낙인이 찍힐까 봐 몹시 두렵기 때문이다.

잘 생각해보면, 자본주의의 성장에는 자연 자원 고갈이나 환경파괴 같은 **외적** 한계가 천천히 올 수 있다. 하지만 사회적 재생산의 측면(내재적 한계)에서 보면 자본주의에는 처음부터 탈출구

파국이 온다

가 없다.《르피가로》에 나온 이야기, 즉 시장市場은 인간에게 자연스러운 것이라는 이야기가 오늘날 많은 이에 의해 약간 더 우회적인 방식으로 전해진다. 이 말을 다시 전해준 이들은 주로 재탄생한 마르크스주의자들, 부르디외 학파, 대안적 세계화 활동가들이다. 이들 반자유주의적이면서도 반자본주의적인 사람들은 극히 이상화된 1960년대식의 "사회적" 자본주의(포디즘 또는 복지국가자본주의), 즉 완전고용과 고임금 시절로, 다시 말해 복지국가와 교육이 "사회적 사다리"로 기능하는 나라로 돌아가자고 촉구한다. 어떤 이들은 여기에다 환경주의 색채나 자원봉사 활동, 아니면 "비영리 부문"을 결합해 주창하기도 한다. 이들 모두는 자본주의가 곧 기력을 회복할 것이고, 그렇게 되면 실제로 자신들이 주창해온 값비싼 프로그램들을 실행하기 위해 전력을 다할 것이라 희망하기도 했다.

이런 (자본주의의) "적들"의 시각에서 보면 당면한 위기는 역설적으로 그 적들 자신에게 이상적 기회를 제공한다. 매우 오랫동안 품어왔던 자신들의 다양한 구상에 대해 대중적 설득력을 높일 좋은 기회가 온 셈이다. 이렇게 되면 위기는 오히려 (비판자들이) 환영할 일이 된다. 물론 이 위기가 일부 사회적 약자에게는 해를 입히겠지만, 그럼에도 이를 계기로 행정가나 기관들로 하여금 지금까지의 노선을 수정하도록 강제할 수 있기 때문이다. 결과적으로 이 인정 어린 비판자들은 다양한 개혁 조치를 요구하며 각기 나름의 성취를 추구한다. 가장 대표적인 것이, 금융시장에 대한 규제 강화, 최고경영진의 보너스 제한, "세금 천국(조세도피처)" 폐쇄, 부의 재분배, 그리고 그 무엇보다 새로운 자본축적과 일자리 창출을 위한 추동력으로서의 "녹색 자본주의"(이른바 "그린 뉴딜") 등이다. 이들의 입장은 명확하다. 위기는 자본주의 개선의 좋은 기회라는 것. 하지만 여기에 자본주의 자체의 종식이라는 목표는 없다.

그러나 이렇게 그들의 관점에서 봐준다 하더라도 그들은 금세 실망할지 모른다. 일단 위기 상황에서는 완전히 적대적인 반응들이 여기저기서 터져 나온다. 따라서 위기를 극복하려면 환경 보호를 위한 새 조치가 나와야 한다는 입장 같은 것이 힘을 얻기도 한다(이는 프랑스나 미국의 대통령조차 솔선수범해 보여준 바이기도 하다). 아니면 반대로, 현재의 보호 및 안전장치들이 "경제성장 촉진" 내지 "일자리 창출"이라는 명분 아래 전면 재정비되기도 한다(이탈리아 베를루스코니 정부는 바로 이런 종류의 '개혁' 조치에 착수한 바 있다. 특히 건설업, 자동차 산업, 그리고 공공부문 등에서 그런 요구가 거세게 제기되었다).*

이런 상황에서, 종종 프랑스에서 실제로 그런 일을 벌였듯 일군의 해고 대상자들이 더 많은 보상책을 요구하며 유독성 폐기

---

* 이 맥락에서 "탈성장" 운동과 친화력이 있는 길버트 리스트의 블로그 글을 인용할 만하다. "소위 '재훈련'(일자리 변화를 위한 신념의 변화)이란 것이 (당국 입장에서는) 보다 온건해 보일 목적으로 장려되고는 있으나 실제로 손가락이 가리키는 것은 상당히 불편한 현실이다. 예컨대 보편화한 '자동차중독증carmania', 자원 낭비, 소외된 노동으로 인한 삶의 고통, '진보'의 저주 내지 배신 등이 그렇다. 그러나 모든 시스템의 기계가 멈추는 순간, 즉 자동차 산업이 위기에 빠지고, 광고주들이 언론을 내팽개쳐 그 자금줄을 끊어버리며, 대량실업으로 월급쟁이들이 크게 타격을 입는 순간이 오면, 세상의 분위기는 급격히 바뀌고 예전의 확실성(혁명의 기운)은 다시 떠오를 것이다."[2]

파국이 온다

물을 강에다 쏟아버리겠다고 협박할 경우 어떻게 대응해야 마땅할까? 마침내 우리는 환경운동가들이 노동운동가들과 한바탕 싸움을 벌이는 것을 보게 될 것인가? 그러므로 이른바 "급진" 좌파는 당장 결정을 내려야 한다. 전혀 물 타지 않은, 제대로 된 자본주의 비판에 착수할지, 아니면 자본주의 관리팀에 합류할지. 사실 현재의 자본주의는 (2008년 위기 이후) 더는 스스로를 신자유주의라 말하지도 않는다. 오히려 자본주의 관리팀들은 자본주의의 "과잉" 문제를 집중 비판했던 일부 세력까지 적극 포섭해버리고 말았다.

한편 일부 분석가들은 훨씬 더 멀리 나가, 자본주의가 세상을 파괴하는 중이며 결국 자기파멸적이 될 것이라는 언급까지 한다. 과연 이런 경고성 외침은 자본주의에 의해 초래되는 참사를 ("정상적" 상황에서나 아니면 급박한 위기 상황에서) 사람들이 점점 더 많이 의식하게 됨을 뜻하는 것인가? 하지만 이 경우에도 대부분 주된 공격 대상은 비교적 최근에 이뤄진 "탈규제된" 또는 "혼란에 빠진" 자본주의 내지 신자유주의일 뿐, (돈 놓고 돈 먹는) 자본주의 축적 체제의 논리 자체가 절대 아니다.

이 자본주의 논리가 (돈 놓고 돈 먹는 식으로) 동어반복적인 이유는, 그것이 마치 1유로의 가치를 2유로의 가치로 전환시키는 명령이나 다름없기 때문이다. 이런 원리 속에서 자본주의는 세상 만물을 단지 이 가치형태(화폐)의 증가를 위해 소모하기만 한다. 그런데도 앞의 비판자들에 따르면, 만일 우리가 보다 "온건한" 자본주의로 복귀하면, 그리하여 자본주의가 보다 "규제되고" 올바른 "정치"에 의해 잘 관리되기만 하면 현 위기 상황에 대한 합리적 해법을 얻게 될 것이라 본다.

그렇다면 "반反신자유주의적" 논리는 결국 진행 중인 위기의 존재를 부정하는 것인가? 물론 그건 아니다. 다만 그 논리는 자본주의 위기라는 질병의 증상만 치료하고자 할 뿐이다. 좀 더 생각해보면 이런 논리 속에는 위기 이후에 자본주의가 아닌 다른 어떤 시스템이 올 수도 있다는 상상의 가능성이 아예 배제되어 있다. 이러한 무능력은 우리가 거의 영원한 위기 상태 속에서 살고 있다는 희미한 (그러나 널리 퍼진) 느낌과 뚜렷한 대조를 이룬다. 사실상 우리는 지난 수십 년 동안 일종의 비관주의 분위기가 팽배해졌음을 잘 알고 있다.

청년들은 자기 삶이 그 부모들의 삶에 비해 훨씬 악화할 것임을 이미 잘 알고, 좌절감을 크게 느끼고 있다. 특히 일자리나 주거와 같은 삶의 필요들을 갈수록 충족하기가 어려움을 몸으로 안다. 이는 마치 우리가 미끄러운 비탈길을 위에서 아래로 내닫는 것과 비슷한 인상을 준다. 이 경우, 너무 빨리 추락하지 않기만을 바라고 있어서는 안 된다. 차라리 이런 상황에서는 도무지 회복의 가망성이 실재하지 않는다는 사실을 용감하게 인정하는 게 중요하다. (누구도 대놓고 말은 않지만) 이미 우리는 파티가 끝났으며 우리 앞에는 그저 힘겨운 시간만이 기다리고 있다는 희미한 느낌을 받고 있지 않은가? 이 느낌은 자주 모종의 논리와 함께 오는데, (흔히 "베이비 붐" 세대라 불리는) 앞 세대가 모든 자원을 다 쓴 나머지 그 자식 세대에게 물려줄 것이 별로 없다는 이야기 말이다. 프랑스의 경우 대다수 젊은이, 최소한 대학 졸업장을 가진 사람들 대다수는 겨우겨우 먹고살 수는 있으리라 믿는

파국이 온다

다. 그러나 그 이상은 어림없다.

　게다가 예전엔 위기가 닥쳐 상당히 많은 분야에 해악을 끼치더라도 그 와중에 일부 분야는 잘나가기도 했는데 이제는 그럴 일도 없다. 대표적인 것이 2001년 미국에서 이른바 "신경제new economy"가 추락한 일이다. (정보통신 기술로 상징되는) 이 신경제는 제법 오랫동안 자본주의를 새롭게 추동하는 신성장동력으로 추앙받기도 했지만 거품은 결국 터지고 말았다. 다른 한편 직업 분야를 보더라도, 흔히 어떤 직업군이 몰락하면 색다른 직업군이 부상하곤 했다. 일례로 (마부가 사라지면서 택시 기사가 생기듯) 편자공*이 사라지면서 자동차 기계공이 새로 생겨나는 식이다. 하지만 더는 이런 예를 찾기도 어렵다.

　그런데 이런 이야기조차 실은 "재훈련retraining" 마니아들이 우리로 하여금 여전히 믿게 하고 싶은 내용에 불과하다. 왜냐하면 현재 벌어지고 있는 상황을 보자면, 거의 모든 인간 활동이 전반적으로 평가절하 되고 있기 때문이다. 이른바 "중산층" 사람들이 예기치 않게, 또 갈수록 급속히 빈곤으로 내몰리고 있는 데서 이 점은 잘 드러난다. 게다가 모든 사람의 마음속에 이미 깃든 깨달음처럼 과거나 미래의 환경 재앙들을 추가해보라. 또 그와 연결된, 자연 자원의 고갈까지 생각해보라. 이 모든 사실이 오늘날 대다수가 미래를 두려움으로 바라볼 수밖에 없음을 증명해준다.

＊　말의 발바닥 편자를 만드는 사람.— 옮긴이

질주하는 자본주의, 그 끝은 어디일까

그런데 이상하다고 느낄 때가 있다. 인간 삶의 조건이 전반적으로 악화한다는 보편적 인식과 자본주의가 현재 최고의 힘으로 질주 중이라는 인식이 정면충돌할 때다. 자본주의의 지구화가 한때 최고조기를 구가함에 따라 전 지구적으로 부의 크기가 전례 없이 커진 것도 사실이다(이런 상황에서 사람들의 삶이 악화한다는 것은 엄청난 모순 아닌가).

어쩌면 사람들의 생활만이 아니라 세계 전체가 위기에 내몰리고 있는지도 모른다. 하지만 자본주의는 아직 건재하다. 이 점은 최소한, 뤽 볼탕스키와 이브 키아펠로가 1999년에 펴낸 책 『자본주의의 새로운 정신』의 서두에서 말한바[3] 자본주의는 팽창하되 많은 사람의 사회경제적 상황은 악화 중이라는 진단과 일치한다. 그런데 이 시각은 자본주의를 나머지 사회와 대립된 것으로 보는, 즉 사회의 한 **부분**으로만 본다는 한계가 있다. 즉, 자본주의를 그저 축적된 화폐를 많이 가진 사람들의 집단으로만 이해하는 것이다. 그러나 자본주의는 그 이상이다. 그것은 현 사회의 **모든** 구성원을 다 아우르는 사회적 관계의 총체를 의미한다.

또 다른 논평가 그룹들도 있다. 이들은 자신이 그 누구보다 많이 알고 있다고 믿으면서 위기에 관한 모든 이야기를 자본가들이 만들어낸 허구로 간주한다. 즉, 자본가들이 노동자의 임금을 삭감하고 이윤을 늘리기 위해 꾸며낸 이야기라 본다. 아니면 국가 당국이 꾸며낸 이야기라고 보기도 하는데, 이는 세계 전반에서 비상 상황이 지속되는 것을 정당화하기 위함이라는 것이다. 물론 과거 및 현재의 온갖 위기가 저들에 의해 이용당한 면이 있는 건 사실이다. 실은 지금도 국가가 자기 정당화를 위해 종종 위기를 활용하곤 한다. 국가가 더는 "적극적" 정책을 국민 앞에 내놓지 못한 채 스스로 단순한 위기관리자로 전락한 이후에는 더욱 그렇다. 위기관리자로 안주하는 손쉬운 방법은 모든 골치 아픈 문제를 그 자체로만 부각함으로써 더욱 강조하는 것이다(그런데 이 방식은 과거 국가들이 했던 선전과는 전혀 다르다. 당시는 "지혜로운 정부 덕에 온 국민이 행복하다"라는 메시지를 퍼뜨리느라 바빴으니까 말이다).

이제 국가의 사명은 단 한 가지 목적을 위한 적절한 환경 조성에 놓이게 된다. 그 한 가지 목적이란 모든 개인에게 최대한의 상품 소비와 "자아실현"의 기회를 주는 것이다. 이것은 또한 현 단계 지구촌 곳곳에서 객관적으로 인정되는 유일한 목적이기도 하다(물론 예외는 있다. 북한과 이란, 그 외 일부 이슬람 국가들이다).

같은 맥락에서, 만일 위기가 나타나지 않는다면 오히려 국가가 나서서 위기를 만들어낼 것이라는 점도 진실이다. 이때 그 위기란 국가 자신의 토대는 절대 위협하지 않는 그런 종류로서 오로지 부차적 위기여야 한다. 그런데 흥미롭게도 위기가 지속되는 동안 예전에는 없던 느낌이나 인식을 갖게 된다. 즉, "지배계급"이 그리 잘 지배하지도 못한다는 것, 도리어 지배계급 자신이 (마르크스가 말한) 자본을 위한 **"자동 주체"**(노동·시민·민중 계급)에 의해 지배당하고 있는 것같이 느끼게 된다.

최근에는 지금까지 서술한 것과는 매우 다른 자본주의 비판을 시도하는 이들이 출현했다. 이 새로운 시도는 좀 다른 각도의 질문을 던진다. 경제의 금융화가 자본주의 실물경제를 망치기보다 사실상 그 유효기간을 넘어서까지 생존하도록 도와준 게 아닌가? 그런 식으로 이미 죽은 자본주의의 신체에다 새로운 생명의 기운을 불어넣어 되살린 것이라면 도대체 어떻게 해야 좋은가? 자본주의는 대체 어떤 근거로 만물의 법칙인 흥망성쇠의 원리로부터 벗어났다고 여겨지는 것인가? 자본주의는 자신의 전개 과정과 관련해 그 공공연한 적군(프롤레타리아트, 피지배 민중) 또는 자연 자원의 고갈 등과 같은 외재적 한계가 아닌, 자본의 운용 원리 그 자체에 깃든 **내재적** 한계를 갖고 있다는 논리는 잘못된 것인가?

흥미롭게도 최근의 위기 시에 곳곳에서 마르크스를 인용하는 일이 유행처럼 번지기도 했다. 하지만 마르크스는 계급투쟁만 이야기한 것이 아니다. 그는 또한, 언젠가 자본주의라는 기계 자체가 스스로 멈춰 설 수 있다며 그 가능성을 예견하기도 했다. 즉, 자본주의 동력의 소진 가능성을 내다봤다.

과연 그 일은 어떻게 가능할까? 따지고 보면, 자본주의 상품생산은 처음부터 내적 모순이라 할 만한 것을 안고 있다. 그 자신의 토대 안에 강력한 시한폭탄 같은 걸 품고 있는데, 그것은 바로 인간 노동력의 착취다. 이것이 없다면 자본은 정상적 작동도, 지속적 축적도 모두 불가능하다.

그런데 이 노동자들은 고용주의 이윤을 생산하는 데 필요한 도구나 기계 등을 갖추어야 한다. 특히 오늘날은 갈수록 최신식 장비 도입이 필수적이다. 경쟁은 이러한 기술혁신 게임을 쉼 없이 하도록 재촉하고, 각 기업은 기술 변화의 최신 수준을 따라잡으려

발버둥 친다. 각 시기마다 선도자가 있고 후발 주자가 있는데, 가장 먼저 신기술을 갖춘 선도자만이 승자가 된다. 왜냐하면 그 신기술 공장의 노동자들만 더 효율적으로 일해 더 많은 이윤을 고용주에게 갖다 바칠 것이기 때문이다. 그런 신기술을 갖지 못한 경쟁자들은 탈락하고 만다.

그러나 흥미롭게도 시스템 전체를 보면, 이러한 기술이 갈수록 인간 노동을 생산과정으로부터 방출해버리기 때문에 결국에는 손해를 보게 되어 있다. 왜 그런가? 각 개별 상품의 가치를 따져보자. 기술혁신을 통해 보다 효율적으로 상품을 생산할수록 개별 상품 속에 깃든 인간 노동의 비중은 줄어든다. 그런데 이 인간 노동이야말로 잉여가치, 즉 이윤의 유일한 원천이 아니던가? 역설적이게도 기술이 발전한 결과 이윤은 전반적으로 감소할 수밖에 없는 경향이 탄생한다. 물론 이것이 끝은 아니다. 줄어드는 이윤을 만회하기 위한 자본의 노력(반경향)이 끈질기게 일어난다. 실제로 지난 150년 동안 자본주의 상품생산의 범지구적 팽창은, 이렇게 상품마다 깃든 가치량(이윤량)이 경향적으로 줄어드는 데 대한 자본의 의식적 반작용이었다.[4]

그런데 하나의 맹목적 질주에 불과한 이 메커니즘이 1960년대 이후로는 제대로 작동하지 않았다. 일례로 극소전자micro-electronics 기술의 도입으로 늘어난 생산성은 역설적이게도 자본주의를 위기에 빠뜨리고 말았다. 갈수록 경쟁 상대는 세계시장 차원으로 확장되었고 세계적 수준의 생산성을 따라잡기 위해 얼마 남지 않은 노동자들을 더 가혹한 환경에서 일하게 했다. 이것이 더 많은 대규모 투자가 요구된 배경이기도 하다. 그러는 사이

자본의 실질적 축적 규모는 점차 정체했다.

바로 이즈음 마르크스가 말한 "허구 자본"(금융자본)이 설치기 시작한다. 1971년, 미국 달러의 금태환 포기 선언은 자본주의 실물경제(그 최후의 실질적 계류장)에서 마지막 안전장치를 제거하는 것이었다. 그런데 금융 내지 신용이란 무엇인가? 그것은 예상된 미래 수익, 즉 기대치에 불과하다. 그러나 만일 가치의 생산, 즉 잉여가치의 생산이 실물경제에서 정체하면(이것은 물품 생산의 정체와는 다른 이야기다. 자본주의는 사용가치로서의 물품 그 자체가 아니라 돈으로 표현되는 교환가치, 즉 가치의 생산을 둘러싸고 전개되기 때문이다) 어떻게 되는가? 이제는 실물경제가 아니라 금융경제만이 그 자본 소유주들로 하여금 이윤 추출을 가능하게 한다. 이미 실물경제에선 이윤 창출이 불가능해졌기 때문이다.

1980년대 이후의 신자유주의 등장은 탐욕스러운 자본가들의 일탈 행동 같은 것이 아니었던 셈이다. 또한 그것은 "급진" 좌파들이 가끔 주장하듯 기세등등한 정치가들과의 공모 아래 벌어진 쿠데타 같은 것도 아니었다. 요컨대 신자유주의는 위기의 자본주의 시스템을 조금이라도 더 오래 버티도록 만들기 위한 유일한 현실적 돌파구였다. 그리하여 상당히 오랫동안 금융 내지 신용 분야가 많은 기업과 개인들에게 번영이라는 환상을 좀 더 심어주었으나 그 목발마저 결국 부러지고 말았다(2008년 가을의 미국발 금융위기와 그 이후 지금도 계속되는 전 세계적 혼란이 바로 그 증거다).

그렇다면 현 시점에서 또 다른 돌파구가 있는가? 세계 곳곳에서 요구하듯 과연 1950~1960년대식 케인스주의(포디즘)로의 회귀가 가능하기라도 한 것인가? 전혀 불가능하다. 그 일을 가능케

했던 "진짜" 돈이 정부 수중에 없기 때문이다. 여기서 말하는 진짜 돈이란, 권력자의 명령으로 찍어낸 돈도 아니요 투기에 의해 거품처럼 만들어진 돈도 아닌, 세계시장의 생산성 수준에 맞추어 상품을 생산하고 판매한 결과 얻어진 (실물경제의) 돈을 뜻한다. 이제는 그런 돈이 세상 어디에도 별로 없다.

그렇게 위기는 왔고 별 돌파구도 없는 상황에서, 이른바 저 높은 곳의 "의사결정자들"은 그저 공공장소에 공개된 부채액의 터무니없는 숫자에다 0을 하나 더 첨가함으로써 자기들 왕국의 종말을 좀 더 지연시켜냈다. 그러나 그 모든 것은 숫자에 불과할 뿐 실물경제와는 아무 상관도 없다. 2008년 금융위기 이후 행해진 은행권 구제금융의 규모는 과거 1980년대에 시장을 뒤흔들었던 적자 규모의 열 배였다. 반면 (통상적 GDP로 표시되는) 실물경제의 생산은 약 20~30퍼센트밖에 증가하지 않았다. 다시 말해 1980년대나 1990년대의 "경제성장"은 독립적 토대 위에 이뤄진 것이 아니며 단지 금융 거품의 결과에 불과했다. 만일 그 거품이 모두 터진다면, 이제 더는 "안정화"가 이뤄지지 않을 것이다. 즉, 그 이후로는 모든 것이 완전히 새로이 출발해야 한다.

자본주의 시스템의 생명 연장 비결

어떻게 해서 이 시스템은 아직까지 완전한 몰락의 길을 가지 않고 있는가? 도대체 무엇 덕분에 이 시스템이 일시적으로나마 생존을 유지하고 있는가? 그것은 한마디로, 신용(부채) 덕인 것이다.

특히 지난 100년이 경과하는 동안 자본의 입장에서 노동력이나 생산수단에 투자할 재원 조달이 갈수록 힘들어지는 경향이 커졌다. 이것은 필연적으로 신용(부채)경제에 대한 의존도를 더욱 높였다. 하지만 이런 현상은 흔히 말하는 일탈이나 사고 같은 것이 전혀 아니다. 스스로 그렇게 될 수밖에 없는 필연성의 결과다.

특히 1980년대 이후 이른바 신자유주의 통화주의자들이 지배하는 동안 부채 규모는 천문학적으로 증가했다. 이 부채가 민간이냐 공공이냐, 국내냐 외국이냐 하는 것은 여기서 별로 중요하지 않으며, 그것이 이 심각한 상황을 크게 바꿀 수도 없다. 반면 되돌리기 어려운 지속적인 기술 발전은 대단히 중요한 사실을 암시한다. 노동력의 역할과 노동수단(기계)의 역할 사이의 격차가 거의 영구적으로 벌어지기 때문이다. 여기서 한 번 더 반복하자면, 노동력은 가치 및 잉여가치의 유일한 원천이다. 그리고 노동수단 즉 기계는 갈수록 고가의 제품으로 대체되는데, 이 비싼 비용은 결국 노동력의 활용(착취)에서 나오는 잉여가치를 가지고 지불되어야 한다. 결과적으로 신용(부채)에 대한 의존은, 더는 수익성이 없어지는 지점에 이를 때까지만 지속될 수 있다. 이것이 이 시스템의 자체 한계이기도 하다.

신용(부채)은 달리 보면, 미래에 실현될 이윤을 미리 소비하는 것이다. 따라서 신용(부채) 경제의 확대는 자본주의 시스템이 자기 한계에 이르는 시점을 어느 정도 연기할 수 있을 뿐 완전히 막을 수는 없다. 이는 인간이 생명을 연장하기 위해 아무리 최첨단 의학 기술을 쓴다 하더라도 언젠가는 결국 닥칠 죽음 자체를 막을 수 없는 것과 마찬가지다.

한편 신용(부채) 경제는 시스템 자체의 생명을 연장할 뿐 아니라 소비자의 생명 역시 연장해주기도 한다. 나라를 막론하고 세상의 모든 소비자가 짊어진 부채의 천문학적 규모는 이미 잘 알려진 바다. 여러 나라 중 특히 미국이 그렇다. 그것도 아주 빨리 증가하는 중이다.

그런데 이런 식으로 신용(부채)에 토대한 생활방식이라는 아이디어는 예컨대 브라질 같은 개발도상국에도 얼마든지 적용된다. 휴대폰 등이 10개월짜리 할부로, 자동차 수리 등은 3개월 할부로, 심지어 주유소 기름 값조차 1리터당 얼마로 상호 경쟁하는 게 아니라, 90일짜리 어음 내지 180일짜리 어음 등의 지불 방식으로 판매 경쟁이 일어난다.

어떤 사람들은 이런 식의 "가상현실화"로 인해 일종의 황홀경에 빠진 나머지, 앞으로 인류의 미래가 밝게 빛날 것이라고 예측하기도 한다. 그러나 아무런 현실적 토대가 없는 이런 가상현실이 오래 지속되리라 믿는 이는 완전히 '포스트모던'한 의식을 가진 자들에 불과할 것이다. 바로 그 "현실 경제"라는 개념을 도전적으로 "해체"하고자 노력해온 사람들이 실제로 있기는 하다. 분명 많은 사람이 픽션도 현실만큼이나 가치롭다고, 우리의 열망에 부합한다고 믿고 싶어 한다. 하지만 이러한 "현실 부정"의 태도는 "실질적" 위기의 징후가 곳곳에서 나타나고 있는 이 마당에 그리 오래가지는 못할 것이다. 이를 눈치 채기 위해 굳이 우리가 위대한 예언가까지 될 필요는 없다. 솔직히 이 "현실 부정" 경향은 지난 30년 이상 우리 사회 일각에서 꽤 강하게 존재했는데, 그러면서 그들은 스스로 만족스러운 미소와 함께 미래에 대한 낙관을 억지로 퍼뜨리려 했다. 그러나 어느새 우리 주변에는 재앙의 예고들이 몰려온다. 앞서 말한《르몽드》의 한 사설에도 이런 제목이 붙었다. "현실을 인정하려면 '참사disaster'라 쓰인 박스에 체크하라."

엄밀하게 보아 경제적인 차원에서조차 위기는 이제 시작일 뿐이다. 상당수의 은행과 대기업이 재앙 수준의 재무 상황을 계속해서 숨기느라 밤낮으로 바쁘다. 그중 대표적인 방법이 회계 수치 조작이다. 또한 향후 다양한 파산 선고가 나오리라는 우려가 높은 가운데, 특히 미국에서 소비자 신용 업계가 몰락할 가능성이 높다는 이야기가 많다.

2008년 금융위기 이후 미국 등 세계 곳곳에서는 정부 주도 아래 천문학적 규모의 돈을 은행 등 민간 기업에 쏟아부었다. 동시에 정부는 포괄적 규제 조치 같은 것도 펴겠노라 공언하곤 했다. 하지만 이런 조치는 예전의 복지국가 내지 케인스주의 등과는 무관한 일이었다. 그보다는 오히려 그동안 지배적이던 신자유주의 통화 정책의 폐기 선언이나 다름없는 일이었는데, 바로 그 과정에서 미국에서만도 수백만 명이 하루가 다르게 빈곤의 궁지로 내몰렸다. 이제는 그나마 도로나 철도 등 사회간접자본에 대한 "뉴딜"식 투자 같은 것도 없다. 사람들의 구매력 향상을 위한 조치 같은 건 더 말할 필요도 없다. 그렇게 민간자본을 위해 미국 정부가 돈을 대주는 바람에 미국의 공공부채는 20퍼센트나 증가했는데 그 유일한 효과가 있다면 신용(부채)에 기초하는 시스템의 전면 붕괴를 교묘히 회피했다는 것이다.

이런 상황에서 실질적 "경기회복"을 이루려면 지금까지 들어간 것보다 훨씬 많은 돈이 투여되어야 하는데, 그런 규모의 돈이란 현재의 상황에서 보자면 더는 경제 논리가 아닌 오로지 (정부 명령이라는) 정치 논리로 찍어낸 화폐일 수밖에 없다. 그렇게 되면 범지구적 범위에서 하이퍼인플레이션hyperinflation을 초래할 것이다. 게다가 인플레이션으로 추동된 단기 성장은 마침내 더 큰 위기를 불러온다. 왜냐하면 그 어디에도 새로운 자본축적의 공간이 크게 남아 있지 않게 될 것이기 때문이다. 원래 자본의 축적 공간이란 처음에는 국가가 일종의 "자극" 같은 걸 주어 촉진할 수 있지만 그 이후로는 자기 자신의 동력에 의해 지속되어야 꾸준한 성장으로 이어진다. 마침내 그 한계가 오고야 말았다.

반복되는 자본주의 위기의 실체

그러나 위기는 경제적 차원에서만 오는 것이 아니다. 이제 남은 돈도 없고 돈 나올 곳도 없다면 다른 것들도 더는 돌아가지 않는다. 따지고 보면, 지난 20세기를 통틀어 자본주의는 갈수록 더 넓은 삶의 영역을 자기 품 안으로 끌어들였다. 그 목적은 당연히 가치 증식의 영역을 확장하기 위해서였다. 그 영역들을 하나씩 보면, 어린이 양육과 돌봄에서 노인 보살핌에 이르기까지, 또 요리부터 문화생활까지, 그리고 난방 문제에서 수송 문제에 이르기까지 모두 자본주의 상품 및 화폐로 해결하는 식으로 변했다. 흥미롭게도 이런 변화 과정이 "효율성" 내지 "개인적 자유"(가족이나 공동체의 끈으로부터 해방되었다는 의미에서)라는 명분 아래 모두 진보라고 불렸다.

그런데 그 결과는 오늘날 너무나 명확해, "돈이 없는" 경우에는 모든 것이 삐걱거리고 허물어진다. 오늘날은 삶의 모든 영역이 돈에 의존할 뿐 아니라 더 나쁘게도, 부채(신용)에 의존하고 있다. 만일 우리 삶의 실질적 재생산이 완전히 "가상 자본"에만 의존하거나, 또 각종 사업체나 기관, 정부 조직 역시 신용등급에 의해서만 생존이 가능해진다면 금융위기가 올 때마다 증권 시장 참여자들만이 아니라 사회 전체적으로 수많은 사람이 치명타를 입을 것이고, 여기에는 표면적 일상만이 아니라 자기 삶의 가장 고요한 시공간까지 해당한다.

일례로 많은 미국인은 퇴직금을 증권 포트폴리오 형태로 받았다. 증권시장이 잘나갈 때야 문제가 없지만, 2008년 위기처럼 한 번 무너지면 (이미 나이가 지긋한) 그들은 먹고살 돈을 다 날리게 된다. 바로 이들이야말로 앞서 말한 할부로 휴대폰을 사며 생활 문제를 해결하던 방식이 풍기는 파국의 낌새를 알아차린 최초의 사람들에 든다. 그러나 이것은 시작에 불과하다. 경제위기가 본격적으로 진행되면, 그리하여 대량 해고가 밥 먹듯 일어나고 모든 일자리가 불안정해져 정부 수입 또한 급격히 줄어들면, 우리 삶의 모든 영역에서 살벌하고도 아슬아슬한 생존경쟁이 매일같이 벌어질 수밖에 없다.

경제위기, 생태 위기, 에너지 위기 등으로 표현되는 위기의 다양한 종류는 단순히 위기의 "동시다발성"이나 "연관성"만을 의미하지 않는다. 오히려 이들 위기는 하나의 근본적 위기를 다양하게 드러내는 표상일 뿐이다. 그 근본적 위기란 곧 가치형태의 위기, 다시 말해 공허하고 추상적인 가치형태의 위기다. 그런데 이 가치형태는 한 사회에서 그 내용을 어떻게 채우는가? 그것은 추상노동과 상품가치로 재현된다. 요컨대 상품가치로 표현된 추상노동, 즉 가치의 위기가 현재 우리가 경험하는 모든 위기의 근간이다.

현재 우리에게 익숙한 생활방식, 생산방식, 사고방식은 최소한 250년 전 처음 등장한 이래로 지금까지야 그럭저럭 잘 유지되어 왔지만 이제는 인류의 생존 자체를 위협할 지경이 되었다. 물론 1929년에 있었던 바와 같은 "검은 금요일"이나 "심판의 날"* 같은 사건은 일어나지 않을 것이다. 하지만 오늘날 우리가 하나의 긴 역사적 시기의 끝**에 와 있다는 것만은 분명하다. 여기서 말하는 역사적 시기란, 생산적 활동이나 생산물이 그 자체로 인간의 욕구 충족에 쓰이는 것이 아니라 노동과 자본의 부단한 순환만 촉진하는 그런 시기를 말한다. 여기서 노동은 자본의 가치 증식

---

* 1929년 10월 25일 금요일에 일어난 뉴욕 증시의 주가 폭락을 계기로 촉발된 세계적 대공황은 '검은 금요일Black Friday'로, 1987년의 폭락은 '검은 월요일Black Monday'로 불리곤 한다. 한편 주식시장에서는 투자자들의 탐욕이 극에 달했을 때 공포의 폭락을 통해 가끔 엄중한 심판이 내려진다는 의미로 이런 날을 가리켜 '심판의 날'이라고도 칭한다.─옮긴이

** 주류 언론에서는 유일하게 이매뉴얼 월러스틴이 이렇게 주장한다. 즉, 자본은 500년 만에 마침내 그 마지막 단계에 들어섰다고, 그리하여 뭔가 새로운 것이 등장할 것이라고 말이다.[5] 하지만 그는 현재의 위기를 1970년대 이후 형성된 투기 거품의 폭발로만 보면서 이를 과거의 다른 위기들과 비교한다. 그는 향후 수십 년 내에 "정치적 혼란기"나 "시스템 위기", 그리고 마침내 자본주의의 종말이 올 것으로 예측하는데, 이러한 견해의 주된 근거로 "중심부"와 "주변부" 사이의 관계 변화를 든다. 그 점에서 그의 이론은 우리가 이 책에서 제시하는 바와는 상당히 다르다.

을 돕는 노동을 말하고, 자본이란 노동을 고용하는 자본을 말한다. 이렇게 노동과 자본은 서로 맞물려 가치 증식을 영속화하려한다.

여기서 곰곰이 생각해보자. 상품과 노동, 화폐와 국가(규제), 경쟁과 시장…, 즉 지난 수십 년에 걸쳐 반복되는 위기, 그러면서도 갈수록 심각해지는 위기의 배후엔 바로 이 모든 '범주의 위기'가 어른거리고 있다. 그나마 다행스럽게도, 이 모든 범주(상품~시장 등)가 언제 어디서나 인간 존재를 표현하는 것은 확실히 아니었다. 그럼에도 이것들이 지난 수백 년 동안 인간의 삶을 전반적으로 통제해왔으며 앞으로도 우리 삶의 어떤 부분은 좀 더 좋게, 어떤 부분은 훨씬 더 나쁘게 만들 수 있다. 그런데 혹시 더 좋아진다 하더라도, 그것은 아마 일시적 회복에 불과할 것이다. 좋아지더라도 불과 몇 년일 뿐 그 이상 지속되지는 않으리라는 이야기다.*

노동의 종말, 상품 판매의 종말, 자기 노동력 상품 판매의 종말, 그리고 상품 자체의 종말, 나아가 시장의 종말, 국가의 종말은 필시 매우 긴 과정이 될 것이다. 하지만 이들 범주는 자연적인 것이

---

* 지난 수십 년간 매번 위기가 오고 나면 꼭 "회복기"가 나타났다. 특히 증권시장 지수에서 회복의 기운이 뚜렷했다. 그래서 최소한 겉보기로는 모든 위기가 등락을 수반하는 순환의 문제인 것처럼 보이기 쉽다. 그러나 그 어떤 "회복"도 (대량의 인간 노동을 효과적으로profitably 사용하는) 새로운 생산양식의 산물로 나타난 것이 아니었다. 그런 회복은 단지 주식이나 증권 같은 것을 사고팔면서 생기거나 때로는 그 허구 자본을 부동산, 소비재, 서비스 부문 등에 투자함으로써 생긴 허구적 가치 증대일 뿐이었다. 이 모두가 결국은 갈수록 더 크고도 공허한 금융 거품을 만들어냈다.

파국이 온다

아니라 역사적인 것에 불과하기에 언젠가는 사라진다. 마치 (자본주의가 발달하면서) 사회적 삶의 다양한 형태를 이런 범주들이 대체해온 것처럼 말이다. 이러 면에서 현재의 위기란 시작도 아니고 끝도 아니다. 단지 이 장구한 과정의 한 중요한 단계일 뿐이다.

이 지구에서 불필요한 존재가 될지 모른다는 두려움

그런데 왜 이런 분석이 세상에선 별 관심을 불러일으키지 못할까? 분명 이것이야말로 최근의 위기를 거치면서도 거의 유일하게 증명되었는데도 말이다. 그 본질적 이유는 어느 누구도 자본주의의 종말을 실제로는 잘 상상할 수 없기 때문일 것이다. 사실 자본주의의 종말을 상상한다는 것은 그 자체로도 엄청난 **두려움**을 부른다. 거의 대부분의 사람들은 자신들이 단지 돈이 너무 없어 탈이라 생각할 뿐 그 이상은 상상하지 못한다. 각 개인들은 자기 돈의 가치가 떨어져 사회생활에 지장을 줄 때 자기 존재가 위협을 받는다고 느낄 뿐이다(한편으로는 근시안 때문에, 또 다른 한편으로는 두려움 때문에 시스템 전반의 구조나 원리에 문제가 있다고는 생각하지 못한다).

그러다 막상 위기가 닥치면 사람들은 이미 자신이 알고 있는 사회생활 방식에 더 강하게 매달린다. 이 시기에도 사람들이 최소한 동의할 수 있는 가장 일반적인 일은 (뭔가 상품을) 파는 것, 자신을 파는 것, 그리고 (상품을) 사는 일이다. 이런 일들이 별 지장 없이 계속된다(이것이 무너지면 모든 게 무너진다고 느낀다). 이

것이야말로 작금의 위기에 올바로 **대처하기**가 그렇게 힘든 이유를, 또한 위기에 맞서기 위해 사람들을 조직화하기가 그토록 어려운 이유를 말해준다. 결국 이건 **'우리'와 '그들'의 대결 문제**가 아니기 때문이다. 정작 우리가 싸워야 할 대상은 바로 그 자본의 "자동 주체"이다. 이것은 우리들 각자의 내부에 살고 있다. 결국 이는 우리 자신의 습관, 취향, 빈둥거림, 이끌림, 나르시시즘, 공허함, 이기주의 등에 깊숙이 깃들어 있다. 그런데 그 누구도 우리 안에 깃든 이 괴물들을 직시하려 하지 않는다.

그러다 보니 언론은 물론 학계에서도 온갖 종류의 헛된 제안만 난무하지, 노동이나 상품 등의 범주에 대해 비판적 분석을 가하려는 시도는 거의 없다. 심지어 자동차의 문제점을 비판하는 이야기조차 힘든 실정이다. 그 결과 예컨대 "명성 높은 과학자들"이 언론 같은 데 나와 태양의 자외선을 어느 정도 피할 수 있는 거대한 위성에 관한 이야기를 하거나 뜨거워지는 해양의 온도를 낮출 수 있는 기계 장치에 관한 장광설만 잔뜩 늘어놓는다. 나아가 "채소를 수경 재배 또는 심지어 공중 재배할 수 있는 그린하우스"에 관한 제안도 많이 나오고, "줄기세포로부터 직접" 육류肉類 고기를 만들어낸다는 제안은 물론, 글자 그대로 달에 가서 부족한 자원을 가져오겠다는 아이디어까지 나올 정도다. "무엇보다, 달은 무려 100만 톤에 이르는 헬륨3을 갖고 있는데, 이는 핵융합을 위한 이상적 연료다. 이 헬륨3 1톤의 가치는 그것이 생산할 수 있는 에너지로 따질 때 약 60억 달러에 이른다. 바로 이 점이 왜 그토록 많은 나라가 달에 가려고 안달하는지를 설명해준다."[6] 이와 동일한 맥락에서 기후 변화에 대한 적극적 대항 조치보다는 그에 발

빠르게 '적응'하는 아이디어들만 무수히 나오고 있다.[*]

그러나 이런 식이면 "경제 테러"를 탈출하기보다 오히려 삶에 대한 위협만 배가된다. "앞으로는 더욱더 뭔가 실질적인 것을 할 줄 아는 조직이나 사람들만이 발빠르게 적응하려 하고 또 적응할 수 있습니다. 이들만이 사회경제적 측면에서 미래를 보장받습니다. 반면 현재에 안주하는 사람들은 금세 고용 불능 상태로 전락하고 말 것입니다."[8] 그 결과 이들은 아예 지구에서 불필요한 존재가 될지도 모른다. 오래전 맬서스가 지적한 대로, '굶주림이야말로 노동을 위한 최고의 자극제'가 되어버리는 셈이다.[**] 요컨대 자본의 가치 증식에 도움이 되지 않는 그 모든 것은 사치 내지 잉여에 불과하다. 특히 위기의 시기가 오면 이러한 잉여는 설 자리가 더욱 없다. 그런데 이는 결코 일탈이나 예외적 현상이 아니다. 일정한 돈을 더 많은 돈으로 바꿔내는 것(증식)을 원동력으로 삼는 사회(자본주의 시스템)에서는 지극히 정상적이고 논리적인 귀결이다.

---

[*] 예컨대 덴마크 코펜하겐에 있는 "컨센서스 센터Centre for Consensus"〔!〕가 이탈리아의 과학재단 "엔리코 마테이Enrico Mattei"에 위탁했던 연구 결과가 이런 입장을 드러낸다. 그런데 이 과학재단은 이탈리아의 정유회사 ENI와 밀접히 연결되어 있다.[7]

[**] 토머스 맬서스는 『인구론An Essay on the Principle of Population』(초판본, ch. 18, par. 7)에서 이렇게 말했다. "원시인들은 혹독한 굶주림이나 살을 에는 듯한 추위가 자신을 무기력에서 깨우지 않으면 나무 그늘 아래서 영원히 잠만 잘지 모른다. 그들은 이런 악(굶주림이나 추위)을 피하기 위해 먹을거리도 구하고 이슬을 피할 집도 짓는다. 이런 노력을 사방팔방으로 하는 가운데 그들은 자신의 능력을 기르고 또 실현한다. 만일 그렇지 않고 잠만 잔다면 그런 능력은 무한한 무기력에 빠지고 말 것이다."

나중에도 살펴보겠지만, 이것은 하나의 불길한 상황을 예고하는 대자보나 마찬가지다. 실은 우리 모두 자본주의의 종말에 관해 초기부터 계속 들어왔으며, 아무리 작더라도 위기가 올 때마다 종말이 매우 가깝다고 말했다. 하지만 지금까지 그 모든 위기는 나름 극복되는 듯했고, 그래서 (잿더미로 죽었다가도 곧 되살아나는 불사조처럼) 매번 자본주의는 다시 일어났다. 더 새로운 모습으로 되살아났다. 그래서 오늘날 우리가 보는 자본주의의 모습은 1800년이나 1850년, 또 1930년 당시의 모습과는 현저히 다르다. 그리고 우리는 현재의 자본주의에서도 이런 식의 변형 과정을 목격하고 있다. 물론 예전보다 더 오래 더 강하게 버텨내고자 발버둥 치는 모습으로 말이다.

그런데 어째서 작금의 위기는 지난 200년 동안 겪은 그 어떤 위기보다도 고약할까? 어떤 면에선 이런 식의 반론도 가능하리라. 즉, 자본주의는 앞으로 전혀 새로운 모습으로, 즉 재앙도 아니고 전쟁도 아닌 그 중간 정도의 형태로 지속되지 않을까? 어쩌면 위기야말로 자본주의가 존재할 수 있는 영원한 형태, 나아가 전반적 인류 사회의 영원한 형식이 아닐까?

그러나 (자본주의에 대한 저항이나 반론을 위해) 현 단계 자본주의가 드러내는 그 모든 역기능을 일일이 열거한다고 곧바로 자본주의의 최종적 위기가 증명되는 건 아니다. 더군다나 (제2차 세계대전 이후 약 30년 정도 지속된) 짧은 포드주의 시기를 자본주의의 유일한 작동 형태라 볼 수도 없다. 아프리카의 내전들 그리고 러시아에서 이뤄진 재봉건화 과정, 이슬람 근본주의, 유럽에서 고용 안정성이 소멸한 것 등은 기존의 포드주의 모델이 범지구적으

파국이 온다

로 확산될 수 없음을 보여주는 명백한 증거다. 그렇지만 이 점 또한 자본주의의 종말을 의미하지는 않는다. 역설적으로, 글로벌 시스템으로서 자본주의는 그 모든 다양한 형태가 '공존'하기 때문에 더 잘 지탱된다. 각각의 자본주의 존재 형태가 글로벌 시스템이라는 맥락 안에서 그 유용성을 잘 발휘하기 때문이다.

한편 자본주의는 1960년대 유럽에서 작동하던 방식(포드주의, 복지국가 자본주의)과도 전혀 다르게 작동할 수 있음을 보여준다는 반론도 가능하다. 즉 이것은 자본주의가 얼마나 유연할 수 있는지 증명해준다. 달리 말해 자본주의가 초래하는 그 모든 황폐화, 예컨대 개인의 고립화, 가족의 해체, 심리적 고통, 육체적 질병, 나아가 환경의 오염과 파괴까지 이 모든 것이 반드시 자본주의의 몰락을 말하는 징표라 볼 수는 없다는 이야기다. 이런 면은 오히려 자본주의가 또다시 그리고 지속적으로 새로운 욕구와 필요를 창조하도록 자극할 것이다. 그리하여 부단히 새로운 시장이 만들어질 것이고, 자본축적 역시 당분간 지속될 것이다.

그러나 엄밀히 말하자면 이런 식의 반론은 지속적으로 유지되기 어렵다. 이런 반론이 말해주는 것은 자본의 지배와 착취가 부단히 그 형태를 달리하면서 새롭게 등장하고 또 영속화한다는 것일 뿐 자본축적의 **새로운** 모델이 지속적으로 등장한다는 이야기는 아니기 때문이다. 오늘날 이윤 창출의 "비非고전적" 형태는 세계시장에 간접 참여를 하는 식으로만 작동 가능하다. 즉, 최근의 이윤 창출 방식은 범지구적으로 순환하는 가치를 지속적으로 빼먹는 형태로만 작동 중이다(일례로 남반구의 일부 나라에서 만든 마약을 부자 나라들로 판매하는 경우를 보자. 이 경우 통상적 무역거래와는 달리 부자 나라에서 마약을 팔아 획득한 "실제" 잉여가치의 일정 분량을 자기 나라로 되가져가는 것이다.) 만일 선진 산업국가들 내에서의 가치 창출이 완전히 사라진다면 마약 거부들이나 아동 밀매자들의 운명 역시 봉쇄되고 말 것이다. 그렇게 되면 이 선진 산업국가의 지배자들은 또다시 자국의 노동대중으로 하여금 기껏해야 농업 또는 공업 분야에서 잉여가치 생산 활동을 하도록 강제할 것이다. 그러니 제아무리 자본주의 시스템의 영원성을 찬양하는 자라도 감히 그런 것을 자본축적의 새로운 모델이라 말하지는 못한다.

좀 더 일반적으로, 우리는 다음 사실을 늘 가슴에 새겨야 한다. 즉, 일반적인 산업생산과 달리 서비스 분야는 사실상 생산 부문(제조업)에 의존한다. 서비스 노동은 (제조업 노동과 달리) 자본을 재생산하는 노동 형태가 결코 아니다. 이는 마르크스의 이론일 뿐 아니라(특이하게도, 마르크스주의자들은 이 점을 제대로 이해하지 못하지만) 우리 모두가 일상적으로 경험하는 바이기도 하다. 실제로 문화와 교육, 자연 보존과 건강보건healthcare, 비영리조직에 대한 보조금, 문화유산 보존(광의의 서비스 노동) 등은 결코 "성장의 추동력"으로 작용하지 못하고 경제위기 시기만 다가오면 흔히 "자금 부족"을 이유로 가장 먼저 희생되고 만다.

인류 자신의 혁명이 필요하다

물론 현재 우리가 수백 년이나 이어져온 오래된 상품 사회의 종

파국이 온다

말을 목격하고 있다는 사실이 추상적으로 "증명"될 수는 없다. 그러나 최근의 몇몇 추세는 새롭게 다가오는 면이 있다. 우리는 자본주의 상품 사회의 내적 한계와 외적 한계를 이렇게 정리할 수 있다.

먼저, **외적** 한계는 현재로서는 원점으로 되돌리기 어려운 기후 변화, 다양한 생물의 멸종, 사라지는 자연 풍경 같은 것만이 아니라 각종 자원의 고갈(특히 '맑은 물'이라는 가장 중요하고도 대체 불가능한 자원의 고갈)을 통해 이미 우리 코앞에 다가왔다. 다음으로, **내적** 한계 역시 거의 도달 직전 상태라 할 수 있다. 그것은 무엇보다 자본주의의 궤적 자체가 기존의 다른 생산방식들처럼 순환적이고 반복적인 것이 아니라, 단선적이고 누적적이며 불가역적이기 때문이다. 자본주의는 인류 역사상 존재했던 그 어떤 사회와도 다르게 자신의 토대 안에 동태적 **모순**을 내포한 시스템이다. 이는 단순한 **적대주의** 차원을 넘어선다. 즉, 노동을 가치로 전화하는 과정은 역사적 관점에서 볼 때 궁극적으로 쪼그라들 수밖에 없는 운명을 지닌다. 그것은 무엇보다 과학기술 시스템이 인간 노동을 체계적으로 대체하기 때문이다. 바로 이러한 외적·내적 위기를 체험하고 있는 인간 주체들 또한 그간 인간 존재를 구성해왔던 심리적 구조의 붕괴를 경험하고 있다.[9] 그 와중에 완전히 새로운 주체들이 나오고 있는데, 이 전례 없는 주체들은 동시에 전례 없는 파괴의 수단을 좌우할 수 있는 위치에 놓여 있기도 하다. 끝으로, 범지구적으로 가치 생산의 지속적 감소가 관찰되고 있는데, 이 또한 나라를 불문하고 역사상 처음으로 인구 잉여 현상이 나타남을 암시한다. 즉, (자본의 입장에서 볼 때) 착취할 가치조차 갖고 있지 않은 인구가 넘쳐나게 되었다. 요컨대 가치 증식의 관점에서 보면 인간 그 자체가 일종의 과잉 내지 사치, 또는 감당하기 어려운 비용 요인, 즉 "잉여"로 보이기 시작했다는 말이다. 바로 이것이 역사적으로 완전히 새로운 차원이다!

그러나 불행히도, 그 어떤 "위기"도 "인간 해방"을 저절로 보장하진 못한다. 현실을 보라. 경제위기를 맞아 돈이나 집, 일자리를 잃고 분노하는 사람들은 정말 많다. 그러나 급진 좌파가 늘 믿어온 것처럼 이 분노가 **그 자체**로 어떤 해방적 속성을 갖고 있는 것은 아니다. 현재의 위기 역시 그 어떤 해방적 프로젝트의 출현에 유리한 것 같지도 않다(최소한 선도적이지는 않다). 오히려 위기 상황에서 사람들은 각자도생各自圖生의 태도만 강하게 드러낸다.

그렇다고 해서 경제위기가 오는 경우 자본주의 질서를 회복하기 위한 대대적 구조 개악, 즉 전체주의 같은 것의 등장이 유력하다고 보기도 어렵다. (과거 나치 시절처럼) 강제력에 근거한 자본 축적의 새 시스템은 (적어도 민주주의 나라에서는) 결코 쉽지 않다. 현실적으로 늘 뚜렷이 드러나는 건 아니지만, 그보다 더 가능성 있게 우리에게 서서히 다가오는 것은, **야만주의**로의 전락이다. 달리 말해, 한꺼번에 대폭락 같은 사태가 벌어지는 게 아니라 부단히 아래를 향해 치닫는 나선형의 추락이 예상된다. 그렇게 우울하고 침울한 사태가 계속 이어지다 보면, 사람들은 처음에는 짜증을 내다가도 서서히 그에 익숙해질지도 모른다. 그리하여 생존의 기술 내지 적응의 기술만이 온갖 형태로 창궐할 것이다. 사람들이 성찰과 연대를 통해 대규모의 사회운동을 해나가는 모습과는 점점 더 거리가 멀어질 것이라는 이야기다.

원칙적으로 그런 사회운동이 가능하려면 사람들이 각자의 이해관계를 우선시하기보다는 그건 일단 제쳐둔 채, 지금까지의 사회화 과정에서 배운 부정적인 것들(예컨대 경쟁)을 성찰하면서 힘을 합쳐 보다 인간적인 사회를 새롭게 구성해야 한다. 하지만 그런 일이 실제로 가능하려면 무엇보다 **인류학적 혁명***이 먼저 일어나야 한다.

그런데 현재의 위기나 붕괴가 그런 인류 자신의 혁명을 촉진할리는 없다. 설사 작금의 위기가 일종의 "탈성장"을 강제하는 면이 있긴 하지만, 그렇다고 탈성장 과정이 자연스럽게 그리고 필연적으로 진행된다는 보장도 없다. 오히려 경제위기 시에 현실적 가망성이 높은 것은, 인간 삶의 관점에서 "불필요한" 분야들이 사라지는 것이 아니라 자본축적의 관점에서 "쓸데없는" 분야들이 희생되는 것이다. 일례로 무기 생산이 아니라 건강보건 분야가 먼저 철퇴를 맞을 것이다. 그리고 이런 식으로 일단 자본의 가치 증식 논리가 사회적으로 수용되고 나면 그에 저항해봐야 별 소용이 없게 된다.

과연 이런 상황에서 어려운 이웃 도와주기, 지역화폐(레츠LETS) 운동에 참여하기, 도시농장 가꾸기, 자발적 자선 활동, 공동체 지원 농업CSA** 운동 등과 같은, 비교적 온건하고 참여적인 시민운동이 (비록 이런 게 꽤 보람 있는 일이긴 하지만) 과연 새로운 사회

---

* 단순히 인류학적 퇴행을 저지하는 것을 넘어 '인류학적 혁명'이 필요하다는 뜻이다. 이 혁명이란 오늘날 인류가 자본의 범주인 상품·가치·화폐·성장 등에 갇힌 '자동 주체'의 모습을 극복하여 사람과 사람, 사람과 자연 사이에 진정으로 새로운 관계를 맺는다는 의미에서 참으로 새로운 인류가 탄생하는 혁명을 가리킨다. ─ 옮긴이

를 창조하는 데 첫 걸음이 될 수 있을까? 그런 방식으로 자본주의 세계 시스템의 붕괴를 막고자 하는 것은 아무리 생각해도 세상의 바닷물을 숟가락 하나로 다 퍼내려는 것과 다를 바 없지 않은가.

이제 이렇게 깨어난 우리의 의식은 어디를 향해 가는가? 최소한 일말의 명료함이라도 있다면 말이다. 우리가 진정으로 깨어나 세상의 흐름에 대해 명확한 의식을 갖고 있다면, 우리는 최소한 온갖 부류의 포퓰리즘으로부터 벗어날 수 있을 것이다. 포퓰리스트들은 본래 은행, 금융, 주식시장, 정치권력자 등을 그저 욕하기만 한다. 이들은 결국 "민중의 적"을 상대로 마녀사냥에 나선다.*** 그 결과 자본주의의 진정한 토대에 대한 비판은 교묘히 회피되고 만다. 그 와중에 오히려 자본주의 문명은 위기 속에서 고통받는 존재로, 따라서 또다시 노동, 화폐, 상품, 자본, 그리고 국가의 형태로 온전히 보호되어야 할 존재로 여겨질 뿐이다.

오늘날 우리 모두가 깊이 연루된 생활방식이 점차 종말을 맞고 있다는 생각만 해도 아찔하다. 그리고 이 종말을 알리는 소리가 실제로 우리의 귓가에 서서히 들려오는 것 같기도 하다. 아무도 그렇게 말하진 않지만 말이다. 그렇게 되면 아마 우리는 영화 같은 데서나 볼 수 있는 폐허의 한가운데에 서 있게 될 것이다. 만

** Community Supported/Shared Agriculture schemes, 즉 공동체 지원 농업 운동.

*** 좌파는 물론이고 (특히 미국에서) 일부 우파조차 은행들에 대한 구제금융에 반대했다.

약 갈등의 공통된 기반, 즉 자본주의 생산방식과 생활방식 자체가 사라진다면 전통적인 적대 세력, 즉 프롤레타리아와 자본, 노동과 축적된 화폐 등은 각자 단말마의 고통을 토해내며 한꺼번에 사라질지 모른다.

"마침내 탈출구를 찾다!"–미지의 세계로 도약하기

이런 상황을 미리 피하려면 아무도 모르는 미지의 세계로 훌쩍 도약해야 하는데 도약의 간격이 너무 커서 누구도 먼저 뛰겠다고 나서지는 못한다. 두려움 때문이다. 그러나 우리가 이 역사적 변화의 시기에 살고 있다는 것은, 그 모든 사실에도 불구하고 전례 없는 기회를 암시하기도 한다. 그러니 차라리 위기가 더 깊어지도록 내버려두라.[10] 달리 말해, 현재 "우리의" 경제, 그리고 "우리"의 생활방식은 어떤 상황에서도 "구제"되어선 안 된다. 오히려 가능한 한 빨리 사라지는 것이 좋다. 동시에, 더 나은 걸 창조하는 것이 옳다.

예컨대 우리는 최근 한동안 지속된 교육계 내부의 갈등 문제를 참고할 수 있다. 현실적으로 교육이나 연구 분야의 정부 지원이 갈수록 삭감되고 있는데, 이에 불만을 제기하기보다는 교육이나 연구 분야가 전적으로 "수익성" 기준에 따라 좌지우지되는 현실 자체를 문제 삼는 것이 더 핵심적이지 않은가 하는 것이다. 달리 말해, 자본축적이 더는 원활히 돌아가지 않는다고 해서 과연 인간의 삶이 그 본연의 명분을 상실해서야 되겠는가.

〈마침내 탈출구를 찾다!〉는 화가 파울 클레의 작품 제목이다. 이 제목처럼 2008년 10월의 짧은 위기를 경험하면서 사람들이 마치 머리에서 뚜껑이 열릴 정도로 현 사회경제 상황의 본질을 눈치 챈 것 같다. 그리하여 많은 사람이 자본주의의 약탈성과 한계성에 대해 열린 마음으로 토론을 하기 시작했다.

이런 맥락에서 우리는 희망을 이야기할 수 있다. 제법 길고도 심각한 위기의 시기를 지나면서 사람들이 인간 삶에 관해 더 깊은 이야기를 나누기 시작하며, 그 와중에 기존의 터부나 금기를 녹여버리고, 수많은 사람이 어제까지만 해도 "당연하다"라거나 "불가피하다"라고 생각했던 것들에 의문을 품기 시작하며, 그동안 가장 단순하면서도 거의 제기되지 않던 질문들을 던지기 시작하면, 희망적인 탈출구가 희미하게나마 보일 것이다. 이를테면 이런 질문을 던질 수 있다. 생산수단이 엄청 발전해 심지어 과잉일 정도인데 도대체 위기라니 무슨 말인가? 또 우리가 필요로 하는 모든 것이 (그리고 실은 그보다 훨씬 많은 양이) 눈앞에 다 있는데 왜 빈곤으로 죽는 사람이 생기는가? 왜 우리는 자본축적에 도움이 되지 않는다고 모두 쓰레기 취급을 받아야 하는 걸까? 수익성 증대(돈벌이)에 도움이 되지 않는 것은 왜 버려져야 하는가? 동화에 흔히 나오듯 그 모든 난관에도 불구하고 마침내 우리가 마법을 푸는 주문呪文을 외칠 날이 오지 않을까?

II

자본주의,

이해하거나 오해하거나?

다양한 대응 논리와 그 한계

5

호모 에코노미쿠스와
가치의 그늘

선물 이론과 마르크스주의

지난 30여 년 동안 '선물 이론gift theory'이 현대사회 이론의 일 각에서 매우 중요한 아이디어 중 하나로 부상했다. 그러면서도 선물 이론은 마르크스주의 패러다임과 종종 충돌하곤 했다. 프 랑스의 모스 그룹만 봐도, 자본주의 상품 사회와 그 역사적 전제 에 대한 근본적 비판이 비非마르크스주의 관점에서도 얼마든지 가능함을 알 수 있다. 선물 이론의 대표적 인물은 마르셀 모스와 칼 폴라니라 할 수 있으며, 이들이 선물 이론 정립에 가장 중요한 이론적 틀을 제시했다.*

이들 선물 이론가는 동시대의 다른 이론가처럼 노골적으로 **반 마르크스주의**를 표방하진 않았다. 하지만 이들은 가능한 한 **마 르크스를 피하면서도** 마르크스만큼이나 풍부하게 상품 사회 비판 이론을 구성하려 했다. 그중 선물 이론의 입장은 마르크스주의가 (1990년대 이후) 겪어야 했던 불행한 정치적 운명을 겪지 않아도 되었고, 이론적으로도 마르크스주의가 보인 한계나 그 기본 개념들이 지닌 일방성 문제 같은 것도 없었다.

선물 이론을 대변하는 모스 그룹의 관점에서 보면, 모든 마르크스주의 이론의 주요한 결함은 **경제주의**에 있다. 이 경제주의란 인간 존재를 오로지 경제적 차원으로만 축소시켜 설명하려 들거나 최소한 그 경제적 차원에 절대적 우위를 부여하는 입장이다. 이런 점에서 보면 마르크스주의의 접근 방식도 엄밀히 말해 실리주의적이다. 즉, 인간은 오로지 자기 이익에 따라서만 행동한다는 것, 달리 말해 물질적이고 개인적인 이해관계가 인간 행위를 규정한다고 보는 것이다.

흥미롭게도 마르크스주의가 가진 이 철학적·인류학적 기초는 부르주아 자유주의와 친화성을 갖기에 놀랍다. 이 부르주아 자유주의의 **호모 에코노미쿠스**homo œconomicus 개념에 따르면, 인간 행위를 설명함에 있어 (직접적이건 간접적이건) 자신의 이익 극대화라는 계산에 의거하지 않는 경우는 전혀 설명이 안 된다. 거꾸로 말하면 모든 인간 행위는 개인적 이익 극대화 공식으로만 설명이 가능하다.

＊　이와 관련해 《모스 리뷰》 29호의 권두 논문에는 "마르크스보다 다루기 쉬운"이라는 표현이 나오고, 또 다른 글에선 "합의에 기초한"이라는 말이 나온다.[1] 물론 알랭 카예는 다른 글에서 이렇게도 말한다. "그럼에도, 마르셀 모스는 마르크스를 엄청 존경했다. 그래서, 좀 이상하게 들릴지 모르나 잘 생각해보면 모스가 마르크스의 주요 계승자로 간주될 수 있다."[2]

그런데 마르크스주의 역시 이 부분과 관련해 그 어떤 이론적 논쟁도 하지 않았다. 오히려 마르크스주의자들은 부르주아 사회 내에서 동정심이나 관대함, 사적 이해 초월 같은 행위가 나타날 때마다 그것이 단지 적대적 이해관계들이 영원히 충돌할 수밖에 없는 (부르주아 사회의) 본질적 모순을 은폐하려는 데 불과하다며 악의적이라고 비웃기 일쑤였다. 그런데 이런 식의 마르크스주의 는 선물 이론가들이 자신을 마르크스주의와 확실히 구분하기 위해 억지로 만들어낸 "가공물"이 결코 아니다. 오히려 이 관점은 본래부터 마르크스주의 안에 실제로 내재한다. 물론 여기서 굳이 이 문제를 낱낱이 따져보지는 않겠다.

그러나 과연 마르크스의 이론이 결국 이 "경제주의"로 환원(축소)되는 것으로 끝나는가? 나아가, 실리주의적 패러다임에서 유래한 이론적 도구가 마르크스의 이론 안에는 있으면 안 되는가? 아니면 좀 달리 말해, 선물 이론과 마르크스주의 이론에 공통분모가 전혀 없다고 할 수 있을까? 그게 아니라면 각기 다른 접근 방식을 위해 "특수한 기법"을 만든다는 것이 결국 상대방으로부터 조금씩 빌려다 짜깁기라도 했다는 말인가? 두 이론적 입장의 기저에 부분적으로라도 수렴되는 구석이 하나도 없을까?

따지고 보면, 폴라니나 모스, 그리고 다른 선물 이론가들의 저작 속에는 마르크스주의의 비판에 담긴 근본적 측면을 닮은 주장이 제법 있다. 이 비마르크스주의 사상가들은 오늘날 소위 "마르크스주의"라고 불리는 상당수보다 오히려 마르크스의 이론적 유산을 더 많이 지니고 있다. 마르크스를 특별히 주목해서 읽다 보면, 선물 이론에 의해 도출되는 결론과 상당 부분 유사한 결론을 만나게 된다.*

여기서 우선, 상기하고 싶은 게 하나 있다. 그것은 『자본』의 부제가 "정치경제에 대한 논고"가 아니라 "정치경제에 대한 비판"이란 점이다. 바로 그 "경제"의 존재 자체를 비판한다는 점이 (누구나 찬찬히 살피면) 마르크스 저작에서 처음부터 끝까지 일관되게 발견된다.

마르크스는 경제가 사회의 다른 여러 활동으로부터 분리되면서(폴라니의 용어로는 "이탈되면서disembedded") 벌써 소외가 발생한다고 보았다. 마르크스의 이 통찰은 상당수의 마르크스주의 주창자들에 의해 부활하기도 했다. 일례로 1919년 당대의 가장 명석한 마르크스주의자로 통했던 죄르지 루카치(1885~1971)는 "사회주의 경제"의 미래와 관련해 이렇게 썼다. "그러나 이제 '경제'는 기존의 경제가 여태 그랬던 것과 같은 기능을 더는 수행하

---

* 사실 폴라니는 마르크스와 전혀 다른 이론적 토대에 근거해 자신의 결론에 이르렀다. 따라서 이 사실은 경제를 초역사적으로transhistorical 보는 관점을 부정하게 하는 실마리가 된다. 두 입장이 질문과 탐구는 다르게 해도 결론은 동일하니 참 신기한 일이다. 그런데 노동가치론The labour theory of value은 원래 데이비드 리카도가 정식화한 것인데, 폴라니는 마르크스가 처음 주장한 것처럼 말했으며 이 점은 지적해둘 필요가 있다. 게다가 이 노동가치론은 노동의 이중성에 대한 마르크스의 비판적 논의에 의해 큰 타격을 입었다. 하지만 폴라니는 사실상 당대의 모든 동료와 마찬가지로, 마르크스를 "정통" 마르크스주의의 렌즈로만 읽었다. 그러다 보니 폴라니에게 마르크스는 노동가치론을 노동자 해방의 긍정적 토대라고 본 사람으로 해석되었다. 하지만 정작 마르크스는 노동가치론을 비판 대상으로 여겼으며 궁극적으로 그것(교환가치를 생산하는 것으로서의 노동)은 지양되어야 한다고 보았다.

지 않는다. 왜냐하면 앞으로 경제는 의식적으로 조정되는 사회의 봉사자 역할을 해야 하기 때문이다. 즉, 기존 경제는 그 자폐적 자율성(보다 정확히 말하자면, 바로 이 점으로 말미암아 '경제'라 불렸던 것)을 상실하게 된다. 경제 그 자체만을 위해 존재했던 경제는 이제 폐기 대상일 뿐이다."[*3]

그런데 1940년대 이후, 자본주의에 대한 마르크스주의적 비판과 실리주의적·생산력주의적 인간관(오로지 자연의 지배에 전력을 기울였던 인간) 사이의 필연적 연관성에 의문을 품었던 이들은 프랑크푸르트학파였다. 그중 주도적 인물은 테오도어 아도르노와 허버트 마르쿠제였다. 그리고 이들과 관점은 전혀 다르지만, 기 드보르로 상징되는 상황주의자들 역시 같은 의문을 품었다. 이 두 그룹의 눈에 현대예술의 경험은 "자아 찾기"보다는 사물 속에서 재미를 추구하고 사물과 이용자 사이에서 친화적 관계를 추구하는 것으로 비쳤다. 이 비판적 흐름은 전후戰後 사회의 최대 결함을 더는 물질적 빈곤에서 찾지 않고 일상적 삶의 소외에서 찾는데, 그만큼 그들은 대안의 돌파구가 이제는 경제적 차원만이 아니라 삶의 모든 측면을 아우르는 데 있다고 보았다.

---

[*] 여기서 기억할 것은 근대사회에 대한 가장 참신한 비판적 분석 세 가지가 거의 같은 시기(1923~1924년 사이)에 나온 점이다. ①모스가 쓴 *Essay on the Gift*〔선물에 관한 에세이〕, ②루카치가 쓴 *History and Class Consciousness*〔역사와 계급의식〕, ③이사크 루빈Isaac Rubin이 쓴 *Essays on Marx's Theory of Value*(Moscow, 1924)〔마르크스의 가치론에 대하여〕 등이 그것이다. 특히 루빈의 책은 그간 거의 완전히 잊혔던 마르크스의 개념, 예컨대 "추상노동"이나 "물신주의" 등의 개념을 재발견함으로써 당대에 가장 중요한 작업을 해냈다.

노동운동과 마르크스주의

이제 진짜로 관건은 **노동**의 문제였다. 이들에 따르면 마르크스는 (『1844년의 경제학 철학 수고』같은) 초기 저작부터『고타 강령 비판』(1875) 같은 후기 저작에 이르기까지 그 전반에서 노동**의** 해방(즉, 노동이라는 수단을 통한 해방)에 관한 프로그램과 노동**으로부터의** 해방(즉, 노동과의 완전한 단절을 통한 해방)에 관한 프로그램 사이에서 왔다 갔다 했다. 이처럼 그의 정치경제(학) 비판은 노동과 관련해 심각한 모호함을 안고 있기도 하다.

통상적으로 노동운동과 마르크스주의는 아주 밀접한 편인데, 특히 마르크스주의는 일부 국가에서 근대화를 가속화하는 이데올로기가 되었고, 그 외 여러 나라에서도 사실상 노동계급 통합을 위한 이데올로기로 작용했다. 그런데 노동운동과 마르크스주의 모두, 마르크스의 저작들에서 오직 노동 중심성과 노동 찬양 부분만을 특별히 강조했다. 이들에게는 인간 활동 전반이 모두 노동의 관점에서 파악되었고, 그러므로 "노동자 사회"의 도래라는 요구도 매우 정당한 것이었다.

그 뒤 마르크스의 본질적 개념에 충실하면서도 이러한 노동의 존재론에 처음으로 의문을 제기한 것이 앞서 말한 프랑크푸르트학파와 상황주의자들의 경제 비판이다. 상황주의자들의 슬로건 "절대 일하지 말라!"는 아르튀르 랭보(1854~1891) 및 초현실주의자들의 철학을 계승한 것이기도 한데, 이는 결국 허버트 마르쿠제의 "위대한 거부great refusal"와 같은 뜻이다.

그러나 이들이 마르크스주의로부터 어느 정도 거리를 유지하는 것이 필요하다고 느꼈던 바로 그 시점에, 마르크스주의 깃발 아래 자신의 지적 경력을 쌓으려던 사람들 상당수가 마르크스주의 사상에 대해 온갖 괴이한 방식으로 공격을 퍼부었다. 그 주안점은 마르크스주의가 인간 삶의 아주 작은 단편만 포착하고 있다는 것이었다. 그들에 따르면, 마르크스주의 경제 분석은 옳을지 몰라도 경제가 아닌 다른 삶의 영역(예컨대 언어학, 상징주의, 감정 영역, 인류학, 종교 영역 등)에서 일정한 결론을 도출하기 위해 동일한 기준을 적용한다면 그것은 완전히 잘못된 사상이라는 것이다. 대표적으로 코르넬리우스 카스토리아디스Cornelius Castoriadis (1922~1997)*와 위르겐 하버마스 같은 이들이 마르크스를 경제 전문가로 축소했다. 그들에 따르면, 마르크스는 여전히 경제 분야에서는 유용한 부분이 있지만 경제와는 전혀 다른 논리에 따라 작동하는 다른 삶의 영역들에서는 별 "유능함"이 보이지 않는다.

한편 "가치비판론"의 관점은 다른 접근 방식을 취한다. 이 관점에서는 마르크스의 정치경제 비판이 자본주의 사회의 기초에 대해 비판한 것을 두고 정통 마르크스주의보다 훨씬 더 근본적인 지점에서 문제 제기를 한다. 따라서 가치비판론의 관점에서 가치, 화폐, 상품, 그리고 노동은 결코 "중립적" 개념이나 초역사적인 것, 영구히 주어진 어떤 것이 아니다. 오히려 이들은 근대 자본주의가 특별히 부정적으로 드러내는 그 모든 사태의 핵심을 구성한다. 따라서 바로 이 기본에 해당하는 범주들이 비판되어야

---

* 터키 태생의 정신분석학자이자 정치철학자로, 잡지 《사회주의인가 야만인가》의 공동 편집인이었다. ― 옮긴이

하는데, 정통 마르크스주의는 그 파생물인 사회계급, 이윤, 잉여 가치(또는 자본 수익), 시장과 사적 소유관계 등을 비판하는 데 그친다. 사실 이런 것은 본질적으로 가치가 분배되는 형태, 즉 가치 범주의 부산물에 불과하다.

그러나 나는 여기서 가치비판론과 선물 이론의 관점을 포괄적으로 비교 분석하기보다는(사실 이는 그 자체로 매우 중요한 작업이기는 하다), 가치비판론이 정통 마르크스주의와 선명히 구분되는 몇 가지 측면, 그리고 가치비판론과 선물 이론이 이론적으로 잘 비교되는 지점 등에 특별히 주목하고자 한다. 다소 거칠지만 처음 시도하는 이 작업은 주로 이론적 부분에 국한된다. 따라서 이 두 이론 간 거리가 많이 벌어지는 부분에서 그 간격이 실천적으로 암시하는 바에 대해서는 차후 과제로 남긴다. 특히 선물 이론 입장에서 연합주의associationism 내지 "제3섹터" 등에 기대를 걸거나, 심지어 (과거 포드주의 모델로 돌아가려는 목적으로) '급진적이고 보편적인 사회민주주의'를 창조하고자 구상하는 부분은 (우리의) 가치비판 관점과는 거리가 멀다. 이 모두는, (칼 폴라니의 말처럼) "경제를 사회의 품으로 다시 장착하는"* [4] 형태라 할 수 있다. 그러나 이런 형태는 가치비판 관점에서 볼 때는 전혀 가능하지도, 바람직하지도 않다.

마르크스주의의 전반적 전통과 달리 실제로 마르크스는 **노동**

---

* 카예와 라빌은 "시장 사회와 민주주의는 여전히 공존이 불가능하다"라고 본다. 그러나 그들은 시장이나 자본주의를 논의할 때 거의 신자유주의만 염두에 두고 있다. [5]

의 관점에서 주장을 전개하지는 않았다. 노동의 관점에서 분석한다는 것은 무엇인가? 인간 노동을 자본주의 내의 모든 사회 형태 뒤에 "숨어 있는" 하나의 영원한 본질로 파악하는 것이다. 사실 이 부분은 마르크스 사상 중에 별로 알려지지 않은 것인데, 이 측면을 가장 잘 분석한 이가 바로 모이쉬 포스톤이다. 그는 1993년 『시간, 노동, 그리고 사회 지배: 마르크스 비판 이론의 재해석』을 펴냈다. 그의 문제의식을 요약하면 이렇다. "자본주의가 아닌 다른 사회(노예제 또는 농노제)에서는 노동 행위가 공공연한 사회관계들 속에 깃들어 있다. 여기서 노동은 무슨 '본질'도 아니요, '현상 형태'도 아니다. 반면 노동이 본질이 되면서 현상 형태도 되는 것은 자본주의 사회에 이르러서다. 이것이 자본주의 노동이 지닌 특유의 역할이다. 달리 말해, 자본주의 사회관계들이 노동에 의해 매개된다는 사실, 그리하여 노동이 이 사회구성체의 본질이 된 점이야말로 그 역사적 특이성이다."[6]

요컨대 노동이 자본주의 이전 사회에서 그러했듯 사회관계 전반에 "깃들어" 있지 않고, 그 자체로 사회적 매개의 원리가 되어버린 것은 오로지 자본주의에 들어서다.* 죽은 노동이 "자본"의 형태로 축적(즉, 이미 수행된 과거 노동의 축적)되는 과정은 근대사회의 "자동 주체"(마르크스)처럼 되어버린다. 두말할 것도 없이 모든 사회는 어떤 방식으로건 그 물질적 생산, 즉 "자연과의 신진대사"(마르크스)를 조직해야 한다. 그런데 자본주의 이전 사회에서 이 생산은 자본주의와는 전혀 다른 사회적 프레임 안에서 일어났다. 그 사회적 프레임은, 형식적으로 독립된 생산자끼리의 노동 단위 교환(즉, 자본주의 교환)과는 전혀 다른 기준으로 조직되었다. 바로 이 점이야말로 왜 당시에는 근대적 의미의 "노동"과 "경제"가 존재하지 않았는지를 잘 설명해준다.[8]

근대적 의미의 노동은 이중성을 띤다. 그것은 자본주의 노동이 한편으로는 구체노동이면서 또 한편 추상노동이라는 점이다 (여기서 마르크스가 말한 추상노동은, 네그리 등이 말하는 "비물질노동"과는 무관한 개념이다). 구체노동과 추상노동, 이들은 노동의 두가지 다른 유형을 말하는 게 아니라 동일한 노동의 양 측면이다.**

그러면 이 노동과 사회관계는 어떻게 연관되는가? 자본주의

---

* 모이쉬 포스톤은 폴라니 "역시 근대 자본주의 사회의 역사적 특이성을 강조했다"라고 인정한 뒤 곧이어 그를 본격 비판한다. 폴라니는 "오직 시장에만 초점을 맞추었다"라는 것, 그리고 그의 접근 방식이 "암묵적 사회 존재론"에 토대했다는 것이다. 즉 포스톤에 따르면, 폴라니의 시각에서 볼 때 자본주의를 특징짓는 것은 오로지 인간 노동, 토지, 화폐가 상품으로 전화된 점이다. 달리 말해, "노동생산물이 상품으로 존재하는 것은 폴라니에게 어딘지 모르게 사회적으로 '자연스러운' 것이었다는 지적이다. (포스톤의 시각에서 볼 때) 폴라니처럼 노동생산물의 상품화를 자연스러운 것으로 보는 관점은 마르크스의 관점과는 차이가 크다. 왜냐하면 마르크스에게는 그 어느 것도 '자연스레' 상품이 되지 않기 때문이다. 또한 마르크스에게 상품이라는 범주는 역사적으로 특수한 사회적 관계를 나타내는 것이지, 단순히 물건이나 사람, 토지나 화폐를 지칭하는 게 아니기 때문이다."[7]

** '구체노동'은 노동을 볼 때 그 유용성의 측면을 보는 것으로, 예컨대 쌀이나 옷, 집을 만드는 노동을 말한다. '추상노동'이란 노동의 가치량 측면을 보는 것으로, 예컨대 한 시간짜리 노동 또는 2인분의 노동과 같이 계량적 차원의 노동이다. 이 책의 핵심 관점이자 상품 물신주의 사회를 비판하는 '가치비판론'은 노동의 유용성 차원이 아니라 노동의 가치량 차원을 주된 분석대상으로 삼는다. 왜냐하면 자본 자체가 가치량의 무한 증식을 추구하는 사회적 관계이기 때문이다.— 옮긴이

의 사회관계는 구체노동이 지닌 무한한 다양성에 의해 만들어지지 않는다. 오히려 노동 일반 내지 사회적 노동 일반에 의해 규정된다. 이 노동은 질적 차원에서 추상노동이며, 사회적으로 평등하면서도 그 양을 계속 늘려야 한다는 의미에선 물신주의 메커니즘에 종속되어 있다고 봄이 마땅하다. 이런 조건 아래 사회관계 형성은 가치 교환의 전제가 아니라 **결과**로서만 일어나기에 **매우 더디게** 이뤄진다.

따라서 추상노동을 중심으로 생산이 조직되는 곳이라면 어디서나 사회관계가 인간적 자율성이 제거된 채* 소외된 방식으로 형성된다고 할 수 있다. 반면 자본주의 이전의 사회에서 노동은 (전혀 다른 방식으로 형성된) 사회적 관계에 종속되어 있었다. 이렇게 볼 때 "사회적 종합"은 크게 두 가지 중요한, 서로 상반된 형태로 이뤄진다고 할 수 있다. 하나는 선물의 교환(이 교환의 목적은 사람 사이의 유대 형성이다)에 의해서, 다른 하나는 등가물 교환에 의해서다. 후자의 경우 인간적 유대(관계) 형성은 익명의 시장에서 상호 독립적인 생산자(또는 소비자)들이 우연히 만남으로써 이뤄진다.

반면 선물은 이렇게 묘사될 수도 있다. 즉, 선물이란 노동과 그 산물이 (노동 참여자들의 "등 뒤에서") 독립적 매개를 구성하는 게 아닌, 보다 직접적인 사회 조직화 과정의 한 형태라는 것이다. 이

---

* 이런 까닭에 물신주의 사회를 제대로 분석하려면 (그 어떤 **"방법론적 개인주의"**보다) 뒤르켐 등의 방법론적 종합주의methodological holism가 진실에 더 가까이 다가갈 수 있다. 물론 이 방식은 특정 역사적 구성체에만 해당하는 것을 보편적 존재론으로 설명한다는 점이 큰 한계다.

렇게 선물은 직접적 사회관계에 다름 아니다. 이는 원래 선물이란 것이, (자본주의 상품의 속성처럼) 자기들끼리 움직이는 사물 사이의 연결에 지배되는 사회관계가 아니라는 이야기다. 따라서 선물은 단순히 물건이 아니라 관계다. 이는 그 이론가들이 부단히 강조하는 바이기도 하다. "우리는 이렇게 말할 수도 있겠다. 선물은 **선험적으로** 하나의 종합적 사회관계를 넌지시 드러낸다. 따라서 선물을, 그 맥락을 제거한 채 오로지 그 구성인자들로 축소·분해하는 것은 부질없는 짓이다."[9]

이어 중요한 것은 이른바 "경제주의", 즉 모든 인간 활동을 단순히 경제적 차원으로만 이해하는 경제주의 입장이 그 자체로 이론적 오류라 할 수는 없다는 점이다. 왜냐하면 자본주의 사회가 실제로 그렇게 움직이기 때문이다. 그렇다. 오로지 자본주의 사회에서만 경제주의가 지배한다. 즉, 이 경제주의는 인간 존재 일반이 갖는 만고불변의 진리가 아니다. 따라서 그게 옳다며 굳이 옹호할 일은 더욱 아니다. 인간 행위를 모두 경제적 차원으로 복속시켜 이해하는 것이야말로 자본주의 사회가 가진 속성이다. 당연히 이런 관점은 변해야 하고 또 변할 수 있다. 동시에 중요한 점은, 이 "경제주의"의 중심성, 그리고 근대사회에서 보다 일반적으로 나타나는 "물질만능주의" 현상은 오로지 '추상노동의 자립화 과정'[*]에 의해서만 설명될 수 있다는 것이다.

그런데 모이쉬 포스톤의 관점에는 약간 지나친 면이 있다. 그 자신이 재구성한 마르크스 이론을 실제 마르크스의 이론 구조라고 착각한 부분이다. 사실 마르크스의 이론을 그 자체로 꼼꼼히 들여다보면, 나중에 "정통" 마르크스주의 노동운동의 이론적 기초가 된 요소들 **또한** 상당수 포함하고 있음을 알 수 있다. 포스톤이 인정하는 것보다 훨씬 더 많은 면에서 그렇다.

마르크스의 가치 이론-가치, 추상노동, 물신주의

독일의 로베르트 쿠르츠가 《크리시스》나 《엑시트!》에서 제시한 "가치비판론"에 따르면, 마르크스의 저작들에는 크게 "노골적exoteric" 부분과 "내밀한esoteric" 부분이 있다. 전자를 대표하는 것은 계급투쟁 이론이나 노동(자) 해방 이론이다. 그런데 이 부분은 (의도치 않게) 결국에는 (특히 자본주의가 전근대적 요소들을 많이 안고 있을 시기에) 자본주의 현대화(근대화)에 실질적으로 기여한 면이 있다. 후자를 대표하는 경우는, 특히 『자본』 앞부분에 나오듯 상품 사회의 핵심을 분석하는 부분이다. 노동의 이중성 이론과 가치 이론이 그것으로, 가치 이론의 골자는 (노동의 이중성 중에서도) 추상노동이 가치 및 화폐로 표현(재현)된다는 점이다.

여기서 마르크스가 말한 가치value는 단순한 "경제적" 범주와

---

* 추상노동의 자립화란 추상노동이 (구체노동과는 독립적으로) 자기 동력에 의해 무한 증식을 반복적으로 행하려는 경향을 가리킨다. 쉽게 말해, 구체노동의 차원에서는 밥을 짓고 옷을 만들고 집을 만들면 욕구나 필요 충족이 어느 정도 이루어져 그에 만족한다. 하지만 추상노동 차원에서는 옷이나 집을 만들더라도 가치량을 무한 증식해야 한다는 목표 때문에 구체적인 인간의 욕구나 필요와는 무관하게 스스로 증식하려는 식으로 자립적 운동을 하게 된다.─옮긴이

는 거리가 멀다. 사실 부르주아 경제학의 선구자인 애덤 스미스(1723~1790)나 데이비드 리카도(1772~1823) 같은 이들도 이미, 노동이 "가치"의 핵심이라 보았다("노동가치설"). 하지만 마르크스가 이들과 결정적으로 다른 건 마르크스는 가치를 결코 중립적이고 자연적이며 순수한 어떤 것으로 보지 않았다는 점이다.*
가치 또는 화폐로 표현되는 것은 노동의 구체적 측면(구체노동)이 아니라 그 추상적 측면(추상노동)이다. 달리 말해, 그것을 생산하는 데 들어간 시간의 길이를 말한다. 결국 한 상품의 가치를 결정하는 것은 바로 이 추상노동이다. 예컨대 탁자가 하나 있다 치자. 이 탁자의 가치를 형성하는 것은 그 탁자의 유용함이나 아름다움이 아니라 그 부품과 전체를 만드는 데 들어간 시간이다.

따라서 추상노동은 이미 그 정의definition 자체에 생산물의 내용에 대한 무관심을 내포한다. 즉, 추상노동은 오로지 생산물의 수량과 그 증대(축적)에만 관심을 갖는다. 개인의 삶이나 인간 전반의 삶을 바로 이 축적 메커니즘에 종속시키는 것, 그것도 그 자체를 전혀 의식하지 못한 채 마치 자동인형처럼 그렇게 하는 것, 바로 이것이 마르크스에 의해 논의된 "상품 물신주의"다.**

그런데 이 "물신주의"는 흔히 생각하는 것처럼 단순한 신격화나 베일 같은 것이 전혀 아니다. 물신주의를 제대로 이해하려면 인류학적 차원에서 보아야 한다. 즉, 이 말이 탄생한 기원을 찾아

---

* 나아가 등가 교환에 대한 마르크스의 비판은 만일 그것이 암묵적으로라도 다른 형태의 교환들(예를 들어 선물, 증여, 재분배)과 대조되지 않았다면 별 의미를 지니지 못했을 것이다.

보는 것이 중요하다. 물신주의는 사람들이 스스로 만든 특정 사물(토템)에 집단적 권위 내지 권력을 부여한 것에서 비롯된다. 그 이후 사람들은 (그 사물이 막강한 힘을 갖고 있기에) 그 사물에 스스로 종속된다. 마침내 오늘날 상품은 단순한 심리학적 의미가 아니라 전적으로 객관적인 의미에서 현대인들이 자기 삶을 영위해나가는 구심점이 되었다.

이렇게 가치가 자립화하는 것, 그래서 또한 경제적 합리성이 자립화하는 일은 오직 자본주의 사회에서만 일어난다. 곧 마르크스가 "상품-화폐-상품" 공식을 뒤집어 "화폐-상품-화폐"로 말하는 것이 바로 이것으로, 자본주의 사회의 경제적 합리성은 곧 가치이며 이 가치 공식은 "화폐-상품-화폐"로 요약된다. 따라서 자본주의 사회에서 재화나 서비스의 생산은 결국 일정한 양의 돈을 더 많은 돈으로 전형轉形하기 위한 수단, 즉 "필요악"(마르크스)에 불과하다. 그 결과 모두들 자본주의의 특성이라고 하는 "생산력주

** 로베르트 쿠르츠는 이 개념을 다음과 같이 요약한다. "물신주의는 마침내 자기목적적(재귀적)으로 되었다. 그리고 바로 그 때문에 추상노동을 하나의 기계로 구성해낸다. 이 기계는 (다른 좋은 목적을 위해 사용되는 게 아니라) 스스로를 목적으로 삼는다(즉, 추상노동은 자동기계처럼 오로지 더 많은 추상노동의 생산을 그 존재 목적으로 한다). 따라서 물신주의는 더는 자신을 사용가치 속으로 '소멸시키지' 않는다. 그 대신 자신을 화폐의 자율 운동 형태로 표현한다(오로지 돈벌이만 중시하는 현대인의 모습이 그 표상이다). 이 **화폐의 자율 운동**이란 곧 추상노동(내지 죽은 노동)의 양을 더 많은 추상노동(내지 죽은 노동)으로, 따라서 잉여가치로 전환해내는 과정이다. 이는 결국 화폐의 재생산과 화폐의 자아성찰이 둘어 반복적 운동에 다름 아님을 말한다. 이런 형태와 과정 모두가 마침내 (근대적) **자본**을 구성한다."[10]

파국이 온다

의"가 (그리고 성장중독증까지도) 탄생할 수밖에 없는 것이다.

이런 맥락에서 "가치"는 결코 사회생활의 특정 영역에 국한되지 않는다. 오히려 거의 칸트적 의미에서 일종의 **선험적 형태**라고 해야 옳다. 달리 말해, 상품 사회에서는 모든 것이 일정량의 가치로 인식됨으로써만 존재하게 된다. 그리고 그 결과, 만물이 일정량의 화폐로만 보인다. 모든 것을 가치형태로 바꾸는 것, 이것이 인간과 세상 사이에 보편적 매개자인 양 끼어드는 셈이다. 또다시 칸트 식으로 말해, 가치야말로 자본주의 사회의 포괄적 "종합 원리"처럼 되어버렸다.

이 점은 (가치비판론의 시각에 있는) 우리로 하여금 "역사유물론"의 초역사적 유효성 명제를 부정하게 한다. 동시에 (그 역사유물론이 이야기하는) "토대"(경제)와 "상부구조" 간의 대립·모순 역시 거부하게 만든다.*

우선, 상품 물신주의는 하나의 근대적 현상이다. 즉, 그 이전 사회들은 다른 형태의 물신주의에 기초해 있었다. 물론 고대사회나 중세사회에서도 인간 노동은 주어진 사회질서(노예제나 봉건제)에 종속되었다. 그리고 무엇보다 기존의 사회적 위계질서를 유

---

* 앞서도 말한바 가치비판론의 관점은 "마르크스가 정말 무엇을 말했는지" 또는 말하려고 했는지에는 크게 관심을 두지 않는다. 경우에 따라서는 마르크스의 저작들에서 우리의 해석과 충돌하는 구절이 얼마든지 나올 수 있다. 일례로는 경제적 합리성의 보편성과 연관해서 그렇다. (그런 훈고학적 논쟁에 우리 스스로 집착하는 대신) 우리의 가치비판론이 의도하는 것은 가장 획기적으로 중요한 마르크스의 직관 및 통찰을 찾아내고 그 개념적 **핵심**을 더 정교하게 설명해내는 것이다.

지하는 데 봉사했다. 하지만 그 시절에는 노동이 자립적 동력을 행사하지 않았다. 여기서 자립적 동력이란 노동이 자신을 스스로 변형해 무한 축적의 시스템을 지속적으로 만들게 하는 그것이다. 노동이 자립적 동력을 행사하게 된 것은 비로소 자본주의 사회에 와서다. 그리하여 이 무한 축적 시스템은 일종의 동어반복적 모습을 띠는데, 이는 한편 죽은 노동을 축적하는 과정(자본→더 많은 자본)으로, 또 한편 산 노동을 재생산하는 과정(노동력→더 좋은 노동력)으로 나타난다.

이제, 완전히 발전된 상품 사회에서도 "경제의 선차성primacy"에 관한 의구심은 있을 수 없다. 마침내 가치가 "총체적 관계 양식"으로 정의되고 있기 때문이다. 그리고 바로 이 부분이 마르크스(가치비판의 대표자)와 모스(선물 이론의 대표자) 사이의 간극을 메우게 한다. 보다 일반적인 용어로 말해, 질보다 양을 중시하고 동시에 내용보다 형식을 중시하는 이 논리(가치 논리)가 오늘날 상품 사회에 사는 우리 삶의 모든 수준을 지배한다. 심지어 이 상품 사회에 사는 한 우리가 아무리 고요한 곳에서 내면의 휴식을 취한다 해도 이러한 가치의 지배로부터 자유로워지기 어렵다.

그런데 이 상품 형태는 독일 철학자 알프레드 존레텔(1899~1991)이 말한바 일종의 사고思考 형태이기도 하다.[11] 고대사회 이후로, 특히 중세 말기 이후로 추상적 시간이라는 개념과 마찬가지로 추상적이고 수학적인 사고가 화폐 및 상품 경제의 결과이자 전제가 되었다. 다시 말해 오늘날 자본주의 사회에서는 "토대"에서 비롯되는 것과 "상부구조"에서 비롯되는 것을 구분할 길이 없다.

가치와 비非가치의 변증법

그러나 가치비판론이 항상 "일원론적" 원리에만 주목한다고 말하면 그건 틀린 이야기다. 즉, 현대사회가 완전히 가치에 의해서만 결정된다고 보는 것, 따라서 등가물 교환에 의해서만 결정된다고 보는 것은 문제다. 그렇게 되면 선물의 공간이나 계산될 수 없는 활동의 공간은 전혀 남아 있지 않게 된다. 사실 (사람들이 각기 자신의 경제적 이해관계에 의거해서만 행위를 한다는) **호모 에코노미쿠스** 같은 인간관 역시(이것이 보다 세련된 모습이기는 하지만) 여전히 그 이론 안에 있다. 물론 가치비판론은 치열한 이론적 발전 과정에서 그런 개념(특히 자본주의로부터의 그 어떤 긍정적 출구도 생각지 못하게 하는 개념)을 재빨리 극복한 바 있다. 요컨대 가치는 비非가치와의 변증법적 관계 없이는 존재하지도 않고 존재할 수도 없다. 여기서 이 관계는 필연적으로 적대적 성격을 띤다.

역사적으로 보면, 오랫동안 상품생산은 단지 특정 지역에서만 일어났다. 일정한 테두리 내로 제한되었던 것이다(일례로 양모 산업을 보라). 상품이 아닌 다른 것의 생산은 전혀 다른 법칙을 따랐다. 왜냐하면 이것은 가내 생산에 기초했고 또 곧장 사용되었기 때문이다(노예나 농노를 생각해보라). 그러나 자본주의가 역사적으로 확장되면서 상품생산 역시 삶의 다른 영역들로 점차 확대되었다. 19세기가 경과하는 동안 상품생산은 모든 산업 영역에서, 심지어 농업 영역에서도 이뤄진다.

20세기가 되면 자본주의의 상품생산은 일상생활의 재생산 영역까지, 게다가 "서비스"라는 형태로 침투해버린다. 이제는 식품

가공업이나 어린이 및 노인 돌봄 서비스까지, 문화 산업이나 심지어 심리 치료업까지 등장하면서 죄다 상품 영역으로 변해버렸다. 즉, 가치 증식의 새로운 영역을 부단히 추구하는, 자본의 상시적이고 충족 불가능한 필요(욕구)는 예전에는 "아무 가치도 없던" 그런 것들까지 모두 "가치의 영역으로 통합"해버렸다. 바로 이것을 사회의 "내적 식민화"라 할 수 있는데 (약소국을 식민지로 지배한) "외적 식민화"만큼이나 중요한 역할을 해왔다. 그것이 중요한 이유는 가치 생산의 고유한 경향성 때문이다. 자본주의의 상품생산이 경쟁적으로 이뤄지다 보니 그 효율성(생산성, 경쟁력) 향상 과정에서 각 상품 단위당 "포함되는" 가치의 양이 감소하고, 따라서 가치 생산의 총량도 서서히 줄어드는 경향이 나타나는데, 이 지속적 감소 경향은 인간의 산 노동을 기술로 대체한 결과다. 인간의 산 노동이 상품가치의 유일한 원천인 한, 기술 경쟁은 결국 가치 감소 경향으로 이어진다. 그런데 이 과정, 즉 아직 가치 영역에 종속되지 않았던 분야를 "가치 영역으로 통합해내는" 과정(상품화 과정)은 모두 끝나지 않았다. 이는 자본주의가 종식되지 않는 한 끝날 수도 없다.

한편 이 모든 상품화 과정의 승리는 대부분 '피로스의 승리 Pyrrhic Victory', 곧 너무 많은 희생을 치르고 얻은 승리에 불과하다. 아직 상품화하지 않았던 영역을 점령하고 파괴함으로써 자본은 일시적으로나마 자신의 경제적 문제를 해소할 수 있다. 그러나 바로 그것이 사회적 차원에서는 스스로 자신의 토대를 파괴하는 꼴이 된다. 상품 논리는 애초 그 내용이나 결과에 대한 무관심에 기초하기에 그 자체로는 생존 가능성이 없다. 사실 어떤 사회도 상품 논리만으로는 지탱되기 어렵다. 왜냐하면 그 결과가 극단의 혼란complete anomie 상태일 것이기 때문이다.

따지고 보면 삶에 필요한 많은 활동(아이 교육, 사랑하는 일, 서로에 대한 신뢰 등)이 상품 논리 안에서는 이뤄질 수 없다. 상품 논리란 곧 등가물의 교환에 다름 아니기 때문이다. 마찬가지로 그런 활동은 (일반적 사업이나 금융 영역처럼) 계약 관계로 이뤄질 수도 없다. 요컨대 상품 논리가 제대로 작동하고 나름의 재미를 보기 위해서라도, 비非상업적 기준으로 움직이는 다른 사회 활동 영역들이 존재해야 한다.

그러나 동시에, 상품 사회의 맹목적 물신주의 논리는 ("자본가 계급"이라는 거대 주체의 전략이 아니라 오히려 그 자신의 동력에 의해) 궁극적으로 이런 공간을 소멸로 내몬다. 이런 면에서 가치란 점점 더 커지는 어떤 "실체substance"라기보다 오히려 일종의 "공허nothing"라 할 수 있다. 이 공허는 삶의 구체성을 먹고살며 그것을 지속적으로 소비한다. 그동안 부르주아 사상만이 아니라 대부분의 마르크스주의조차 이 가치를 자연스러운 사실로 수용하고 그 가치의 이름으로 주장을 펴온 반면("모든 가치를 창조하는" 노동계급의 영광!), 우리 가치비판론의 입장은 그것을 역사적으로 파괴적이고 부정적인 형태라고 파악한다. 만일 자본이 정말로 '모든' 것을 가치형태(노동, 상품, 화폐 등)로 바꾸는 데 성공한다면 아마도 이 성공은 바로 그 자신의 종말을 뜻할 것이다.

이런 맥락에서, 엄밀히 따져보면 가치란 세상 모든 것을 집어삼킨다는 의미의 "총체성totality"은 아니다. 오히려 가치는, 실제로 모든 것을 그렇게 만들 수는 없지만 모든 것을 자기처럼 만들려는(가치화) **경향**이 있다는 의미에서 그 자체로 "전체주의적 totalitarian"이다. 결국 총체성이 존재한다면 그것은 오로지 "붕괴된 총체성broken totality"으로만 존재할 것이다.

따라서 가치비판론의 입장은 경제주의를 비판하는 다른 접근 방식들보다 훨씬 더 나아간다. 왜냐하면 가치비판론은 경제주의의 근본 원인까지 명쾌하게 설명해내기 때문이다. 실은 최근의 경제성장 비판론조차 가치에 내재하는 동태적 메커니즘이나 그것이 불가피하게 초래하는 위기를 분석하는 데 실패하는 경우에는 별 의미를 갖지 못한다.[12] 반면 우리의 가치비판론은 지난 수십 년간의 중대한 위기를 오래전부터 예측해왔는데, 그 근거는 (현대 자본주의의) 가치 증식 시스템이 지닌 내적 한계가 이미 왔다는 것이었다. 이 부분은 가치비판론의 핵심 중 하나이기도 한데, 오늘날 우리는 바로 이 예측이 대체로 적중했음을 확인하고 있다.

가치가 지배하는 사회에서 이뤄지는 '그림자 노동'

우리는 가치비판론이 선물 이론과 일부 유사점을 가진다고 보는데, 그것은 다음과 같은 의미에서다. 현재의 자본주의 사회에서도 우리네 삶은 아주 다양한 측면(아이 양육, 사랑 나누기 외에 생태 운동, 이웃과의 친교 등)이 있다. 이 다양한 측면이 없다면 우리의 삶은 도무지 불가능할 것이다. 그런데 바로 이 다양한 측면은 대부분 등가물 교환이라는 형태로 작동하지도 않고 추상노동의 수량으로 측정될 수도 없다. 나아가 그것을 만드는 이들의 물

파국이 온다

질적 이해관계에 직접 봉사하는 그런 것도 아니다. 한마디로, 이 모두는 비非가치다. 한편 가치는 비가치가 존재하기 때문에, 그 덕에 비로소 "작동할" 수 있다. 그 결과 우리는 "가치의 그늘" 내지 그 "숨겨진 얼굴" 같은 표현을 쓸 수 있다(이반 일리치는 이를 '그림자 노동'이라 했다). 이것은 마치 우리가 달의 그늘진 부분을 보는 것과 동일한데, 이 그늘은 비록 우리가 눈으로 직접 볼 수는 없지만 그럼에도 불구하고 거기에 존재하는 것이다. 나아가 그것은 우리 눈에 보이는 부분만큼이나 크다.

그러나 가치비판론은 선물 이론가들에 비해 동일한 통찰 내지 동일한 분석으로부터 별로 낙관적인 결론을 끌어내지는 않는다. 가치비판론의 관점에서는 (선물 이론과 달리) 아직 비非상품화한 영역을, 승리한 상품 논리의 발아래 놓인 대안적 논리로 간주하지 않는다는 이야기다. 또 비상품화 영역은 그 자체로 비상품 사회(대안 사회)를 위한 출발점 형성의 동력이 될 수도 없다. 또한 상품 사회의 주변부에서 어떤 대안을 시도할 수 있는 근거지가 생겨나는 것도 아니다. 요컨대 상품 사회에서 비상품 영역이 존재할 수 있으려면 그것은 오로지 종속적이고 불구화한 영역으로 남아 있어야 한다. 즉, 비상품 영역은 결코 자유의 영역이 아니다. 그것은 차라리 상품 영역에 의해 경멸을 당하면서도 상품의 화려한 세계를 위해 봉사해야 하는 필연성 때문에 존재하는 영역에 불과하다. 이런 의미에서 비상품 영역은 가치의 대항물이 아니라 오히려 그 전제다. 그리하여 가치의 영역과 비가치 영역은 함께 가치 사회, 즉 자본주의 상품 사회를 형성한다.

가족생활이나 이웃과의 협력과 같은 비상품화한 활동이 비록 가치 논리의 역사적 산물은 아닐지라도 가치 영역에 지속적으로 흡수되어왔고, 그리하여 이제는 단지 부차적 힘으로만 겨우 존재한다. 따라서 이것이 그 자체로 하나의 "다른" 현실을 구성하기는 불가능하다. 즉, 비상품화 영역은 최소한 현재로서는 상품화에 대한 저항의 기초라 하기 어렵다. 그들은 "비非소외 잔여지"(테오도어 아도르노)도 아니요, 상품화로부터 자유로운 공간도 아니다. 좀 더 자세히 보면, 그들 역시 물신주의 사회의 특징들을 지니고 있기도 하다.

일례로 아무 보상 없는 가사노동을 행하는 여성은 가치를 생산하지도, 가치를 받지도 않는다(물론 통상적 의미에서 경제적 측면을 보면 그렇다는 말이다). 그럼에도 그녀는 가치가 지배하는 사회의 일부분으로서 존재한다. 그녀는 "그림자 노동"을 책임지는데 사실 이것이 없다면 가치 생산 시스템은 정상적으로 작동하기 어렵다. 물론 그녀의 그림자 노동 자체는 아직 가치형태에 종속되지 않았지만 말이다. 전통적 의미의 주부는 단지 간접적으로만 가치 영역에 접근할 수 있다. 예컨대 그 남편의 노동력을 매일 재생산하는 활동을 조직함으로써, 또는 미래의 노동력을 낳고 키움으로써.

직접적 가치 생산으로부터 "떨어진" 이 영역은 그러나 다른 규칙을 따른다. 즉, 가사노동이 이른바 "경제적 착취" 개념, 다시 말해 잉여가치 추출이라는 의미로 이야기될 수는 없다. 그럼에도 주부의 노동은, 전반적 가치 증식에 순기능을 할 뿐 아니라 필수 불가결한 것이기도 하다. 요컨대 가치 영역과 비가치 영역은 각기 서로의 존재를 위한 전제 조건이다.

주부의 사례는 우리의 논의에서도 매우 중요하다. 가치 영역과 비가치 영역의 구분은 상당 정도, 전통적 성별(젠더) 분업과 일치한다. 이미 중세 말기부터 시작된 상품 사회의 점진적 팽창은 (한편으로) 가치를 "창조하는" 노동과 (또 한편) 다른 필수적 활동의 분리를 내포했다. 여기서 가치란, 시장에서 비로소 (가격의 형태로) 실현되는 그 가치를 말한다. 그리고 다른 필수적 활동이란, "가치"라는 수량으로 표현할 수 없는, 따라서 "노동"이 아닌, 그러나 삶에 매우 중요한 활동(가사, 육아, 모임 등)을 가리킨다.

이렇게 표현할 수도 있겠다. 한편으로 가치의 지속적 축적이 있다. 이것은 단선적이고 역사적인 논리(가치를 만드는 추상노동에 토대하고 그 수량의 증가만 중시하는 자본주의의 특수성)를 따르며 공식적 영역에서 일어난다. 또 한편에는 그에 필요한 노동력을 재생산하는 영역이 있다. 이것은 사생활 영역에서 이뤄지고 (상품 사회 속의 비상품화 영역이라는) 영원히 순환하는 논리를 따른다. 따라서 공적 존재가 되는 길은 오직 노동 영역에 참여하는 것뿐이며, 이로써 사회적 주체로서의 역할 수행도 가능하다. 반면 가정 영역은 그에 비하면 자연 상태에 가까운 특성을 띠며, 공식 역사의 외부에 존재하거나 모든 사회적 논란으로부터 비껴나 있는 것처럼 보인다.

또한 가치 영역은 전통적으로 남성의 영역이고 가정 영역은 여성 영역이라 할 수도 있다. 이때 여성들은 공식적 의사결정 권력으로부터 배제되어 있을 뿐 아니라 "주체"로서의 삶을 누릴 권리로부터도 배제되어 있다. 물론 이는 구조적 논리의 문제로서, (그 행위자의) 생물학적 성별 내지 젠더 문제와 반드시 결부되었다고는 볼 수 없다.

즉, 역사를 통틀어 보면 제법 많은 여성이 노동자나 대통령처럼 가치 영역에 직접 참여하기도 했다. 특히 지난 수십 년 동안에는 대규모로 그렇게 되었다. 그리고 다른 한편에서는 상당수의 남성이 (부자 가정의 하인이나 집사와 같이) 일상의 재생산과정에 참여해왔다. 이들은 여성들과 마찬가지로 그 고용주에 대해 개인적 종속 관계에 놓인다. 이는 계약에 의해 지배되는 시장에 익명적으로 종속되는 관계와는 다른 차원이다. 이런 남성 역시 여성과 마찬가지로, 공적 영역으로부터 배제되었다(일례로 선거권이 노동자에게 보장되기 시작했을 때조차 개별 가정 내의 하인들은 그 권리를 행사하지 못한 경우가 많았다).

남성적 "가치관"*은 가치 생산과 긴밀히 연결된다. 예컨대 자신은 물론 타인에 대해서도 마음을 독하게 먹는 것("강인한 정신"), 단호함과 판단력, 이성, 계산, 협상, 합의 같은 것이 남성적 가치관의 대표적 사례다. 반면 비상품 활동은 여성적 "가치관"과 연결된다. 예컨대 부드러움 내지 상냥함, 이해심, 감정, 선물, 무료 봉사 등이 그런 것이다. 물론 이 말은 여성들이 원래부터 이런 식이었다는 뜻은 아니다. 오히려 이 말은 현 사회 자체가 가진 편협성을 고발하는 것인데, 가치(상품) 논리의 공간에서 일정한 자리를 차지하지 못하는 그 모든 것이 죄다 "여성적인 것"으로 낙인찍힌다는 의미다. 물론 특히 오늘날은 남성이건 여성이건 상대편

---

* 이 경우("가치관")에만 우리는 "가치" 개념을 "행동 규범"이라는 통상적 의미로 쓴다. 다른 경우에 우리가 쓰는 가치 개념은 모두 "상품가치"라는 의미다. 물론 이 두 가지 다른 의미 사이에 일정한 연관성이 있는 것도 사실이다.

파국이 온다

의 모습을 얼마든지 띨 수 있다. 하지만 그조차 늘 상대방 스스로 지배적 가치관에 동화되면서 이뤄진다. 나아가 이들 영역이 단지 상호 보완적인 것만은 아니라는 사실 또한 명백하다. 자세히 보면 그 사이에도 위계질서가 존재한다. 실제로 꽤 많은 여성이 가치 생산이나 관리와 같은 남성 영역에 진출했으나 "여성적"이라 간주되는 활동은 여전히 "남성적인" 내지 "중요한" 일에 비해 열등한 것으로 취급된다.

상품 형태에 종속된 삶을 벗어던지기

바로 이 점이 독일의 로스비타 숄츠가 1992년 《크리시스》 12호에 글을 게재하며 그 제목을 "가치가 남성을 만든다Value Maketh Man"라고 붙인 이유다. 이 글에서 숄츠는 가치와 비가치(가치로부터 분리된 것) 간의 관계를 이론적으로 논의했다. 숄츠의 문제의식을 좀 길더라도 정리하면 다음과 같다.

가치가 자신의 것으로 흡수하지 못한 것은, 그것이 무엇이건 가치로부터 분리된다. 이것은 가치형태가 한사코 추구하는 총체성과 전적으로 충돌하는 지점이다. 이 점은 지금까지 가치비판론의 시야 밖에 있었기에 '언급되지 않은' 부분이다. 삶의 재생산에 관한 여성의 활동은 추상노동과 전혀 다른 그 뒷면을 상징한다. 여성운동이 종종 그랬던 것처럼 여성의 재생산 관련 활동을 '추상노동' 개념으로 포착하기는 불가능하다. 상당수 여성운동은 노동의 긍정적 측면(마르크스주의 노동운동의 일각에서 핵심 역할을 해온 것)을 이제는 여성 자신의 삶의 향상을 위해 사용하자고 주장한 바 있다. 사람의 다양한 감정, 복지, 환자나 장애인 돌보기, 에로스, 섹슈얼리티, '사랑' 등을 모두 골고루 포괄하는 (가치 영역과는 전혀 다른) 여성의 활동에는 '민간 기업'의 합리성(자본 합리성)에 반기를 드는 느낌, 감정, 태도 역시 포함된다. 자본의 합리성은 당연히 추상노동 영역을 지배한다. 따라서 이러한 여성 활동은 설사 그것이 실리주의적 합리성이나 프로테스탄트 윤리로부터 완전히 자유롭지 않다고 하더라도 추상노동에 반기를 들 수 있다.[13]

그렇다면 가치비판론의 입장은 이런 논의로부터 어떤 결론을 도출할 수 있을까? 예를 들어 "주부"에게 임금 같은 걸 주자고 주장하는 건 말도 안 된다. 왜냐하면 그런 논리야말로, 상품가치 내지 화폐로 표현되는 것만이 사회적 중요성을 띤다는 가치법칙의 함정이기 때문이다. 한편 일반적 가치 논리와는 분리된 "그늘 영역"(가사 노동)을 그저 일반적 경우와 "다르다"라는 명분 아래 긍정적 의미의 가치 증식을 시도하자는 것도 안 될 일이다. 크게 보면 같은 이유에서 선물의 영역을 상품의 영역과 **나란히** 조직화하는 것은 결코 쉽지 않다.[14] 그도 그럴 것이 자본으로 하여금 부단히 그 가치 증식의 영역을 확장하도록 만드는 것은, (일정한 정치적 수단으로 통제를 가할 수도 있는) 기업가들의 나쁜 의도가 아닌, 바로 자본 자체의 동력이기 때문이다.

이런 의미에서 자본은 본질적으로 선물의 영역이나 무상의 영역과 평화롭게 "더불어 살기"가 어렵다. 물론 가치비판론의 입장

파국이 온다

은 등가물 교환이나 계약 관계와는 전혀 다른 사회관계가 자본주의 사회 안에도 얼마든지 존재함을 잘 안다. 그럼에도 우리의 입장은 이런 사회관계가 지닌 해방적 잠재력이 올바로 실현될 수 있는 유일한 길은, 사회 전체가 추상노동과 단호히 단절할 때라고 말한다. 그것은 이 추상노동이 온갖 사회관계를 철저히 물신화하고 결국 제 스스로 독립적 지배력을 행사하는 형태이기 때문이다. 따라서 우리가 문제 삼는 것은 이 상품 시스템이나 그 내부의 구성원들이 "감사할 줄 모르고 배은망덕하다"라고 보는 식의 도덕적 차원이 아니다. 예컨대 "사업상의 협력" 같은 것을 충분히 이해하지 못하거나 제대로 인정해주지 않는다고 (자본의 냉혹함에 대해) 불평하는 이야기가 아니라는 말이다.

칼 폴라니의 지적처럼, 전前 자본주의 사회에서는 아마도 호혜와 재분배 그리고 시장 등 여러 메커니즘이 공존했을 것이다. 그러나 아무 규제도 없고 그래서 아무 거리낌도 없는 완전시장은 다른 교환 방식들을 죄다 파괴할 **수밖에 없다**. 시장 만능주의 사회에서는 노동의 화폐로의 전화(즉, 노동력 판매)와 그 결과로서 추상노동의 전면화(즉, 오직 돈벌이만 중시하는 사회)가 사회적 삶의 유일한 목적이 되어버리기 때문이다. 이렇게 시장 메커니즘에 의해 여타의 사회관계가 모두 파괴된 상태에서 다시금 사회적 건강성을 회복하는 일은 결코 쉽지 않다. 하지만 그럼에도 불구하고 사회적 건강성을 회복하려면 사회 전반이 변해야 한다. 그 핵심은 우리의 구체적 삶의 과정들이 상품 형태에 종속되어 있는 작금의 현실을 총체적으로 극복하는 것이다.

결론적으로, 가치비판론과 선물 이론은 둘 다 현대사회가 지닌 가장 위험한 측면에 막대한 관심을 기울인다. 여기서 가장 위험한 측면이란, 갈수록 더 많은 개인이나 집단이 이 사회의 "잉여superfluous"가 되고 있다는 점이다. 그렇게 되는 이유는 그들이 더는 "유용한" 존재가 아니기 때문이다. 이 "쓸데없다"라는 것은 당연히 실리주의 관점에서, 또 가치 증식의 관점에서 그렇다는 말이다. 언젠가 알랭 카예는 전체주의 체제를 거론하며 이렇게 말했다.[15] "쓸모를 기초로 구성되는 사회에서 잉여가 된다는 느낌보다 더 나쁜 것은 있을 수 없다." 그런데 노동에 기초한 현재의 상품 전체주의 사회야말로 갈수록 더 많은 사람을, 결국에는 인류 전체를 잉여로 만들고 있는 게 아닌가?

사정이 이러하니 추상노동 내지 가치의 치명적 법칙을 언급하지 않고 오늘날 인간 존재가 마치 기계 부품이나 일회용품처럼 취급당하는 사태(대체 가능성)를 설명할 길이 있겠는가. 따지고 보면, 바로 이 인간 존재의 대체 가능성이야말로 실리주의와 전체주의의 연결 고리가 된다. 따라서 이런 부분을 언급하지 않은 채 (최대 다수의 최대 이익을 추구한다는) 실리주의자들의 **단순한 환원론**reductio ad unum을 제대로 포착할 수는 없을 것이다. 그들은 인간이 느끼는 모든 즐거움이나 기쁨은 서로 비교 가능하며, 따라서 모두 질적으로 같다고 본다. 말하자면 사람의 행복감은 오로지 양적으로만 구분될 뿐 질적으로는 다른 점이 없다는 것이다. 그러니 그들이 이렇게 말하는 것도 무리는 아니다. "J. S. 바흐의 음악을 듣는 즐거움"과 "카망베르 치즈를 먹는 즐거움" 사이에 무슨 차이가 있을까?[16]

6

장클로드 미셰아의
'자본주의 비판'과 '좌파 비판'에 대하여

현 단계의 자본주의는 팽창인가 몰락인가?

어떤 논자들은 (시장경제와 민주주의의 결합으로도 널리 알려진) 자본주의가 여러 위기에도 불구하고 또다시 엄청나게 팽창하는 역사적 시기에 놓여 있다고 말한다. 그런데 또 다른 논자들은 이런 자본주의의 승리가 외견상 보이는 것과 달리 갈수록 세상의 모든 상황을 (하루가 멀다고) 불안정하게 만드는 맹목적 질주에 지나지 않는다고 본다. 어떤 경우건 확실한 것은 현재 우리가 예전 어느 때와도 전혀 다른 시기를 살고 있다는 점이다. 이 사실은 누구에게나 명백한데 물론 예외는 있다. 자본주의 비판을 오랫동안 자신의 본업으로 삼아온 이들이다.

1989년 "국가사회주의"의 최종 몰락이 결국 그와 연결된 마르크스주의에도 유사한 형태의 종말을 초래할 것이라는 지적이 있었다. 그도 그럴 것이 일군의 마르크스주의가 이른바 "노동자의 국가"에서조차 이런저런 방식으로 "가속화된accelerated 근대화"를 당면 과제로 여기는 등 그것과 긴밀히 연동되어 있었기 때문이다. 그리하여 이후의 과제는 명백히 새로운 사회비판, 예컨대 포스트모던 자본주의라는 식으로 정립되면서 기본 문제들이 재검토되고는 했다.

그러나 거의 아무도 예측하지 못했던 상황, 즉 이른바 중산층의 급격한accelerated 몰락이 기존의 자본주의 비판 방식에 재성찰의 색다른 계기를 제공했다. 여기서 기존의 자본주의 비판이란 자본주의가 불공정 분배를 촉진하고 환경 파괴와 같은 다양한 부작용을 불러온다며 질책하는 정도에 그친 것을 말한다. 달리 보자면 이런 비판은 자본주의의 존재 자체에 대해 근본 질문을 던지지 않는 비판 또는 그것이 우리에게 강요한 삶이 근본적으로 어떤 것인지 질문하지 않는 비판이었다. 특히 (선거를 중시하는) 투표함 트로츠키주의자, 네그리 학파, 다양한 시민운동 등은 사실상 별 의미도 없는 낡은 개념을 정통 마르크스주의로부터 끌어와서는 결국은 산업자본주의 사회를 좀 색다른 방식으로 관리하자며 호소했다.

그들 눈에 사회비판은 착취자와 피착취자, 지배자와 피지배자, 보수와 진보, 좌파와 우파, 선과 악 사이의 이분법으로 모아진다. 하늘 아래 새로운 게 없다! 그들에게 싸움의 전선은 언제나 같다. 그리하여 이제는 (새 시대의) 카를 마르크스가 "부도덕한 이윤"을 숙청하는 자가 되어 한창 언론의 각광을 받고 있다. 특히 2008년 이후의 미국발 세계 금융위기는 이런 식으로 세상을 설명하고 비판하는 방식이 힘을 얻도록 하는 데 완전히 새로운 동력을 제공했다.

좌파는 자유주의의 한 형태에 불과하다?

　다행스럽게도 시장자유주의와 "반反세계화" 운동(사회민주주의의 최신 버전) 사이의 대결(언론 플레이나 선거 투쟁 등이 매우 강조되던 국면)이 한창 진행되던 와중에 일각에서 다른 형태의 사회비판이 등장했다. 이들은 언론에 흔히 등장하는 구호나 쟁점 등에 얽매이지 않고 현 자본주의 사회에서 살아가는 주체(사람)들의 실제 상황에 초점을 맞췄다. 그러면서 좌파 내지 극좌파의 신화에 도전장을 던졌는데, 그 신화란 "노동자"나 "소수자" 운동이 그간 일궈낸 "성과물"을 원점으로 돌리려는 자본의 반격에 영웅적으로 저항하는 모습이다(즉 이들은 파업 같은 노동자 운동의 일시적 측면보다 복지사회가 가진 일상생활 측면을 비판적으로 분석해냈다). 사실 이들 새로운 비판은 서로 차이점도 있고 심지어 많은 면에서 대결도 하지만 이들의 공통점을 꼽자면 그렇게 정리된다.

　우선, 이런 식으로 현 자본주의 삶의 현실을 차분하게 짚어내며 비판하는 이들 중 주요 프랑스 논자만 꼽아도 제법 되는데, 뤽 볼탄스키, 세르주 라투슈("탈성장" 이론가들), 데니로베르 뒤푸어, 아니 르브룅, 하이메 셈프룬, 그리고 장클로드 미셰아 등이다. 이들이 기대고 있는 이론적 원천은 아주 다양한데, 예컨대 상황주의자 사상부터 라캉 식 심리분석까지, 또 초현실주의부터 생태주의까지 폭이 꽤 넓은 편이다.

그런데 이들 논자의 공통된 특징은 (우리의) 가치비판론 내지 상품 물신주의 비판이 했던 것, 즉 정치경제 비판을 기반으로 한 새 이론의 정립 노력은 하지 않았다는 점이다. 그렇다면 우리의 관점, 즉 가치비판론의 관점에서 그들의 전례 없는 사회비판들을 제대로 이해하자면 (그 중요성이나 한계점을 포함해) 과연 어떻게 봐야 할 것인가?

이런 점을 논하기 전에 우선 장클로드 미셰아의 이론을 몇 가지 측면에서 살펴보자. 그는 대학이나 언론에 소속되지 않은 독립적 이론가로, 특히 1990년대 중반 이후 갈수록 많은 독자층을 확보해온 인기 저술가다.[1] 장클로드 미셰아의 초기 저술은 조지 오웰과 "무지의 가르침teaching of ignorance"에 대한 것이었는데 이를 통해 그는 매우 독창적인 사회비판을 본격 개시했다. 무엇보다 그는 (자본주의 현실 비판만이 아니라) 좌파 전반에 대한 맹렬한 비판도 함께 쏟아낸다. 좌파에 대해 그가 특히 비판하는 점은, 대다수 좌파가 실제로는 "자유주의"에 지나지 않는다는 점, 그래서 진정한 반反자본주의 관점을 포기하고 있다는 것이다. 사실 그의 글들은 논박하기 어려운 관점을 포함할 뿐 아니라 고맙게도 "현시대의 종말"을 제대로 이해하는 데 필요한 새로운 시각까지 제시한다.

그러나 우리의 가치비판론 관점에서 보면, 미셰아의 분석조차 매우 논쟁적인 내용을 꽤 안고 있다. 어쩌면 바로 이 부분이 비판의 새로운 조건을 위한 좋은 신호인지 모른다. 즉, 그에 따르면 어떤 한 입장이 다른 것과 얼마나 가까운지 아니면 얼마나 다른지 분별하기 위한 잣대가 더는 불필요하다. 마찬가지로 어떤 지식인 그룹에 꼭 소속되어야 한다는 압박도 없고, "갑"에 대한 의견을 공유하는 사람은 반드시 "을"에 대해서도 같은 의견일 것이라는 필연성의 규칙 따위도 없다.

그러다 보니 전투적 좌파에게는 미셰아의 핵심 주장, 즉 "좌파"는 자유주의의 한 형태에 불과하다는 이야기가 일종의 '적기 赤旗'처럼 보일 것이다. 여기서 적기란 대개 공산당의 붉은 깃발을 경멸적으로 상징한다. 그러나 (우리의 관점에서 볼 때) 이 날카로운 관찰은 자본주의 역사를 파악하는, 사실상 핵심이기도 하다. 우리의 가치비판론 역시 (대부분의 좌파는 자유주의라는) 미셰아의 주장에 동의한다. 예컨대 나의 책 『상품의 모험』(2003)도 앞부분에서 이 점을 언급한다. 카를 마르크스는, 특히 자기 저작들의 "노골적" 부분(계급투쟁과 노동 해방 등을 강조하는 부분)을 통해 스스로 "근대화 이론가, '정치적 자유주의 성향의 반체제 인사'(로베르트 쿠르츠), 프롤레타리아트의 지도 아래 산업사회를 완성하고자 했던, 계몽주의의 한 대표자"가 되어버렸다는 것이다.[2]

미셰아는 정당하게도, 자본주의가 그 본성상 보수적이지 않다는 점, 그리고 부르주아 멘탈리티가 반드시 자본주의와 같지는 않다는 점을 강조한다. 무엇보다도 그는 '68운동' 이후의 진보·좌파 운동 상당수가 자본주의의 세련화capitalist modernisation에 기여해버린 데 대해 날카로운 비판을 제기한다. 가장 대표적인 비판 지점은 젊음에 대한 광신적 숭배, 유목적 생활방식, 무특성·무소속의 독립적 개인(가장 대표적 옹호자는 질 들뢰즈) 등이다.* 그는 여기서 "의심의 철학" 내지 "영웅 짓밟기" 등이 가진 모호성을 날카롭게 지적한다. 그러면서 오늘날의 교육이 초래한 황폐화에도 이목을 집중한다.

---

* 질 들뢰즈나 펠릭스 과타리는 여전히 많은 서클에서 최고의 '전복적 subversive' 사상가로 통한다. 하지만 우리가 보기에 그들은 1970년부터 1990년까지 어떻게 해방주의자들libertarians이 자유주의자들liberals로 변형되었는지 가장 전형적으로 보여준다. 그들의 주체적 의도가 무엇이건 그들은 (겉보기로는) 초超급진적 비판을 하는 엘리트였다. 그래서 일단은 기존 정치의 한계를 잘 넘는 듯했고, 68혁명 이후 사람들 마음속에 깊이 자리 잡은 근본 변화의 열망에 잘 "맞춰진" 것처럼 보였다. 그러나 그들의 입장은 마침내 "자본주의의 새로운 정신", 즉 포스트모던 자본주의를 위한 준비운동 정도인 것으로 판명이 나고 말았다. 실제로 뤽 볼탄스키와 이브 키아펠로도 책에서 이들을 곧잘 언급했다(*The New Spirit of Capitalism*, 1999). 그러나 들뢰즈와 과타리 사상이 행한 "(포스트모던 자본주의로의) 세련화" 역할을 제대로 확인해보려면, 이른바 **세컨드 라이프**Second Life(린든랩이라는 게임 개발사에서 만든 3차원 온라인 가상세계로, 독자적 경제 시스템과 린든달러 L$라는 통화를 갖고 있다.―옮긴이)라 불리는 가상현실 세계만 잘 봐도 된다. 사실 이런 종류의 "게임"은 최근 꽤 유행했다(그러나 그 자체는 누가 봐도 전복적이지 않았다. 심지어 교회, 정당, 다국적기업 등은 각자 고유의 공식 **아바타**까지 만들었다). 그리하여 그 게임은 앙티-오이디푸스 시대에 잘 적응한 포스트모던 주체들의 "경계 횡단" 욕망을 (적어도 풍문으로는) 대거 실현해 냈다. 즉, 영원한 노마디즘, 공간의 소멸과 제거, 어디로든 떠나는 즉흥적 여행, 언제 어디서나 자신의 젠더 선택하기, 나이 또는 나이 듦의 소멸과 제거, 죽지 않음과 공격당하지 않음, 짜증스러운 육체적 필요(먹고 마시고 자는 것)의 생략, 몹시 힘든 활동의 제거, 영원한 휴일과 축제 분위기…. 그러나 이 무한하고 철저히 "탈영토화한" 세계는 하나의 중요한 한계를 지닌다. 그것이 **퍼스트 라이프**First Life'의 현실세계를 지우지는 못한다는 점이다. 즉, 모든 것을 구매해야만 하고, 심지어 성기sexual organs 구입(처음에는 무료 아바타가 제공되지만 "실체 없는 신체"이기에 섹스에 별 도움이 안 됨)을 위해서도 돈을 내야 한다. 처음에는 현금(신용카드 포함)으로 가능했고 나중에

파국이 온다

동시에 미셰아의 입장은 이런 의미도 지닌다. 즉, 그의 계몽주의 비판은 늘 "해방의 새로운 프로젝트"라는 이름으로 전개된다. 따라서 이미 지난 과거 세계(러시아혁명, 현실사회주의 등)나 그 사회질서에 대한 추억 어린 동경 같은 것엔 무심하다. 사실 이런 동경은 일부 "반反산업사회" 비판 세미나 같은 데서 종종 등장하지 않던가. 따라서 미셰아는 생산력 성장이 생산관계를 해방적 방향

는 마치 기적처럼 다양하고 신기한 가상 방식으로 거래가 이뤄진다. 하지만 이런 세계에서는 길옆 빗물 통로 하나 제대로 낼 수 없고 생필품 생산을 위한 작업장 일도 불가능하다. 대신 이 세계의 기본 원리는 "서비스" 제공이다. 일례로 다른 아바타들에게 부동산 거래부터 성매매까지 알선한다. 공간의 소멸도 실제로는 상대적일 뿐이다. 물론 가상세계에서는 저가항공보다 세계여행도 더 빠르고 더 저렴하지만, 지구 그 자체는 변함없이 그대로다. 나아가 숙소를 찾고 무슨 재미있는 활동이라도 할라치면 린든달러(이 가상세계에서만 통용되는 돈으로, 매일 환율도 변함)를 사서 지불해야 한다. 이른바 공짜 욕망 놀이 역시 상대적일 뿐이다. 물론 다른 아바타를 괴롭히는 행위는 엄금이다. 그러나 상호 합의에 의한 관계 형성조차 언젠가는 그 대가를 지불해야 한다. 이런 점은 당초 그들이 "욕망 충족 기계"라며 환호할 당시엔 전혀 생각지 못한 것이다. 그러나 늘 이런 게 문젠데, 가령 어떤 계약을 체결할 때 (최종 서명 전에 자칫 간과하기 쉬운) "작은 글씨"로 된 특약 사항과 비슷하다. 이런 면에서 '세컨드 라이프'는 현대 자본주의를 지극히 정확하게 혹은 이해하기 쉽도록 표현한 데 지나지 않는다. 이미 일반화된 현대인의 삶까지 잘 표현해주는 걸 보면 말이다. 예컨대 인간과 동물의 가장 자연스러운 생물학적·육체적 한계가 소멸되거나 또 그런 와중에 전혀 새로운 한계가 사회적으로 등장한다. 사실 요즘에는, 가상현실이든 실제 현실에서든 60세에 아이를 낳을 수도 있고 성 전환도 가능하며, 심지어 얼굴 전체를 이식하는 수술도 할 수 있다. 그러나 늘 선불로 돈을 내야 한다. 어딘가에서 하루 좀 묵어가려 해도 마찬가지다. 외상이나 공짜는 결코 없는 법!

으로 전환해낼 것이라는 기존의 믿음을 맹렬히 반박한다. 동시에 그는 안토니오 네그리와 그 추종자들의 이론 속에서 그간 200년 이상 해묵은 환상의 아바타를 제대로 찾아낸다.[3]

끝으로, 미셰아의 최대 강점은 상품 사회의 수렁에 빠지지 않기 위한 도덕 개혁을 강조하는 것이다. 사실 이 부분은 여태껏 스스로 체제의 적이라 자부해왔던 이들조차 별로 논의하지 않았던 바다. 그 까닭은 도덕적 명령이라는 것이, 각 개인은 시스템으로부터 일부라도 탈출할 수 있는 개인적 노력을 얼마든지 할 수 있으며 따라서 (자신을 단순히 체제의 희생자로만 생각하지 말고) 가능한 한 그렇게 탈주해야 한다는 점을 기본 가정으로 삼기 때문이다. 미셰아에게 주된 영감을 준 미국의 크리스토퍼 래시(『나르시시즘 문화』의 저자)[4]의 작업과 마찬가지로 미셰아의 작업 또한, 특히 개인적인 것과 보편적인 것이 만나는 지점에서 그가 지닌 진정한 지혜의 향취가 풍긴다.

장클로드 미셰아의 한계 1 – 정치경제 비판에 근거하지 않는다

그러나 장클로드 미셰아의 이론은 최소한 두 가지 면에서 반론이 가능하다. 첫 번째는 그가 자본주의 사회를 올바로 이해하는 데 긴요한 정치경제 비판의 중심성을 인정하지 않는다는 점과 연관된다. 두 번째는(그에 대한 비판은 일정 부분 바로 이 문제에서 비롯하는데) 그의 사고 체계에서 "공동의 품위common decency"나 "민중the people" 개념이 중심적 위치를 차지하는 것과 연관된다.

파국이 온다

통상적으로 우리는 (생산력과 생산관계의 변증법으로 역사의 진보, 특히 자본주의 체제의 생성과 소멸까지 설명하는) "역사유물론"이 카를 마르크스 사상 내지 마르크스주의 일반의 주요 기둥 중 하나라고 알고 있다. 마르크스와 엥겔스가 자신들의 초기 저작 『독일 이데올로기』와 『철학의 빈곤』 등에서 다소 단순하게 정의한 최초의 개념에 대해 그 뒤로도 계속해서 더 깊은 논의를 전개하긴 하나, 이 역사유물론이 그들의 입장을 관통하는 건 사실이다. 미셰아 역시 이 부분을 언급한다.[5] 사실 역사에 대한 유물론적 설명은 기존의 모든 역사적 관점들과의 중대한 단절이었다. 그리고 이 역사유물론이 (심지어 마르크스 자신과 관련해서도) 늘 견지했던 어느 정도의 일방성은 불가피한 측면이 없지 않았다. 역사유물론은 완전히 새로운 관점을 전혀 흔들림 없이 관철하려 했기 때문이다.

그런데 후기 마르크스주의에서 마르크스의 이 작업은 화석화하는데, 이 화석화한 내용이 이제 자본주의의 기본 범주 **안에서** 움직이는 노동운동의 공식 이데올로기가 되었다. 여기서 화석화했다는 것의 의미는 그 어떤 도전이나 도발, 토론도 허용하지 않는다는 뜻이다. 이제 이 화석화 과정이 결국 그 원래의 독창적인 유물론적 통찰을 일종의 교조faith로 변형해버렸다. 이와 더불어 마르크스주의는 "부르주아 관념론"에 대한 비난에 집착하게 되었다. 하지만 미셰아의 생각[6]과 달리, 역사에 대한 유물론적 설명은 진보에 대한 믿음과 반드시 논리적으로 일치하지는 않는다. 실제로 마르크스도 인생 말엽에 이르러 진보에 대한 믿음에 회의를 품었고 공공연히 그 회의감을 말하기도 했다.

역사유물론은 "토대" 및 "상부구조" 도식과 잘 들어맞는데, 이에 따르면 한편에서 물질적 생산과 재생산 활동이 이뤄지고 다른 한편에서 그 외의 모든 인간 활동이 이뤄져 이들이 서로 인과관계를 맺으며 상호작용을 한다. 즉, 경제활동이야말로 언제 어디서나 인간 삶의 중심 자리를 차지한다는 것이다. 그렇지만 인간의 삶은 너무도 복합적이라 경제적 요인 외에도 다른 요소들(예컨대 언어, 심리, 종교 등)이 점점 더 명백한 중요성을 인정받게 된다. 그 결과 마르크스주의나 심지어 마르크스 자신도 "경제주의"라는 비난을 피할 수 없게 되었다. 나아가 애당초 마르크스에게 영감을 받았던 많은 지식인조차 분위기가 바뀐 탓에 어쩔 수 없이 마르크스주의를 "부차 학문auxiliary science"의 지위로 격하해야 했다. 여기서 '부차'라는 말은 그나마 아직은 (자본주의) 경제 메커니즘을 이해하는 데 마르크스주의가 일정 부분 도움이 된다는 의미, 그러나 현대인의 삶이 가진 복합성을 제대로 파악하는 데는 절대적으로 불충분하다는 의미다.

이제 우리의 가치비판론 입장은 토대와 상부구조 사이의 이분법과 근본적으로 단절한다. 그것도 이른바 "다원성"의 이름으로 단절하는 것이 아니라 마르크스의 물신주의 비판이라는 기반 위에 올려놓는 방식으로 단절한다. 상품 물신주의는 단지 허위의식이나 신화화를 가리키는 것이 아니라 (자본주의에서) 사회 존재의 전반적 형태, 즉 세상 만물이 상품으로 취급되는 현실 그 자체를 말한다. 그런데 이것은 물질적 (재)생산과 정신적 요소 사이의 분리 이전에 이미 존재한다. 왜냐하면 바로 이 상품 물신주의가 우리의 생각이나 행위의 형태를 결정하기 때문이다. 이 상품 물신

파국이 온다

주의는 다른 형태의 물신주의, 예를 들면 종교적 의식과 그 특성을 공유한다. 그래서 이는 일종의 **선험적인 것**a priori이라 할 수 있는데 칸트가 말한 존재론적 의미라기보다는 역사적 의미에서, 또 지속적으로 변화와 발전을 거듭한다는 의미에서 그렇다.

각각의 역사적 시기가 지닌 **일반 코드**에 대한 우리의 탐구는 또한 하나의 통합된 관점을 견지한다. 이는 후기구조주의나 포스트모더니즘 식의 세계 인식론에 의해 도입된 파편화 경향과는 대조적이다. 이 접근 방식의 발전은 그리 오래되지 않은 것이지만, 그 탐색적 잠재력에 관해서라면 이렇게 이야기할 수 있다. 즉, 이런 관점으로 역사를 다시 보면 14~15세기에 자본주의가 처음 출현했다는 사실이 더욱 뚜렷해진다.* 말하자면, 우리는 크게 보아 다음 두 사건 사이에 중요한 연관성이 있음을 알게 된다. 그 첫 번째 사건은 중세 내내 수도원 같은 데서 처음으로 노동을 긍정적으로 보았던 일, 또 "구체적 시간" 대신에 "추상적 시간"이 들어선 것(그래서 처음으로 시계를 만든 일), 나아가 다양한 기술혁신이 이루어진 것 등을 들 수 있다. 그 두 번째 사건은 총과 대포 같은 화기의 발명이다. 과연 이 두 사건은 어떻게 연결되는가?

사실 화기의 발명이란 초창기 국민국가들에 **막대한 돈**이 필요하게 되었다는 의미다. 그것은 기존의 생계경제subsistence economy, 즉 살림살이 경제를 화폐경제monetary economy, 즉 돈

---

* 미셰아 역시 이러한 "서구의 예외성"이 어떻게 등장하게 되었는지 설명하고자 하는데, 그는 그 기원을 17세기에서 찾았다. 너무 늦은 시기로 잡은 것이다.[7]

벌이 경제로 바꿔야 할 이유였다. 이런 배경을 제대로 이해하고 나면 이른바 "관념적" 요인(시간 개념, 노동윤리)과, 물질적 또는 기술적 요인들 사이에 그 어떤 위계나 순서를 정하기 어렵다. 마찬가지로 개별적 요소가 서로 단순히 만나는 것만도 아니다. 요컨대 추상화할 수 있는 능력과 계량화할 수 있는 능력이 바로 이 물신주의라는 **선험성**a priori 코드, 즉 의식의 일반적 형태를 만들어낸 셈이다. 만일 이러한 능력이 집단적으로 존재하지 않았다면 다양한 기술혁신이나 지리상의 발견 등은 역사적으로 실제 그랬던 것과 동일한 효과를 발휘하지 못했을 것이다. 그리고 그 역도 마찬가지다.

이렇게 역사유물론을 제대로 "지양"(헤겔 식 **지양**Aufhebung)하는 것은 결코 쉬운 작업이 아니다. 그렇다고 장기적 과업으로 설정한다고 될 일도 아니다. 불행히도 특히 1960년대 이후 유물론 교리를 완전히 거부하는 사회적 분위기로 인해 많은 사람이 기존의 딜레마를 해결할 대안을 찾아봤으나 결국은 "관념주의" 역사 해석으로 회귀하고 말았다. 미셸 푸코의 작업이나 (갑자기 등장한) 그의 "인식 체계epistemes", 해체주의 등이 그 예다. 이들은 단지 한창 유행하던 "담론"만 중시하는 경향을 보였다. 미셰아 역시 그 자신과 "역사유물론"을 확실히 구분하고자 안달하기도 했다.[8]

이렇게 해서(요컨대 14~15세기에 진행된 추상화 능력의 발전과 기술 발전의 결합으로) 자본주의와 자유주의 사회가 생겨난 것은 명백하다. 그도 그럴 것이, 누군가가 그런 사회를 한사코 꿈꾸어왔고 또 다른 누군가는 그 아이디어를 실행으로 옮겼기 때문이다. 미셰아에 따르면, 자본주의는 "**다른 무엇보다** 일종의 형이상학이다. 그리고 오직 이 형이상학을 실제로 경험해보려는 정치적 의지의 결과로 만들어져 결국 실제로 존재하게 된 시스템"이다.[9] 그는 또 말한다. "사실상 내 주장은 이렇다. 근본적으로, 근대사회를 심대하게 변형한 역사적 운동은 자유주의적 정치 프로젝트의 논리적 성취물(혹은 **진리**)로 이해함이 마땅하다. 17세기 이래 점진적으로 그렇게 되어왔다."[10] 미셰아의 시각에 따르면, 자유주의는 그것이 실행되기 이전부터 부단한 **모색의 과정**을 거쳤다. 그러고 나서 약 200년에 걸쳐 "서양의 정치 엘리트들"은 단호한 태도로 "범지구적 범위에서 그 자유주의 신조를 관철해내고자" 전력 질주 해왔다.[*11]

물론 자본주의 자체가 형이상학적 뿌리를 지닌다는 사실을 강조하는 것은 잘못이 아니다. 또한 그 찬양자들이 믿고 싶어 하듯 자본주의가 계몽주의에서 비롯된, 세계 정복을 위한 합리적 프로젝트에 그치지 않고 오히려 처음부터 모든 형이상학이나 종교를 초월해 그 너머에 존재한다고 말하는 것도 크게 무리는 아니다. 이 부분은 일정 정도 입증이 가능하다. 즉, 경제적 가치와 그 영구적 자기증식 운동이 오랜 옛날부터 내려온 신들(그 신들을 위해 희생양이 제물로 바쳐졌다)을 대체했을 뿐 아니라 그 가치(즉 노동, 자본, 화폐) 등이 모두 고대 형이상학에 직접 뿌리를 두고 있다는 점 말이다. 이는 오랜 옛날부터 상당 정도 그 자체가 명백히 종

---

* 오늘날 자유주의자들은 알렉시스 드 토크빌 같은 사상가들의 생각 앞에서 망설일지 모른다는 점을 짚고 넘어가자. 사실 토크빌 같은 사상가는 상당 부분 오늘날 완전히 자유로운 상품 사회가 초래하는 "부드러운" 전체주의라는 위험을 일찌감치 경고한 선구자적 면모를 풍긴다.

교적으로 통용되던 것들이 세속화한 결과일 뿐이다. 발터 베냐민은 바로 이 주제를 깊이 탐구한 선각자 중 하나다.[12]

그러나 미셰아는 이런 점에 대해 완전히 다른 해석을 내놓는다. 그에 따르면 자본주의 발생의 전제 조건들이 이미 여러 역사적 계기들을 거치면서 상당히 잘 구축됐다는 것이다. 그렇다면 자본주의는 "객관적 발전 정도에 따른 불가피한 결과"[13] 같은 게 아니다. 왜냐하면 아주 특별한 "정치적이고도 철학적인 여건" 또한 필요했기 때문이다.[14] 그럼에도 그는 특정 개인과 직접적으로 연관되지 않는 사회적 과정 등은 서술하지 않는다. 즉, 우리의 관점에서는 사회의 조직화 방식이 그에 대한 사상·논리와 함께 동일한 물신주의의 두 측면을 이루고 있다는 점이 중요하다. 그러나 미셰아가 이것 대신 제시하는 것은 특정한 철학(자유주의)뿐인데, 이 철학은 (그에 따르면) 현실을 새롭게 형성할 역량이 얼마든지 있었다. 그리하여 그의 이론은 이렇게 정립된다. 16~17세기 종교전쟁의 공포가 새로운 사회 건설이라는 자유주의 프로젝트로 이어졌으며, 이때 그 새로운 사회란 더는 개인들에게 착하게 살 것을 요구하지 않는 사회, 다만 특정한 규칙만 잘 준수하면서 각자 자신의 이해관계만 추구하는 사회다.

이 지점에서 문제가 하나 생긴다. 물론 종교의 이름으로 벌어진, 한 세기에 걸친 대학살극이 실제로 홉스나 스피노자 등의 철학이 탄생한 배경을 설명하는 데는 매우 유용하다. 하지만 종교전쟁이 끝난 이후에도 이런 식의 사고가 지속될 수 있었던 까닭은 설명하지 못한다. 그 전쟁들로 인한 트라우마가 계속 남아 있었다고 해야 할까?

그럼에도 불구하고 역사를 찬찬히 살펴보면 어떤 사상이나 이론은 그것을 가능하게 했던 맥락이 사라지면 급격히 움츠러든다는 것을 알 수 있다. 19세기 초 자유주의 사상이 들어와 비로소 처음으로 승리를 구가하기 시작했을 때 사람들 마음속에는 종교 전쟁보다 더 뜨거운 이슈가 많았다. 이에 대해서는 두 가지 설명이 가능하다. 하나는 당시 자유주의 사상이 자본의 "필요"와 "동일 선상에" 있었기 때문에 자본이 마침내 사회적 (재)생산의 지배적 형태가 된 이후 자유주의 사상 역시 승리를 거둘 수 있었다는 이야기다. 다른 하나는 사상 그 자체의 힘이나 "엘리트층"이 결정적 역할을 했다는 이야기다. 여기서 엘리트층이란 자유주의 사상을 (무력을 쓰건 속임수를 쓰건) 사회적으로 강제할 수 있었던 이들을 가리킨다. 그런데 이 두 번째 설명 방식은 자본주의를 (사악한 주인들이 선한 민중을 상대로 벌이는) 영원한 음모 같은 것으로 보는 관점이며, 미셰아는 이런 "음모 이론들"을 명시적으로 거부한다. 그러나 여기서 곰곰 생각해볼 것은 그가 역사를 말할 때 무대 뒤에서 벌어지는 사건들을 개념화하는 부분에선 이런 음모론이 슬그머니 끼어든다는 점이다.

그가 강조한 사상의 역할 부분에 대한 반론 역시 그가 기술중시론에 대해 썼던 바와 같은 논리를 적용할 수 있다. 예를 들면 미셰아는 사상이 구소련의 형성 과정에 대단히 중요한 요소였다고 말했는데, 사회사상이 "인간(성)을 과학적으로 조직하는 [⋯] 프로젝트"[15] 역할을 한다는 것이다. 그런데 그는 기술적 발명의 결정적 역할을 강조하는 이들(물론 이들은 마셜 매클루언처럼 마르크스주의 색조를 띤 사람들만은 아니다)에 맞서 다음과 같이 지극

히 정당한 주장을 한다. 즉, 증기기관과 같은 과학적 발명품 자체
는 이미 과거에도 빈번히 존재했다. 그러나 그것이 사람들에게 완
전히 수용되고 그 잠재력이 온전히 발휘되기까지는 상당한 세월
이 필요했다. 왜냐하면 그 기술들의 전반적 실현에 필요한 사회적
이고도 "심리적"인 전제 조건들이 충분히 갖추어져야 했기 때문
이다.

같은 논리를 미셰아가 강조한 사상의 역할에 적용하면 이렇게
될 것이다. 이미 매우 오랜 기간 동안 존재해왔거나 존재했을 수
도 있는 어떤 사상이 왜 특정 시점에 와서 갑작스레 그 역사적 역
할을 수행하게 되는가? 예컨대 (토머스 모어는 이미 1516년에 『유토
피아』를 쓴 바 있고) 톰마소 캄파넬라는 1602년에 집필한 『태양의
도시』에서 과학자와 목사 들이 자신이 말한 이상향인 "태양의
도시"를 운영하게 되기를 소망한 바 있다.

끝으로, 미셰아는 정당하게도 (프리드리히 엥겔스가 후기 작품에
서 그랬던 것처럼) 근대경제의 범주를 회고하듯 그것을 자본주의
이전 사회에 적용하는 방법론을 비판한다. 그러나 "역사유물론"
은 근대사회에서 출현했을 뿐 아니라 현재 우리가 살고 있는 사
회에 대한 진실을 말해주기도 한다. 즉, 자본주의 발전 그 자체는
직접적으로건 간접적으로건 인간 존재 전체를 경제법칙 아래로
복속시키는 데 성공했다. 그 방법은 경제구조의 전반적 작동에
필요한 생활 영역이나 이데올로기를 만들어내는 것이었다. 이로
써 역설적이게도 상품 전체주의the totalitarianism of the commodity
가 그간 마르크스주의에 의해 선포되었던 유물론materialism을
비로소 온전한 현실로 구현해낸 셈이다.

자본주의 경제의 규칙이 윤리적으로는 좀 불공정하지만 그래도 합리적이고 실용적인 프로젝트라는 점을 염두에 두고 보면 이런 관찰이 가장 진실성 있게 들릴 수 있다. 그런데 오히려 이 "합리적이고 실용적인" 부분이야말로 (자본주의가 드러내는) 비합리성과 자기파괴성의 진수 아니던가? 흔히 마르크스의 "경제주의"를 혹독하게 비난하는 이들은, 실제 자본주의 현실의 중대 결함인 "현실 경제주의"(돈만 중시하는 풍토)를 가까이서 들여다볼 때마다, 마치 그들이 마르크스 이론의 대단한 결함을 발견한 양 떠드는 경향이 있다. 그 결과 "경제주의"라는 목욕물과 함께 정치경제 비판이라는 아기가 통째로 버려지는 오류가 종종 나타난다. 하지만 보다 근본적인 사회비판을 위해서는 자본주의 사회의 기본 범주인 상품, 가치, 노동, 화폐, 자본, 경쟁, 시장, 성장 등이 오로지 자본주의 근대성에만 존재하는 것임을 통찰하는 게 결정적이다. 동시에, 바로 이런 범주가 자본주의 내 모든 사회생활에 필수불가결한 요소가 되었음을 인식하는 것도 중요하다.

　그럼에도 불구하고 지배적 **사상들**을 비판하는 것, 그리고 시스템이 본질적으로 사람들의 의식을 조작함으로써 작동한다고 믿는 것만으로는 매우 미흡하다. 미셰아의 말대로 "세상의 경제적 재현economic representation of the world"[16]을 제대로 비판하는 것은 가장 중요한 일임에 틀림없다. 하지만 문제는 단지 "재현", 즉 사람의 마음속에 오로지 경제가 최고 위치를 차지한다는 사실을 깨닫는 것이 아니라, 삶에 대한 "경제의 **실질적 지배**real domination" 자체를 전복하는 것이다. 왜냐하면 이것이 보통 사람만이 아니라 그것을 혐오하고 저항하는 사람까지 망가뜨리기 때문이다.

이른바 "반체제" 서클 안에서도 눈에 띄는 공통점이 있는데, 자본주의가 사람들의 동의를 잃어버릴 때에만 위기에 빠진다는 믿음이다.* 하지만 환경 위기를 생각해보라. 이 문제는 사람들의 의식과 경쟁적 현실 사이에 얼마나 완벽한 분리가 일어날 수 있는지 잘 보여준다. 즉, 한편에서 우리들 대부분은 환경 위기를 갈수록 잘 의식하고 우려를 표명함에도, 다른 한편에서는 우리 스스로 경쟁이라는 객관적 메커니즘의 힘에 못 이긴 채 매일같이 (환경 파괴적인) 일에 동참한다.

사실 주관적 동의의 중요성을 강조하는 이런 논리는 늘 우리를 (마르크스와 엥겔스의 공저)『독일 이데올로기』서문에 나오는 유명한 구절로 이끈다. 그것은 사람들이 중력 이론에 대한 동의를 버리지 못했기에, 즉 중력이라는 **관념**에 사로잡혀 있기에 물에 빠져 죽게 된다는 이야기다. 사실 이와 유사한 논리는 해체주의 이론에도 등장한다. 그에 따르면 (마음속) 재현만이 유일한 현실이기에, 인간 행위는 (그 유일한 가능태인) 재현의 영역에서만 볼

---

* 이 맥락에서 미셰아의 다음 주장은 의심을 살 만하다. "고도로 발전한 자본주의 시스템은 만일 다음 조건이 충족되면 한꺼번에(!) 망할 것이다. 즉, 사람들 각자가 무한한 경제성장이나 기술 진보, 그리고 부단한 소비라는 환상적 전망을 (당연한 삶의 방식 내지 자기-이미지의 토대라며) 지속적으로 그리고 대거 내면화하는 현재 모습을 중단한다면 말이다."[17] 반면 그는 지극히 바람직하게도 이런 주장 또한 한다. "우리는 시스템이 우리에게 보여주는 영화(쇼)를 자유롭게 비판할 수 있다. […] 그러나 우리는 그 대본 자체를 바꿀 권리가 전혀 없다."[18]

수 있다고 한다. 그런데 앞의 중력 관념과 익사자 이야기는, 원래 마르크스와 엥겔스가 당시 청년 헤겔주의자들(소피스트와 포스트모더니스트 사이의 실질적 연관 관계가 결여된 것)을 놀려주려고 그들의 신념이 그런 식에 불과하다며 비꼰 것이었다.

이렇게 미셰아의 주장이 정치경제 비판에 근거하지 않고 전개되다 보니(비록 그가 마르크스는 정치경제를 **비판했다고** 언급한다 할지라도) 결국 그는 주체 비판이나 노동 비판을 제대로 해내지 못한다. 물론 그는 현대인이 경험하는 비참한 주체의 모습에 대해 가슴 아픈 묘사를 곁들인다. 특히 젊은이들과 관련해 더욱 그렇다. 그러나 여기서조차 그는 단순한 이분법에 머물고 만다. 즉, 한편에는 자본의 자유 논리가 있고 다른 한편에는 주체들, 즉 "민중" 및 "민주주의"가 있다.

장클로드 미셰아의 한계 2 – '공동의 품위'와 '보통 사람들'에 관한 문제

이제 미셰아의 주장에서 주된 비판을 요하는 두 번째 논점으로 넘어가자. 물론 그가 분석적으로 논평하는 쟁점들은 대부분 맞는 이야기이지만 그가 제안하는 대안은 썩 확신을 주지 못한다. 그런데 이 점은 거의 필연적으로, (비판적 서술의 대상인) 온갖 사회적 악에 대한 "해결책"을 제시하려 드는 모든 이의 공통된 문제이기도 하다. 사실 미셰아 스스로도 자신이 "포퓰리즘"을 옹호하면 수많은 비판에 노출될 것이라는 점을 잘 안다. 그럼에도 불구하고 미셰아가 하듯 "포퓰리즘"을 비판하는 "나쁜 언론"에 정면 대응한다고 해서 포퓰리즘이 저절로 좋은 것으로 입증되지는 않는다.

우선 "인간의 기본 덕성은 대체로 〔…〕 여전히 보통의 서민층에서 발견된다"[19]라는 그의 주장은 수많은 경험적 관찰과 배치된다. 그는 조지 오웰과 마찬가지로 그 핵심 개념인 "공동의 품위"에 대해 명확한 정의를 내리지 않고 논의를 전개하는데 이것이 혹 있을지 모를 비판을 미연에 방지하기 위한 장치일 수 있지만, 내가 보기에는 역부족이다. 또 물론 "보통 사람들ordinary people"이 일상에서 최소한의 도덕적 정직성을 견지하면서 행위를 한다는 주장은 실제로도 구체적 사례로 증명된다. 그런데 이는, 명백히 발생하는 수많은 예외를 감안할 때 반드시 그런 법칙이 있다고 말하기는 어렵다. 나아가 이런 반문도 가능할 것이다. (나치가 합법적으로 권력을 장악하고 전쟁까지 일으킨) 1930년대 당시 독일인들의 "공동의 품위"는 과연 어디에 있었던 것인가? 아니면, 스탈린 시대 러시아인들은 어땠는가? 행여 다음과 같이 말하면 대답이 될 것인가? 당시 그 사회들은 각자도생이라는 근대 논리에 의해 사실상 이미 해체 상태였다고 말이다. 하지만 만일 이런 설명이 옳다면, 근대 이전인 17세기 에스파냐 사람들에게는 어떤 품위가 있었단 말인가? 예컨대 프란시스코 데 케베도의 소설 『사기꾼EI Buscón』에 묘사된 사회보다 더 사악한 사회를 상상할 수나 있을까?

물론 전통 사회에는 인간적 품위가 넘쳤고 그 존재 형태는 연대, 상부상조, 관대함 그리고 타인에게 피해를 주지 않으려는 태도 같은 것이다. 비록 평판이나 체면 같은 걸 생각해서 품위 유지 행위를 하는 사람들이 많긴 했지만 말이다. 또 다른 시각에서 보자면, 이를 경쟁의 관점에서 해석할 수도 있겠다. 즉, 특정 집단의 구성원들이 평소에는 경쟁을 하다가도 잠시나마 경쟁을 중단하고 서로 협동하는 모습을 보였다든지, 상품 교환보다 선물 나누기를 더 우선시했기에 그런 모습을 보였다든지 하는 식이다.

그렇다 하더라도 문제는 이러한 품위가 단지 특정 집단 **안에서만** 실천되었다는 점, 따라서 외부자에게는 적용되지 않았다는 점이다. 실제로 외국인이나 단기 체류자 등에게는 아무 상관이 없는 이야기였다. 즉, 그들은 선물 주고받기 또는 "선물의 연쇄 고리" 같은 것을 경험할 수 없었다. 때로는 품위가 일반화되기 **어렵다**는 조건 아래(즉, 특정한 경우에 한해서만) 품위가 작동한 것처럼 보이기도 한다. 심지어 이렇게 말할 수도 있겠다. 품위는 그 일반화 가능성과 반비례한다고 말이다.[20]

한편 이런 경우도 있을 수 있다. 어떤 집단 안에서는 상당한 정도로 "인간적 따뜻함" 같은 게 존재하고 심지어 외부 손님에게도 호의를 베푼다. 그러나 여기서도 종종 외부의 (적대) 집단들에 대해서는 최악의 무자비함이 행사되곤 한다. 그리고 이런 무자비한 상황이 때때로 일부 국가 내의 빈곤층에게 이상한 유혹 같은 걸 제공하기도 한다. 예를 들자면 프랑스, 이탈리아, 에스파냐, 그리고 미국 남부 지역의 빈곤층에게 말이다. 이렇게 되면, 집단 내 연대와 선물 나눔의 정신은 (의도치 않게) 원래의 맥락을 벗어나 담합주의corporatism로 변질되고 만다. 심한 경우, 마피아 조직의 행위 같은 것으로 변한다. 이는 특히 일부 인종적 내지 종교적 소수자 그룹에서 종종 발생한다. 한편 과거의 반란군조차 자기들 나름의 명예 코드 같은 게 있었으며 이는 자기들 사이에서만 통용되는 "품위"의 상징이었다.*

그리고 오늘날, 일부 "공동체"(그중 외국인 혐오감이 강한 이탈리아 정당 **리가**Lega는 오늘날 유일하게 중산층 이상 집단이 아니라 서민층 술집 같은 데서 출발한 집단이다)에서 보이는 초극단-이기주의의 다양한 모습은 이른바 "외부인의 위험"으로부터 자기네 사람들을 보호한다는 명분에 토대하고 있다. 여기서 이 '외부인'을 좀 더 정확히 말하자면, (낯설기 때문에) 상호 신뢰에 기초한 관계를 절대 맺을 수 없는 이들, 따라서 결코 "품위"를 베풀 수 없는 대상이다.**

차라리 이렇게 생각하는 것이 나을 듯하다. 진정한 인간화의 과정은 대체로 일정한 공동체(대개 출생지에 기초한) 내부에만 존재하던 품위가 보다 깊어지고 모두에게 내면화하고 또 널리 보편화하는 것이라고 말이다. 그런데 불행히도 이런 사례는 흔치 않다. 물론 이런 긍정적 태도가 여전히 존재하기는 한다. 아직도 상당수 사람들은 "자기 이익"이라는 엄격히 자유주의적인 잣대에서 보면 별로 유익하지도 않을뿐더러 오히려 본인에게 손해를 입

---

* 이렇게 말하는 것이 더 공정할지 모른다. 즉, 품위는 사실 어디에서나 그리고 모든 사회계층에 존재하지만 그것은 언제까지나 예외적으로만 그렇다고 말이다. 바로 이것이 빅토르 위고가 1874년에 펴낸 마지막 소설 『93년』에 담긴 의미이기도 하다.

** 행여 누군가 '공동의 품위'와 동의어로 이 책이 "연대"나 "인간적 따뜻함", "위엄" 같은 말을 쓴다며 비판할지 모른다. 그러나 장클로드 미셰아가 '공동의 품위'라는 용어를 의도적으로 모호하게 썼기에 이런 의미 전환 또한 불가피하다.

히는 그런 선한 행동을 일상적으로 하면서 산다.

그럼에도 이런 착한 행위가 꼭 상품경제의 "대안"을 형성한다고 말하기는 어렵다. 왜냐하면 상품경제가 오래 존속하기 위해서라도, 일상적 비즈니스 세계의 상당 부분이 비상품화 형태로 행해져야 하기 때문이다(쉽게 말해 돈 생각 않고 친절하게 대하는 가게가 더 장사가 잘된다). 이런 비상품화 행위는 (비록 그것이 상품 사회 시스템 아래서 눈에 띄지 않는 기반 역할을 하고는 있으나) 마침내 다양한 모습으로 재탄생하고 있다. "은퇴자 활동 분야", 자원봉사 활동, 공동체 서비스 등이 그런 예인데, 이 모두가 기존 사회가 별 탈 없이 돌아가도록 곳곳에서 도우미 역할을 한다. 이 경우 명백한 위험은, 비록 선물贐物 경제, 노동자 자주 관리, 대안적 틈새 경제(사회적 경제) 등이 좋은 의도로 전파되기는 하지만, 궁극적으로 이들이 상품 사회 내지 상품 재앙의 영속화에 완전히 복속된, 그저 또 다른 생존 형태에 불과하다는 점이다.

초창기 사회주의로 회귀하는 것이 답일까?

다른 한편 미셰아는 지금 당장 해야 할 일이 "새로운 인간"을 만드는 게 아니라 새로운 맥락을 만드는 것이라고 말하는데, 이 점에서는 그가 전적으로 옳다. 여기서 새로운 인간이란 아무 악함도 없고 인간적 한계도 없는 그런 인간이다. 반면 새로운 맥락이란 (탐욕, 투기, 부패의 상징인) "로베르 마케르Robert Macaires"* 식의 권력 욕망조차 누구에게도 피해를 주지 않는 방향으로 탈출구를 찾게 하는** 사회적 환경을 말한다. 그럼에도 현대인의 삶에서 정작 설명되고 극복되어야 할 것은, 단순히 일부 사람이 가진 권력과 부에 대한 욕망보다도 그 외 대다수가 지닌 삶의 수동성이다.

사실 사람들이 가진 권력과 부에 대한 욕망이야 그 자체로는 전혀 신비로운 게 아니지 않은가. 그래서 미셰아 역시 지금처럼 파멸로 치닫는 세상에 대한 저항이 왜 이렇게 없는가 하는 의구심을 갖고 있다. 그러면서 그는 비난의 화살을, 보통 사람들의 수준을 경멸하면서도 기술의 진보에서 돌파구를 찾으려 하는 좌파 진영으로 돌린다. 물론 충분히 옳긴 하지만 너무 피상적인 설명이기도 하다.

좌파의 역사적 역할에 관한 그의 이런 주장은 노동운동에 대한 비판적 분석과 공통점이 많다. 그 비판이란, 노동운동이 자본주의 팽창을 돕는 **내재적** 요인으로 변했다는 것이다. 이 노동운동에 대한 비판적 분석은 당연히도 (우리) 가치비판론자들이 제출한 것이다. 그런데 미셰아는 그 "좌파"와 그 "초창기 노동운동" 사이를 명확히 구분하려 한다. 그에 따르면, 좌파는 "형이상학적으로" 진보와 근대화에 우호적이다. 왜냐하면 좌파 스스로 계몽주의의 상속자 그리고 또 변화의 편이라 생각하기 때문이다. 하

---

* 19세기 문학 작품에 나오는 인물로, 자기 이익만 생각하는 탐욕적 **야심가**를 상징한다.
** 집시 공동체에서 일반적으로 가장 "부유한" 사람은 가장 많이 가진 자가 아니라 다른 사람들에게 가장 많이 주는 사람이란 사실을 상기하는 것이 여기서는 의미가 있을 듯하다.

지만 그의 말처럼 자유주의적 개인주의야말로 일관되게 계몽주의의 산물이다. 좌파는 그저 세부 사항만 "규제"하려고 노력할 뿐이다.

역으로 미셰아는 노동계급 사회주의(초창기 노동운동)가 근대성이나 절대적 개인주의, 기계화와 공동체 해체 등에 대항하며 등장했다고 믿는다. 이는 특히 (좌파 진보 사상의 뿌리인) 생시몽주의와 충돌했던 부분이다. 그 후 노동계급 사회주의(마르크스주의보다는 차라리 프루동주의에 가깝다)가 공화주의자 및 자유주의 좌파와 손을 잡게 된 것은 드레퓌스 사건(1894) 무렵이었다. 이들은 이제 진보가 필연적으로 해방을 부를 것이라 생각하게 된다. 이 역사적 타협은 프랑스 인민전선의 도래와 함께 다시 한번 보호막에 가려진다. 미셰아는 이렇게 주장한다. 즉, 이제 그 동맹의 효익效益은 없어졌고 결과적으로 좌파에게 남은 것은 경제 시스템에 순종할 수밖에 없는 신세가 되었다는 사실뿐이라는 것이다.

그렇다면 그의 대안은 무엇인가? 그에게 자유주의 및 (자유주의) 좌파에 대한 대안은 바로 "본래의(초기) 사회주의" 속에 있다. 이 초기 사회주의를 그는 극찬한다. 그러나 푸리에나 프루동에 내재한 반유대주의 같은 것을 간과해서는 안 된다. 그것이 그저 당시의 "시대정신"이 잘못된 데서 온 "오류"였다며 넘길 일이 절대 아니라는 이야기다. 실제로 초창기 사회주의자들조차 다른 많은 유사한 일과 더불어 이런 믿음을 보였다. 이를테면 "우리들"(보통 사람들, 정직한 노동자들, 대중들)은 순수하고도 선하다. 그리고 모든 나쁜 일은 이상한 사람들(유대인, 프리메이슨, 집시 등)의 행동에서 비롯된다는 식이었고 더군다나 그들은 대부분

유통 분야 종사자(상인, 투기꾼)였다. 이렇듯 노동자라는 자신의 신분 자체가 오히려 "품위"의 기초를 이루기에 이 노동자 정체성이 진지하게 의심받을 기회는 전혀 없었다. 이제 노동자들의 요구는 단지 더 "품위 있는" 노동 조건을 원하는 것으로 수렴됐다.

한편 미셰아의 가치관이 어떠하든 오늘날에는 극좌 포퓰리즘 역시 존재한다. 이들의 반자본주의는 궁극적으로 고위 기업가들의 "터무니없는 부"를 맹비난하는 것, 그리고 금융자본이나 불로소득에 맞서 싸우는 "정직한 노동자들"을 방어하는 것으로 나타난다. 이 좌파 포퓰리즘은 "증권거래인"들을 괴롭히는 식으로 손쉽게 돌파구를 찾으려 한다. 그러나 이런 방식은 결국 이 체제의 "자동 주체"만 다시금 강화하고 만다. 실제로 2008년 금융위기 동안 우리는 이런 몇 가지 징후를 볼 수 있었다. 즉, 좌와 우를 막론하고 모든 사람이 금융위기가 자본주의 그 자체가 아니라 '사악한' 금융인들 탓이라는 데 동의했다. 게다가 더욱 순진하게도 좌파 포퓰리즘은 "인간의 얼굴을 한 자본주의"라는 헛된 요구를 내세우기도 한다. 다시 말해 (일정한 과잉이나 사치를 포기하는) 보다 품위 있는 상품 사회가 필요하다는 식이다!

미셰아처럼 "터무니없는" 부를 맹비난하는 것은 "품위 있는" 상품과 부(재물)는 수용할 수 있다는 전제를 깔고 있다. 그러나 상품·재물 욕망은 스스로 한계를 모르고 "터무니없는" 수준으로 치달을 수밖에 없다. 오늘날 정치가들은 좌파, 우파를 막론하고 고위 경영층의 "터무니없는 보너스"를 맹비난한다. 이것이 암시하는 바 역시 "품위 있는" "고액 퇴직금"이라면 얼마든지 수용 가능하다는 것이다.* 바로 여기서 미셰아는 크리스토퍼 래시와 마찬가지로 절제하는 자본주의의 가능성을 믿는 것처럼 보인다.

이런 측면에서 볼 때 미셰아가 미국의 아나키스트 폴 굿맨Paul Goodman에게서 인용한 내용은 소중하다: 만일 사회 변화라는 것이 단순히 사람들이 "중요한 일에, 그 본업에, 스포츠에, 그리고 친구와 우정을 나누는 것 따위로 돌아가는 것"[21]을 의미한다면, 그리하여 예전에 종사했던 그 무용하고도 파괴적인 활동을 다시 하게 되는 것이라면, 도대체 그가 생각하는 사회 변화란 어떤 종류의 것인가?

오늘날 우리네 삶의 조건이 전반적으로 악화하고 있는 상황임을 감안한다면 이런 주장이 나오는 것도 크게 무리는 아니다. 즉, 지난 50년 이상 우리들에게 일반적이었던 삶의 방식(대량생산과 대량소비를 핵으로 하는 포드주의 내지 케인스주의적 삶의 방식)을 계속 방어하고 유지하는 일은 이제 "차악"의 선택처럼 되고 말았다. 하지만 그 삶의 방식은 결코 문제없이 조화롭기만 한 것이 아니었다.

차악의 선택 – "덜 터무니없는" 미래의 가능성?

과연 이 '차악의 선택'이라는 다소 온건한 목표는 과연 "현실적"인가? 도대체 이 자본주의 시스템 안에서 현재보다 "덜 터무

＊ 미셰아가 (품위와 반대되는 의미로) "무례함indecency"의 실제 사례를 든답시고 고양이나 개도 데려갈 수 있는 호화판 레스토랑을 이야기한 것은 거의 코미디 수준이다. 솔직히 말해, 니콜라 사르코지 같은 이도 아마 '이건 너무 지나치지 않느냐?'라고 할지 모른다.

니없는" 미래가 가능하단 말인가? 사실 이런 주장은 그간 "반세계화" 운동이나 (미셰아가 정당하게 논박하는) 후기 피에르 부르디외 등이 보여준 의제가 아니던가? 여기서 중요한 점은, 그간 자본주의가 (제2차 세계대전 이후 약 30년간 '풍요 사회'를 구가했던) 포드주의 내지 케인스주의 형태로부터 이른바 ("신자유주의"라는 이름 아래 금융화·세계화·정보화를 무기로 초고속 질주하는) "터보 자본주의"로 이미 이행해버린 상태임을 확인하는 것이다. 시곗바늘을 거꾸로 돌릴 순 없다는 말이다.

그렇다면 그 이행은 무엇 때문이던가? 크게 두 가지 설명이 가능한데, 하나는 "터무니없는" 이윤을 추구하는 기업가들의 탐욕 때문이다. 다른 하나는, 실은 이게 더 본질적인데, 자본주의 가치 시스템의 자기 동력 때문이다. 이 시스템은 일정한 수준에서 잠시라도 쉬어 가거나 멈추는 것을 도무지 못 견디는 속성을 내장하고 있다.

한편 이른바 "유혹"의 문화나 "탈선"의 유행이 오늘날의 지배적인 자본주의 내에서 어떻게 핵심 역할을 하는지 기술하는 부분은 미셰아의 작업 가운데 가장 뛰어난 부분일 것이다. 하지만 이 역시 자본주의의 기본적 범주를 보다 깊이 성찰했더라면 훨씬 나았을 것이다. 왜냐하면 자본주의 시스템 자체도 풍요 사회라는 형태를 무기한 지속하기는 어려운데, 바로 이 점을 이해하는 데는 자본주의 가치 개념에 대한 비판적 분석이 핵심이기 때문이다.

자본축적이 전 세계 차원에서 정체하게 된 것은, 한편에서는 시장 경쟁이라는 상황 속에서 불가피한 일이기도 하지만 또 한편으로 인해 위기의 맥락이 적극 만들어지기 때문이다. 이 위기의 맥락(조건)이란 당근과 함께 채찍도 온다는 뜻인데, 자본주의 축적 과정에서 ('풍요 사회'로 상징되는) 당근은 갈수록 더 많은 (유서 깊은) 채찍을 동반하게 된다는 이야기다. 보다 구체적으로 말하자면 자본주의는 단지 국가, 시장, 법과 질서 등과 동일시되거나 또는 반대로 위법, 탈선 등과만 동일시될 수는 없다. 자본주의는 언제나 이 둘의 변증법적 통일이다.

미셰아 역시 오늘날의 자본주의가 결코 완전한 승자가 아님을 잘 안다. 오히려 자본주의 스스로 자신의 토대를 갉아먹고 있다는 것도 잘 안다. 하지만 다른 많은 논자와 마찬가지로 미셰아 또한 이것을 본질적으로 인지 실패crisis of recognition로 파악한다. 우리가 보기에 그것은, (우리의 인지와는 무관하게) 자본주의 가치 축적의 토대가 점진적으로 내파implosion하는 것인데도 말이다.

게다가 이른바 "유혹"이란 무엇보다, 자본주의 기업 간의 살벌한 경쟁에서 나오는 문제다. 소비자의 돈을 지갑 밖으로 끌어내기 위한 싸움은 얼마나 격렬한가? 그런데 자본주의 시스템이 원활히 작동하는 것은, 그것이 인간 주체들의 동의를 얻었기 때문이 아니라 오히려 그 주체들이 선택할 수 있는 다른 대안들을 모조리 없애버렸기 때문이다. 따라서 자본주의의 주요 관심사가 자신의 매력을 뽐낸다거나 그 진정한 본질을 숨기는 것이라 믿는다면 오류다.

오늘날 지구의 오존층에 구멍을 내는 주범이 바로 (자본주의) 산업사회라는 점을 누구나 잘 안다. 그런데 바로 이 (자본주의) 산업사회가 인간 존재의 유일한 가능태인 것처럼 스스로 그렇게 만들어버렸다. 이제 우리는 거기서 빠져나갈 탈출구를 상상하기

조차 어려운 지경이다. 마치 절대적 파국만이 우리를 기다리는
것처럼 말이다.

두려움과 원망, 원한을 넘어

한편 오늘날에도 여전히 과거에 화려했던 어떤 권력 형태가,
그리고 낡아빠진 권위주의 같은 것이 생각보다, 즉 장클로드 미
셰아나 데니로베르 뒤푸어가 상상하는 것 이상으로 큰 역할을
하기도 한다. 이를테면 이탈리아는 세계 자본주의의 구심 중 하
나에 불과하지만 가톨릭교회는 이탈리아를 넘어 세계 곳곳에서
각종 후방 작전에 참여한다. 실제로 2007년 로마 가톨릭 교황청
은 무려 200만 명이 거리로 뛰쳐나가 프랑스의 "동성결혼허용법
PACS"*과 유사한 법안이 통과되지 못하도록 아예 그 제안조차
거부하게 했다. 그 법안은 이 거대한 저항으로 말미암아 당시 프
로디 정부에 의해 즉각 철회되었다.

다른 많은 경우와 같이 이번에도 만일 "급진적" 비판의 입장에
서, 즉 좌파가 필시 더 많은 사람의 지지를 얻을 테니 현실 문제
해결책으로서 가장 나은 선택이라고 생각한다면 오판일 것이다.
그러나 만일 좌파가 자본과 더 "조화롭게" 공존할 수 있다면 이
세상 우파의 반란은, 그것도 유럽의 많은 나라에서 나타나는 사

---

* PACS는 Pacte Civil de Solidarité의 약칭으로, 이성만이 아니라 동성 간
시민 결합도 새로운 가족으로 공인하는 '시민계약'이다.

파국이 온다

실상 가장 공격적이고 때로 폭력적인 극우파의 반란은 어떻게 설명한단 말인가?(요컨대 자본주의는 자기에게 쓸모가 있다고 판단하는 한 권위주의건 종교건 가리지 않고 적극 활용한다).

마찬가지로, 자본주의 시스템이 가족의 미덕을 강조하는 게 꼭 위선적이어서 그런 것만은 아니다. 특히 미셰아가 생각하듯[22] 자본이 "대중적 가치관"과의 조화를 위해 가족의 미덕을 강조하는 것은 아니다. 즉, 가족이라는 것이 비록 전근대적 구조를 갖고 있고 또 오늘날 노동의 유연성을 제고하는 데 아무리 큰 방해물이 된다 할지라도 그것을 단지 고대의 유물이라고만 간주해서는 안 된다. 따지고 보면, 가족은 자본주의 상품 논리의 "그늘"에서 가장 중요한 요소로서 역할을 한다. 전술한바 이 상품 논리의 그늘진 면은, 비록 그것이 직접적 가치 생산과 무관한 활동(예컨대 출산, 양육, 교육, 간호, 돌봄 등)을 포괄하지만, 그리하여 직접적으로 "이윤" 영역은 아니지만 만일 그 활동들이 없다면 이윤 창출은 불가능해진다. 이런 맥락에서, 제아무리 포스트모던 자본주의라 할지라도 가족이 없다면 제대로 작동하기 어려울 것이다.

바로 이런 면을 보더라도 "보수적"이라는 용어는 한때 우리가 사용해온 것과는 전혀 다른 의미를 띠게 되었다. 그것은 이제 종종 인간적인 삶의 최저 조건을 방어하고 유지하는 것(흔히 이는 민주·진보의 가치로 통한다)을 뜻한다. 물론 그렇다고 해서 이런 측면을 보통 우리가 정치적 의미에서 "보수적"이라고 하는 것과 혼동해서는 곤란하다. 단언하건대 "계몽적" 보수 같은 건 있을 수 없고 (혹시 있었다 하더라도) 더는 존재하지 않는다. 최소한 자신이 고백한 보수적 신조에 일관성 있게 충실한 그런 사람들도 이제는 없다.

결국 아무 생각 없음mindlessness에 대한 미미한 저항이라도 있다면 그것은 그나마 여전히 "좌파"로 분류될 수 있는 사람들에게서만 가능할 것이다. 말하자면 오늘날 '인간적 품위'에 대한 가장 기본적인 척도는 고작해야 자기 아이를 텔레비전이나 게임기 앞에 방치하지 않는 정도를 가리킬 뿐이다.

그렇다면 우리를 애덤 스미스 식의 용두사미[23]로부터 구출해낼 인간적 에너지는 도대체 어디서 찾을 수 있단 말인가? 여기서 장클로드 미셰아가 이야기한바 원한이나 억울함resentment이 인간관계에 나쁜 영향을 끼친다고 언급한 것은 상당히 시사적이다. 그럼에도 만일 심리적으로 건강한 사람만이 혁명을 앞당길 수 있다거나 의미 있는 변화를 이룰 수 있다고 한다면,* 우리는 참으로 곤란한 지경에 놓였다고 할 수밖에 없다. 나아가 (진짜 그렇다면) 자본주의는 그야말로 자신이 영원히 지속될 수 있는 확실한 방법을 발견했다고 해야 할 것이다. 실제로 자본주의는 매 순간 그리고 기회가 날 때마다 그로부터 빠져나가기를 아주 어렵게 만드는 사고방식이나 태도mindset를 사람들 마음속에 곧잘 창조해내니까 말이다.

---

* "사회주의 운동이 '보통 사람들'이 가진 공동의 품위를 기반으로 전개된다면 그 순간부터 (카뮈가 강조했듯) 삶을 사랑하는 역량을 (그리고 그와 더불어 심리적 성숙함까지) 갖게 될 것이다. 만일 이런 것이 결여된다면 정말로 관대한 행위는 불가능할 것이다. 이 심리적이고 도덕적인 기반이 충분하지 않다면 기존 질서에 대한 '반란'은 (그 외형적 '급진성'과는 무관하게) 그 행위 동력을 오로지 분노, 증오, 질투, 원한 같은 데서만 끌어오려 할 것이다…".[24]

파국이 온다

7

탈성장론자가
진정한 혁명가가 되는 길

"탈성장" 담론의 매력

이른바 "탈성장" 담론은 지난 수십 년 사이에 등장한 여러 이론 중 비교적 새로운 편에 든다. 하지만 "탈성장" 개념을 아는 일반인은 여전히 적다. 그럼에도 갈수록 많은 사람이 이 개념을 진지하게 받아들인다. 즉, 갈수록 많은 이가 자본주의의 발전 과정이 우리 모두를 환경 재앙으로 이끌고 있다는 사실을 실제 현실 속에서 느끼고 있다. 동시에 이들은 과거처럼 단순히 여과 장치나 매연을 덜 뿜는 자동차를 쓰는 등의 임기응변적 처방이 별 효과가 없다는 사실도 갈수록 많이 인지한다.

그 결과 영구적 경제성장이 늘 바람직하다는 일반적 생각에 대한 사람들의 의구심 역시 커지고 있다. 동시에, 본질적으로 자본주의적 과실果實의 분배만을 문제 삼거나 (흔히 "인권" 탄압이나 전쟁 등과 같은) 그 "지나침"의 문제에만 초점을 두는 자본주의 비판론에 대해서도 사람들의 문제의식이 증가한 편이다.

사실 탈성장 개념은 (최소한 지난 수십 년간) 우리 사회가 나아가는 전반적 방향이 지극히 잘못된 것임을 일깨워주었다. 나아가 그것은 우리가 일상의 모든 국면에서 일종의 "문명의 위기", 즉 모든 가치관(예컨대 소비주의 풍조, 속도지상주의, 기술만능주의 등)이 위기를 맞고 있음을 암시한다. 결국 우리는 한꺼번에 경제위기, 생태 위기, 에너지 위기로 빠져들고 말았다. 이런 맥락에서 탈성장 담론은 이 모든 위기를 논의 과정으로 끌어들인다. 달리 말해 (여태껏 환경운동 일각에서 해왔듯) 단순히 "녹색 기술"을 통해 다시금 "성장 북돋기"를 원하는 것이 아니라는 말이다. 또 그것은 상당수 마르크스주의 비판가들이 그래왔듯 산업사회를 전혀 다른 방식으로 관리하자는 이야기도 아니다.

탈성장 담론은 우리 스스로 당장 여기서 실천할 수 있는 개인적 행위 모델을 제시한다는 점에서도 매력적이다. 공생공락 conviviality, 관대함, 단순한 삶, 선물 나누기 등이 대표적 예다. 하지만 이것이 매력적인 또 다른 이유는 탈성장 담론의 입장이 상당히 점잖은 분위기를 연출한다는 점에서다. 즉, 이런 분위기는 새로운 방식의 개인적 실천을 통해 우리가 (그간 우리를 힘들게 했던) 상호 적대성이나 강한 대립 같은 것을 더는 경험하지 않고도 사회 전반의 합의와 근본적 변화를 이룰 수 있다고 믿게 만든다. 요컨대 탈성장론은 스스로는 근본적이라 주장하나, 사실상 점진적 개량을 추구하는 개혁주의다.

의심의 여지 없이 탈성장론은 그간의 생산력주의나 경제주의와 진정으로 단절하기를 원한다는 점에서 강점이 있다. 사실 그 동안 생산력주의나 경제주의는 상당히 오랫동안 부르주아 사회 이론**은 물론** 마르크스주의 비판론에서조차 공통의 기반이었다. 어떤 면에서 탈성장론은 자본주의 삶의 방식에 대해 일부 마르크스주의보다도 더 심층적 비판을 가한다. 일례로 그들은 (네그리 식) 신자율주의자들이 생산력 발전(특히 컴퓨터 기술 발전)과 더불어 사회 해방도 올 것이라 믿는 것에 대해 비판적이다. 탈성장론자들은 또한 현대인의 삶에서 자본주의 이전 사회로부터 물려받은 것 중에서 더 나은 사회를 위한 싹이 존재할 수 있다고 본다. 이를테면 선물 나누기를 좋아하는 성향을 들 수 있다. 따라서 탈성장론자들은 (흔히 다른 이들이 하듯) 굳이 모든 전통적 삶의 형태를 적극 해체하려 들진 않는다. 같은 맥락에서 그들은 일종의 놀라운 부흥(르네상스)을 준비한다는 명분 아래 야만주의 방식 따위를 시도하지도 않는다.

상품 자본주의의 양면성과 상쇄 메커니즘

그렇다면 이 탈성장론자들의 문제점은 무엇인가? 우선 가장 큰 문제점은, 성장을 향한 질주가 일어나는 **원인**에 대해서는 기본 입장이 모호하다는 점이다. 이미 마르크스는 정치경제 비판에서 인간 노동력을 기술로 대체하는 것이 결국은 각 상품에 들어가는 인간 노동의 양, 즉 "가치"가 줄어드는 일임을 강조한 바 있다. 바로 이것이 자본주의로 하여금 부단히 생산을 증대하도록 강제한다. 이 메커니즘 안에서 우리는, 우리의 "오랜 적old enemy"인 상품commodity이 가진 양면성을 발견한다. 그것은 바로 가치와 사용가치다. 이는 각기 인간 노동의 추상적 측면과 구체적 측면이 만들어낸다. 그런데 이 양 측면은 결코 평화로이 공존하지 않는다. 오히려 폭력적 모순 관계에 놓인다.

구체적으로, (마르크스 스스로 보여주었듯) 산업혁명 이전의 재단사 사례를 한번 들어보자. 셔츠 한 벌을 만들기 위해, 또 그가 사용하는 자재를 만드는 데 그는 총 한 시간이 필요할 것이다. 여기서 그 셔츠의 "가치"는 한 시간이다. 그런데 만일 재봉 기계와 직조 기계가 도입된다면 어떨까? 이제 그는 아마도 한 시간에 셔츠 한 벌이 아니라 열 벌을 생산할 수 있을 것이다. 이 기계를 소유하고 단순 노동자들을 부리는 기업가는 이런 식으로 셔츠를 생산해 시장에 팔 것이다. 그리고 그 가격은 예전의 재단사가 팔던 것보다 훨씬 싼 값이 될 것이다. 사실 기계 도입으로 한 시간(60분)에 열 벌의 셔츠를 생산할 수 있게 된 순간부터 각 셔츠는 인간 노동의 10분의 1만 재현(대표)하게 된다. 따라서 셔츠 한 벌은 단 6분의 가치만 지닌다. 이제 상품의 가치, 그리고 궁극적으로 그 화폐적 표현은 엄청나게 줄었다.

자본의 소유자는 당연히 자신이 돈을 주고 고용한 노동자들이 노동시간 안에서 가능한 한 많이 노동하게 만든다. 만일 자본가가 위 사례에 나오듯 노동자로 하여금 기계를 부리게 한다면 노동자는 예전보다 훨씬 많은 셔츠를 생산할 것이고 따라서 그 주인에게 더 큰 이윤을 안겨줄 것이다. 이런 식으로 자본주의란 전반적으로 새로운 기술을 지속적으로 발명하는 것에 다름 아니고, 또 이 기술이란 결국 단위 상품당 인간 노동력을 절약하는 것이 목적이라 할 수 있다. 즉, 자본주의 기술 발전이란 더 적은 인간 노동력으로 더 많은 상품을 생산하는 것에 다름 아니다.

그런데 문제는 상품의 가치가 노동에 의해, 즉 "근육, 신경, 두뇌 등의 에너지 지출"(마르크스)에 의해 만들어지는 것이 이 체제의 본성인데 각 상품의 가치는 기술 발전과 함께 점점 떨어진다는 점, 그리하여 잉여가치 역시 낮아진다는 점이다. 이 잉여가치가 곧 각 상품에서 얻을 수 있는 이윤을 의미하기에 결국은 이윤이 줄어들 수밖에 없다. 이것이야말로 애초 자본주의를 따라다니는 핵심 모순이다. 그리고 이 모순은 여태껏 해결된 적이 없다.

한편 자본주의는 결코 잘 조직된 사회가 아니다. 오히려 그것은 (조직화하기 어려운) 지속적 경쟁에 기초해 있다. 그 속에서 각 경제적 행위자는 각자의 이익에 따라서만 행위를 한다. 각 자본 소유주는 새로운 기계를 도입해 자기 노동자들로부터 더 많은 상품을 뽑아냄으로써 경쟁자들보다 더 많은 이윤을 실현한다. 따라서 자본 간 경쟁이란 필연적으로, 인간 노동을 더 많이 절약하는 새로운 발명품의 경쟁에 다름 아니다. 그렇게 새로운 발명품을 도입한 자본가는 처음에 당분간은 특별이윤을 실현한다. 그러나 곧 다른 자본가들도 그를 모방해 새로운 기술을 도입할 것이고 그러면 기존의 특별이윤은 사라진다. 그리고 또다시 누군가 더 새로운 고도의 생산 기술을 도입해 또다시 특별이윤을 실현할 것이고 그렇게 생산은 점차 고도화한다. 그러나 또 다른 새 발명이 생산에 도입되는 순간 그 직전의 특별이윤은 사라진다.

이 동태적 메커니즘은 무엇을 말하는가? 위 사례에 나온 것처럼 셔츠 한 벌이 더는 한 시간의 노동이 아니라 단 6분의 노동만을 "품고" 있다면, 이 셔츠가 구현할 이윤 역시 줄어들 것이다. 여기서 잉여 노동의 비율, 즉 이윤율*을 10퍼센트라고 가정하자. 셔츠 한 벌 생산에 한 시간(60분)이 걸리는 경우 이 셔츠 한 벌은 단 6분의 잉여노동을 품고 있다. 이는 같은 크기의 이윤을 돈으로 표현한다. 그러나 만일 (기술 발전으로 인해) 셔츠 한 벌 생산에 6분(360초)만 소요된다고 하면 잉여노동, 즉 이윤은 36초밖에 되지 않을 것이다. 요컨대 인간의 산 노동을 대체하기 위해 신기술을 도입하는 자본가는 단기적으로는 특별이윤을 실현할 수 있을지 몰라도 장기적으로는 의도치 않게 전반적 이윤을 낮추는 데 이바지하고 말 뿐이다. 이런 식으로 자본주의로 하여금 부단히 새로운 기술을 도입하게 만드는 바로 그 논리가 결국 그 시스템 전체가 기대고 있는 나뭇가지를 스스로 자르는 것으로 귀결된다.

그러므로 만약 다른 요인들이 주요한 역할을 수행하지 않았더라면 자본주의 생산양식은 결코 오래갈 수 없었을 것이다. 여기서 중요한 요인이 바로 상쇄 메커니즘이다(즉, 자본주의가 고도화할수록 의도치 않게 총가치량이 줄어드는 현상, 그리고 갈수록 이윤이

---

* 이 사례에서는 잉여가치surplus value와 이윤profit의 개념 차이를 엄격히 따지지 않는다. 〔굳이 따지자면, 잉여가치는 생산물의 총 가치 중 가변자본(임금)과 불변자본(원료, 감가상각비 등)을 제외한 나머지를 말하고, 이윤은 그 잉여가치 중에서 기업가가 가져가는 몫이다. 잉여가치 중 (이윤이 아닌) 다른 부분은 국가가 세금으로, 지주가 임대료로, 은행이 이자 등으로 나눠 갖는다. 물론 기업가 이윤도 오늘날의 주식회사 구조에서는 CEO 보수와 주주 배당금으로 세분화한다.─옮긴이〕

줄어드는 현상에 대한 자본 측의 대응 전략이 이러한 상쇄 메커니즘을 만들었다). 그중 가장 기본이면서도 중요한 것은 상품생산을 부단히 늘리는 것이다. 앞서 든 예로 가보자. 만일 각각의 셔츠가 예전 재단사 시절 때 이윤의 10분의 1만 포함한다면, 이제는 예전의 한 벌 대신 열 벌이 아니라 열두 벌 정도를 생산해야 예전의 이윤보다 더 많은 이윤을 얻게 된다. 그 효율성만큼 떨어진 이윤에 대한 단순 보상을 넘어 기술혁신의 힘으로 추가 이윤을 얻기 위해서다. 이런 연유로 자본주의의 전 역사는 상품생산의 지속적 증가로 이어질 수밖에 없다. 여기서 상품생산의 지속적 증가란 결국 생산성 증가로 인한 단위 상품당 이윤의 역설적 감소를 상쇄하고도 남을 추가 이윤을 얻기 위한 자본의 새로운 대응 방식이며, 이것이 마침내 오늘날 우리가 당연시하고 있는 상품의 **대량**생산 체제를 낳았다.

이로써 열두 벌의 셔츠는 제각각으로 따지면 최소량의 이윤을 포함하지만 결국 전체 합으로는 예전의 한 벌이 포함했던 이윤보다 더 많은 이윤을 산출하게 된다. 이와 동일한 논리를 적용하면, 우리는 왜 자본주의가 가치 증식의 새로운 영역을 부단히 추구할 수밖에 없는지 잘 이해하게 된다. 가장 획기적인 사례는 자동차 산업이다. 처음에 자동차는 사치품이었지만, 특히 제2차 세계대전 이후 대중용으로 일반화하여 막대한 이윤 생산의 새 장을 열었다. 그러나 이 모든 시도에도 불구하고 전체적으로 자본주의는 그 생산의 고유한 경향성인 이윤율 저하(정통 마르크스주의자들이 논쟁했던 문제는 주로 이 부분이다)는 물론 **가치 총량** 그 자체의 저하도 막아낼 수 없었다.

이와 연결된 또 다른 문제는 생태 위기인데, 이 위기의 심층적 원인 역시 생산의 확장 논리 속에 깃들어 있다. 통상적인 환경 담론은 이 생태 위기 문제를 주로 자연에 대한 인간의 잘못된 태도가 낳은 결과라고 설명한다. 즉, 지나친 탐욕이 문제라거나 인간이라는 종 자체가 가진 욕심의 문제라는 것이다. 아니면 좀 다르게, 환경 문제는 이른바 "녹색 자본주의"를 통해 자본주의 안에서도 얼마든지 해결할 수 있다고 보기도 한다. 이제 사람들은 환경 영역에서 새로운 일자리까지 창출할 수 있다고 말하는데, 예를 들어 청정 산업, 재생 가능 에너지 산업, 물이나 공기 정화 관련 업종, 탄소 크레디트 분야 등이다.

그러나 실은 생태 위기 역시 자본주의 논리와 깊이 연결되어 있다. 위에서 말한 이유가 늘 사태의 핵심이다. 즉, 만일 (기계로 만든) 열 벌의 셔츠가 생산하는 이윤이 예전에 수공업적으로 만든 셔츠 한 벌의 이윤과 동일하다면, 예전과 같은 수준이 되기 위해서라도 최소 열 벌은 생산해야 한다. 이 산업적으로 생산된 열 벌의 셔츠는 당연히 열 배나 많은 자재를 필요로 하지만 전체 가치의 총합은 과거의 한 벌에서 나온 것과 동일하다. 물론 이를 생산하는 데 드는 시간은 동일하게 한 시간이다. 이제 자본주의 대량생산 체제에서는 셔츠 열 벌을 만들어 팔아야 그나마 예전과 동일한 가치량을 얻고 따라서 예전과 동일한 이윤을 얻는다. 그러나 그만큼 더 많은 물자를 소비해야 한다(이러니, 갈수록 생태 위기가 올 수밖에 없다).

따지고 보면 지난 200년 이상 자본주의는 늘 자기 몰락의 경향보다 약간 빠르게 움직임으로써 파국을 미연에 방지해왔다. 그

비법은 대체로 생산의 지속적 증대였다. 그러나 만일 가치가 증가하지 않거나 오히려 줄어든다면 이 경우 (그것을 상쇄하기 위해 생산이 더 늘다 보니) 자원 소비량이 증대하고 따라서 오염이나 자연 파괴 역시 증가하게 된다.

자본주의는 마치 마법사가 모든 것을 가마솥 안에 집어넣듯 전반적 삶의 세계를 상품화 안으로 밀어 넣어야만 스스로 살아날 수 있다. 그래야만 모든 것이 정지되는 최후의 파국을 막을 수 있기 때문이다. 이런 맥락에서 환경 위기의 해법은 자본주의 시스템의 제약 조건 안에서는 결코 발견될 수 없다. 이 시스템은 부단한 성장이, 따라서 갈수록 더 많은 물자 소비가 필요하다. 자본주의의 발달과 정반대로 가치 총량은 줄어듦에 따라 이를 상쇄하려 들 것이기 때문이다.

'지속가능한 발전'이라는 헛된 희망

이른바 "지속가능한 발전sustainable development" 내지 "녹색 자본주의" 같은 제안이 왜 성공하기 어려운지가 이로써 잘 설명된다. 이런 제안은 자본주의라는 짐승이 반려동물처럼 온순히 길들여질 수 있다고, 즉 자본주의가 성장을 멈추는 선택을 할 수 있다고, 그리고 그것이 야기하는 손상을 규제함으로써 균형을 회복할 수 있다고 가정한다. 그러나 이런 희망은 헛되다. 인간 노동력이 갈수록 기술로 대체되는 한, 그리고 한 생산물의 가치가 그것이 대변하는 노동 안에 깃들어 있는 한 (자본의 입장에서) 물량적으로 생산을 계속 증대해야 할 필요가 존재한다. 이는 필연적으로 더 많은 자원 사용을 뜻하고 결국 더 큰 규모로 오염을 유발한다. 따라서 우리는 전혀 다른 형태의 사회를 희구해야 하는데, 이것이 "현실 자본주의"에서 파생된 또 다른 종류의 자본주의에 그쳐서는 안 된다.

이와 같이 자본주의를 그 맹목적 동력blind dynamism의 굴레로 이끄는 것은 바로 자본주의 자체의 기본 범주들로, 가치·상품·화폐 등이 핵심이다. 이들은 결코 **모든** 생산양식의 공통된 특성이 아니라 오로지 자본주의 생산양식만의 특성이다. 자본주의 시스템은 자원 고갈로 인해 생겨나는 **외적** 한계 외에도, 그 생성 초기부터 내적 한계를 갖고 있다. 이 **내적** 한계란 경쟁으로 인해 인간의 산 노동을 줄여야 할 필요 내지 압박에서 비롯한다. 왜냐하면 산 노동이야말로 가치의 유일한 원천이기 때문이다.

그런데 지난 수십 년에 걸쳐 자본주의는 바로 이 내적 한계에 이미 도달한 것으로 보인다. 그리고 "실질" 가치의 생산조차 상당 부분 그간 팽창한 금융 영역이 대체해버린 것도 사실이다. 나아가 자본주의는 이제 내적 한계에 부닥쳤을 뿐 아니라 외적 한계에도 봉착하기 시작했다고 봄이 마땅하다. 바로 1970년경부터다.

이렇게 자본주의가 가치 총량의 축소를 상쇄하기 위해 무조건 앞으로 전진해야만, 그리고 생산 물량의 영구적 증대를 꾀해야만 생존할 수 있다면 진정한 "탈성장"은 어떻게 가능한가? 생각건대 그 유일한 길은 상품 및 화폐의 생산과 완전히 단절하는 것이다.

흥미롭게도 "탈성장론자들"은 이런 우리의 결론을 애써 외면한다. 아마도 그들에게 이것은 너무나 "유토피아적"으로 비칠지 모른다. 물론 그들 중 극히 일부는 이런 구호를 외치며 시위한 적도 있다. "경제 자체를 없애버려라!" 그러나 그들 대부분은 (예컨대 '지역화폐'나 '대안적 GDP' 같은 사례에서 보듯) 이른바 "대안 경제학"의 범주에 머물고 있어, 여전히 자본주의 상품·가치·화폐 논리로부터 벗어나지는 못하고 있다. 아마도 이들은 성장의 독재 tyranny of growth가 일어나는 이유를 일종의 오해에서 비롯된 것으로 여기는 듯하다. 따라서 이들은 그런 오해를 학술 토론 같은 것으로 잘 해소할 수 있다고 본다. 예컨대 국내총생산GDP을 사회적으로나 생태적으로도 가장 정확히 계산할 수 있는 최선의 공식을 도출해냄으로써 말이다.

한편 상당수 탈성장론자들이 전통적 정치학의 덫에 걸려들고 마는데 선거 참여라든지, 기존 정치가들로 하여금 일정한 협약에 서명하도록 캠페인을 벌이기도 하는 것이다. 경우에 따라 이 탈성장 논쟁은 약간 고상한 분위기도 띤다. 이를테면 꽤 괜찮게 산다는 이들이 보란 듯이 식료품 가게 같은 데서 (장사가 끝난 뒤) 밖에다 떨이로 내놓은 식품 더미를 뒤지는 식이다. 이런 행위로 그들은 자신의 죄책감을 어느 정도 달랠 수 있을지 모른다. 바로 여기서 우리는 왜 "뉴 라이트New Right" 같은 입장이 탈성장론을 지지할 수밖에 없는지 잘 생각해봐야 한다. 이는 가난한 남반구 (아시아, 아프리카, 남아메리카)에 잔존하는 "전통"사회를 (전 사회적 생산관계에 대한 고려 없이) 일방적으로 옹호하는 입장이 가진 위험성을 우리가 깊이 생각해봐야 하는 것과 마찬가지 이치다.

두 갈래의 희망

그러므로 탈성장이 유럽연합의 공식 정책이 될 수 있다고 주장하거나 그런 비슷한 상상을 한다면 좀 어리석은 일이다. 예컨대 "축소 자본주의"라는 단어는 이미 그 말 자체가 모순이다. "생태적 자본주의"(또는 "친환경 살충제")라는 말처럼 그 자체로 어불성설인 셈이다. 탈성장 운동이 우리 사회에서 "성장하는" 빈곤 문제를 방치하거나 정당화하는 것으로 귀결되지 않으려면, 불가피하게도 적대적 대립이나 저항을 위한 준비를 철저히 해야 한다. 실제로 이런 방치나 정당화의 위험은 꽤 높다. '검소한 삶'이라는 구호 역시 신新빈곤층이 겪는 삶의 씁쓸함을 달래주는 마약 역할을 할 수도 있고, 심지어 빈곤이라는 삶의 제약 속에서도 얼마든지 선택의 여지(예를 들어 쓰레기통 뒤지기)가 있다는 식의 환상(착각)을 심어주기도 한다.

하지만 이런 대립이나 저항의 전선은 이제 예전의 "계급투쟁"과 같이 낡은 경계선dividing line과 일치하지 않는다. 여기서 우리의 과제는 생산력주의 패러다임과 그에 기초한 생활방식을 전 사회적으로 극복하는 것인데, 이는 (기존의 부르주아만이 아니라) 사회의 모든 영역에서 거부감을 유발할 게 분명하다.

오늘날 현실적으로 벌어지는 "사회투쟁"이란 근본적으로 전 세계를 통틀어 자본주의적 부에 대한 접근(즉, 분배)을 둘러싼 투쟁에 국한된다. 부 자체가 지닌 본질은 문제 삼지 않는다는 이야기다. 쉬운 예로, 중국이나 인도의 노동자는 당연히도 더 나은 임금을 요구할 권리가 있다. 그러나 만일 그가 더 많은 임금을 받으면 그는 예컨대 자동차를 새로 살 것이고 그렇게 해서 그는 "성장"에 기여할 것이다. 동시에 그는 (자동차 구입으로 인해) 사회적 차원이나 생태적 차원의 비도덕적 결과에도 일부 기여하게 된다.

따라서 우리의 희망은 아마도 다음 두 가지 운동의 수렴에 있을 것이다. 그 하나는 억압받고 착취당하는 이들의 삶을 향상하기 위한 투쟁이다. 다른 하나는 과도한 개인적 소비와 무한한 생산에 기초한 사회경제 모델을 극복하는 운동이다. 오래전부터 남반구에서 벌어지고 있는 일부 농민운동(예컨대 세계적 범위의 농민운동 조직인 비아캄페시나via campesina의 활동)은 이미 이런 방향을 가리키고 있다. 특히 이들은 사람을 (시장에서 이룬 성과에 따른 평가가 아니라) 존재 그 자체로 존중하는 것, 나아가 토지의 공동소유 등 사회적 가치 복원을 강력히 요구하고 있다.

끔찍하고 위대한
이 유토피아에 저항하기

초고속열차 논란–기존 사회를 비판적으로 활용해야 할까?

수십 년 전부터 "초고속열차"가 프랑스 땅에서도 그 연결망을 급속도로 확산하기 시작했다. 그런데 이를 둘러싸고 한편에서는 조직적으로건 우발적으로건 환호의 합창이 울려 퍼진 반면, 다른 한편에서는 반대의 목소리도 거셌다. 반대 목소리의 주인공은 상대적으로 작은 그룹이었는데, 이들은 자기들 말로 "속도의 독재"에 저항해야 한다고 외쳤다. 그러나 이들은 자신들이 왜 반대 전선에 나섰는지에 대해 자세하고도 공식적인 입장 표명을 하지는 않았다. 대신에 그들은 간단한 팸플릿을 통해 온 사회를 상대로 혼이 담긴 공세를 폈다. 그들의 눈에는 프랑스 사회 전체가 ("속도의 독재"가 무엇을 뜻하는지 성찰하기는커녕) 단 한두 시간 만에 프랑스 전역을 오갈 수 있다는, 어리석고도 공허한 가능성에 대해 온몸으로 반기는 듯 보였기 때문이다.

이들이 그 초고속열차 시스템이 창조하려는 생활방식에 대해 그렇게 포괄적이고도 부정적인 판단을 내린 것은 전혀 다른 삶의 방식이 가능하다고 믿었기 때문이다. 그러나 이들이 그런 식으로 새로운 삶의 가능성을 제안하자마자 사회 전반으로부터 "유토피아적"이라는 낙인이 찍혔다. 사실 이 단어만 들으면 사람들은 곧잘 예전의 "유토피아 사회주의자들"을 떠올린다. 그중 가장 많이 알려진 이는 샤를 푸리에(1772~1837)다.[1]

한편 초고속열차 건설에 저항하는 이들의 팸플릿에 정반대로 응수한 이들이 있었다. 이들은 그 직후의 한 유인물에서 기존 사회를 비판적으로 활용critical purchase해야 한다고 주장했다. 즉, 이들은 좀 색다른 방식으로 공동생활cohabitation이 가능하다고 말했다(이들은 초고속열차망을 잘 활용하면 유럽 전체 차원에서 일일생활권 창조 및 공동주거 시스템 구축이 쉬워질 것으로 보았다).

이 경우 그들의 아이디어는 명백히 유토피아 사상에 기대고 있는데, 특히 푸리에의 영향을 많이 받은 듯했다. 따라서 그들은 초고속열차 시스템을 찬성했다. 왜냐하면 그들은 그 속에서 푸리에의 예측 중 하나인 "조화로운" 인간에 의한 영광스러운 미래가 실현되리라 여겼기 때문이다. 약 200년 전 푸리에는 거대하지만 길들여진 사자, 이른바 "반反사자anti-lions"(초고속열차를 가리킴)가 여행객들을 단 한두 시간 만에 프랑스의 한쪽 끝에서 다른 한쪽 끝으로, 심지어 36시간 안에 프랑스 파리의 몽마르트르에서 터키의 이즈미르까지 실어 나를지 모른다고 보았기 때문이다.

물론 이 현대판 유토피언들utopians은 유전자조작 농산물

GMO이나 사이보그AI 같은 걸 정당화하는 것처럼 그 반反사자의 사용을 미화하는 데까지 나아간 것은 아니다. 또 이들은 푸리에가 예측한 것처럼 바다를 메워 레몬 농장으로 바꾸자고 호소한 것도 아니다. 서로 타협이 불가능해 보이는 이 두 접근 방식("속도의 독재" 반대 vs. "새로운 공동생활" 옹호) 사이의 논란은 최소한 이런 가르침은 준다. 즉, "유토피아"를 이야기한다고 해서 항상 기존 질서를 총체적으로 비판하는 것은 아니란 점이다. 어떤 면에서 우리는 이 논란을 통해 두 가지 접근 방식이 모두 (본의건 아니건) 기존 사회질서를 옹호하는 것일 수 있음을 알게 되었다.*

반유토피아적 비판 – 다른 세상을 상상하기의 어려움

대개 "유토피아"라는 단어는 지금의 사회와는 근본적으로 다르면서도 확실히 더 나은 세상을 떠올리게 한다. 사실 지금의 사회는 인간다운 삶의 관점에선 어느 모로 보건 매우 불충분하다. 마르크스와 엥겔스는 이미 잘 알려진바 "유토피아주의"를 사회주의 사상의 유아기적 단계로 규정하기도 했으며 이것 대신 일종의 "과학적" 접근을 제시했다.

1990년대 들어, 정통 마르크스주의 붕괴 이후 수십 년에 걸쳐

---

* 이런 식으로 양 극단의 입장이 서로 통하는 경우가 비일비재하다. 그리하여 본의 아니게 극우와 극좌의 결론이 일치하는, 기이한 현상이 종종 발생한다. ─ 옮긴이

파국이 온다

좌파 진영 안에서도 "유토피아"에 대한 관심이 되살아났다. 일례로 2002년 출간된 『유토피아 사전*Dictionnaire des utopies*』을 들 수 있다.[2] 그러나 일반적으로 말해 "유토피아"는 이른바 '기레기' 언론이 곧잘 써먹는다. 그리고 대형 공개 토론장과 같이 우리의 일상생활에서 이 단어는 무엇보다 상대방을 공격하는 데 남용되기도 한다. 기껏해야 "유토피아"는 "참 좋지만 불가능한 것을 꿈꾸는 것", 즉 일장춘몽에 불과한 것으로 치부되고 만다.

한편 "유토피아"에 대한 조용하지만 강력한 거부감의 저변에는 유토피아 사상은 곧장 "테러"로 이어진다는 억측도 깔려 있다. 이 근거 없는 억측은, 근본적으로 다른 삶을 꿈꾸는 자들이 대개 무력으로 그걸 실현하려 한다는 생각에 기초한다. 유토피아를 원하지 않는 사람들에게도 억지로 강제하려 한다는 것이다. 그렇게 되면 통상적으로 현실에 그럭저럭 적응하며 사는 일반인들은 (현실을 급속도로 완전 개조해 다른 세상을 만들고자 하는 이들을 상대로) 저항을 하게 될 터인데, 결국 이런 상황이 의도치 않게 유토피언들의 테러를 부추기게 되리라는 이야기다. 요컨대 유토피아를 창조하려는 시도가 어떻게 해서 결국 스탈린주의자나 마오주의자들의 범죄 행위까지 불러왔는지 잘 설명해준다는 식이다.

이런 각도에서 보면 "유토피아"는 대체로 "추상적"인 것으로만 머문다. 즉, 순전히 머릿속에서 만들어진 구성물이자 철학에 불과하며, 이런 철학은 구체적 현실에 근거를 두지 않은 뜬구름 잡는 이야기로 치부된다. 그 꿈은 좀 이상한 사람들만 꾸는 것으로, 그들은 논리와 이론에는 강하지만 피와 살을 가진 구체적 인간의 경험 세계나 세상일 돌아가는 것과 관련해서는 아주 무지하다고 간주된다. 또한 이런 시각에서는 유토피아 사상이, 참된 인간 본성을 무시하는 사상이며 따라서 (현실이 아닌) **당위**로서의 인간상(즉, 일종의 선입견)에 기초해 인간이 착한 사람으로 개선될 수 있다고 본다. 유토피언들은 인류 전체를 위해 무엇이 좋은지에 대해 다른 이들보다 더 잘 안다고 믿는다. 그들이 (푸리에처럼) 자신의 다락방에서 또는 (『태양의 도시』의 저자 톰마소 캄파넬라처럼) 감옥에서 일장춘몽을 꾸는 한, 그들은 지극히 순진하다고 취급된다.

그래서 만일 특별히 역사적인 조건들이 이 유토피언들로 하여금 자신의 추상적 열망에 따라 현실을 바꿀 기회를 준다 하더라도 비극은 불가피하다. 그 변화 과정에서 약간의 폭력이라도 발생할라치면 그것은 곧 유토피아 이론 그 자체에 내재한 것이라거나 결코 완벽하지 않은 인간 자체에 대한 혐오감에서 나오는 것으로 해석된다. 다시 말해 유토피아 이론을 현실로 만들기 위한 피나는 노력들은, 이런 식으로 유토피아적 비전 그 자체에 내재한 폭력을 현실화하는 것으로 인식되고 만다.

그러나 유토피아에 대한 이런 식의 거부감은 특정한 인류학적 시각에 근거를 두고 있다. 즉, 인간은 미망에서 깨어나야 하는 존재 내지 별 가망 없는 존재라는 것, 그렇지만 대단히 현실적인 존재라는 것이다. 이마누엘 칸트는 이를 다음과 같이 깔끔하게 요약한 바 있다. "많이 굽은 나무로 힘겹게 사람을 만들어봐야 그 어떤 것도 똑바로 세울 수 없을 것이다." 이를 영국의 자유주의 사상가 이사야 벌린은 자신의 글 제목 중 하나로 쓴 바 있다.[3] 또 영국의 다른 자유주의자들 역시 유토피아 전체주의의 기원을 플라톤에서 찾거나(칼 포퍼)[4] 중세의 천년왕국 종파에서 찾는다(노먼 콘)[5]. 요컨대 바로 그 유토피아의 **원리** 자체가 곧 전체주의적이라는 이야기다. 이는 논리적으로 필시 다음과 같은 러시아 혁명 선언문, 곧 "우리는 반드시 사람들이 행복해지도록 만들고야 말 것"이라는 식이 될 것이며 (노동하는 인간을 통해) 완전히 "새로운 인간"을 만들어내겠다는 식이 된다. 하지만 이런 시도는 결국 인류사에서 큰 참사(예컨대 독일의 나치즘과 제2차 세계대전)를 초래한 바 있다.

한편 장 클레어[6]와 보리스 그로이스[7]가 언급한 아방가르드 역시 세상을 완전히 개조할 때가 도래했다는 식으로 동일한 전체주의적 운동에 참여했다. 그로이스에 따르면 러시아 아방가르드는 스탈린 체제에 탄압받지 않으면서도 세상을 모형 찰흙처럼 마음대로 주무를 수 있다고 보는 혁명가들의 경향성을 잘 드러냈다. 여기서 모형 찰흙이란 기존 전통이나 상식, 어떤 제약으로부터도 '자유로운' 상태에서 완전히 새로운 예술 작품을 인위적으로 만든다는 의미다.

이런 반反유토피아 사상은 결국 인간 존재의 복잡성 및 모호성을 방어하기 위해 등장한다. 또 이는 추상적 논리 또는 과도한 상상력에 의한 망상 따위가 얼마나 무서운지도 잘 일깨운다. 동시에 그들은 잘 변하지 않는 고유의 인간 본성, 아니면 최소한 그 모든 급격한 변화를 강하게 거부하는 인간 본성도 옹호한다. 같은 맥락에서 이들은 인간을 재교육하고 교정하려 드는 자들을 매우 거북해한다.

정말 끔찍하게 유토피아적인 것

반유토피아적 비판은 사실상 (오늘날 21세기에는 너무나 무겁게 느껴지는) 국가 전체주의의 일부 특성을 잘 지적한다. 하지만 흥미롭게도 우리는, 그들이 방어하고자 하는 사회질서에도 같은 비판을 그대로 적용할 수 있다. 즉, 자유민주주의와 시장경제 역시 그 자체로 전체주의적이다.

반유토피아 사상은 어떤 면에서 인간을 실제 모습 그대로 옹호한다. 즉, 우리 인간은 수많은 한계를 안고 있고 자신을 다른 존재로 만들고자 강제하는 이들을 상대로 저항하는 존재라고 말이다. 그런데 만일 지난 200년 동안 실제로 실현된 유토피아가 딱하나 있다면 그건 바로 자본주의 유토피아일 것이다. 아니나 다를까, "자유" 자본주의는 늘 자신을 "자연스러운" 것이라고 내세워왔다. 즉, 이 자본주의야말로 언제 어디서나 오로지 자신의 복리만 추구하는 인간의 오랜 열망을 실현해주리라 약속한다. 이에 따르면 인간은 근본적으로 이기적이라 간주되지만, 만일 자유가 무제한으로 주어진다면 이기적인 경쟁심조차 궁극적으로 "보이지 않는 손"의 작용에 의해 조화를 이루게 된다. "보이지 않는 손"이라는 말은 18세기 버나드 맨더빌(1670~1733)이나 애덤 스미스(1723~1790) 이래 약방의 감초처럼 반복해 등장하는 후렴구다. 자본주의는 고상한 원리 위에 구축된 것이기에 결코 "인간 본성"에 폭력을 가하지 않는 유일한 사회라고 스스로 자랑스러워한다. 결국 자본주의는 자신의 이익과 쾌락을 "극대화하려는" 인간 본성에 충실할 뿐이라고 주장한다.

그러나 이것이 사실이라면 어째서 자본주의는 거의 항상 저항하는 민초들을 짓밟으면서까지 강제로 자신을 관철해야 했던가? 예컨대 18세기 영국 농민이나 수공업자가 처음으로 공장 노동자로 변했을 때나 오늘날 **인디오**들의 경우나 대다수 제3세계 민초들은 대체로 이른바 (자본주의적) "진보"라는 혜택을 거부해왔다. 이렇게 자본주의는 스스로 공언한바 인간 본성에 가장 걸맞은 사회경제적 질서로 자리 잡기 위해 엄청난 투쟁을 감행해야 했다. 그것은 역설적이게도 자본주의가 민초들에게 자본의 "본성"에 따르도록 (우선 강압적으로) 설득(?)하기 위해서였다. 요컨대 자본주의의 전 역사는 민초들의 "보수적" 특성에 대해 끊임없이 한탄하고 불평하는 과정에 다름 아니었다.

따라서 자본은 민초들을 유용한 노동력으로 전환하기 위해 피나는 싸움을 해야 했다. 자본의 불평불만은 그것만이 아니었다. 자본의 눈에 민초들은 자기네 전통 따위에 지나치게 집착했고 따라서 그 생활방식을 바꾸는 데도 대단히 주저했다. 사실상 거의 모든 곳에서, 즉 유럽의 내부나 외부에 살던 그 모든 민중은 자신의 전통적 공동체 생활방식을 수호하고자 저항했다. 그 전통적 생활방식은 (산업사회의 시계를 통한 효율적 관리와는 달리) 느긋하게 흘러가는 자연적 리듬과 (각자도생의 치열한 경쟁이 아니라) 다양한 인간적 유대, "서로 선물 나누기", 인간관계상의 도리, 나아가 (추상적 부보다는) 사회적 위신, "도덕경제"(에드워드 톰슨), 그리고 "공동의 품위"(오웰) 등에 따라 조절되었다. 물론 이런 생활방식이라고 해서 불의나 폭력 등으로부터 완전히 자유로웠던 것은 결코 아니다. 그러나 민초들은 대부분 그런 아름다운 전통을 함부로 버리려 들지 않았다. 특히 그 미풍양속을 이른바 "자연적인" 것이라 선전되는 (자본주의적) 삶의 방식과 맞바꿀 수는 없었다. 왜냐하면 자본주의 삶의 방식이란 오로지 개인적 이익 추구에 바탕을 두었기 때문이다. 바로 이것이 자본주의 사회 안에서 유일하게 통용되는 진정한 가치다.

자세히 보면, 노골적 반란 같은 것이 아니더라도, 좀 낮은 차원이기는 하지만 우리의 일상에서도 수많은 저항 행위를 찾아볼 수 있다. 하루 동안에도 이런저런 계기가 있을 때마다 거의 모든 사람이 완전한 자본주의 사회라는 생명력 없는 유토피아에 저항의 몸짓을 보이곤 한다. 마르셀 모스가 바로 이런 현상을 처음으로 분석한 사람 중 하나다. 그는 자신의 「선물에 관한 에세이」(1924)에서 독특한 분석을 했는데 그 이후 지금까지도 수많은 연구가 이를 따르고 있다.

자본주의가 이론으로 처음 정립된 것은 17세기 말경이며, 그후 항상 특정한 인간관 및 유별난 인류학을 견지해왔다. 경제인 모형, 즉 **호모 에코노미쿠스**가 바로 그것이다. 하지만 이 인간관은 지금까지 조금이라도 자연스러운 지점이 하나도 없었다는 게 문제다. 사실 오로지 경제적 이익만 추구하는 이 인간상은 자본에 의해 수백 년간 계속된 폭력과 기만을 통해 민초들에게 강제로 주입된 가치관에 불과하다.

요컨대 **호모 에코노미쿠스**야말로 인류 역사상 실제로 구현된 가장 위대한 유토피아에 다름 아니다. 이 경제인經濟人 유토피아의 공간적 확장성과 시간적 지속성은, 국가에 의해 통제되었던 또 다른 유토피아(이 역시 '시장 유토피아'에 의해 붕괴했다)의 그것을 훨씬 추월한다. 따라서 누군가 오늘날의 고통스러운 상황과 시대를 제대로 비판하려면 굳이 "유토피아" 같은 개념은 불필요하다. 유일하게 필요한 일은 경제 논리에 완전히 종속된 이 세상 전반을 성찰하는 것이다. 이 경제 논리야말로 지난 200년 이상 우리를 지배해온 주범이 아니던가?

인류가 사유재산이나 위계질서 없이도 또 지배나 착취 없이도 살 수 있다고 믿는다면 "순진하게 유토피아적"이라는 놀림을 받을지도 모른다. 그러나 정작 끔찍할 정도로 유토피아적인 것은, 우리네 삶이 화폐나 상품의 토대 위에서, 또 구매와 판매의 토대 위에서 지속될 수 있을 것이라는 믿음 아닐까? 더욱이 그 결과가 어떨지 지금 우리 눈앞에서 잘 드러나고 있는데도 말이다.

III

자본의 독재와 '예술'이라는 상품

자본 지배하에서 예술이란 무엇인가

9

고양이와 쥐,
경제와 문화

고양이와 쥐 – 물자의 생산과 의미의 생산

그림Grimm 형제의 동화 중 「친구 사이가 된 고양이와 쥐」가 있다. 고양이가 쥐를 잘 설득해 서로 친구로 지내자고 제안한다. 결국 그들은 함께하기로 결심하고 실제로 같이 산다. 추운 겨울에 대비해 그들은 비곗덩어리 하나를 사서 교회의 구석진 곳에 잘 숨겨둔다. 하지만 꾀 많은 고양이는 쥐에게 교회 세례식에 참여하는 거라 말하고는 교회를 자주 들락거린다. 당연히 교회에 갈 때마다 고양이는 그 비계를 야금야금 먹어치운다. 쥐가 고양이에게 어디를 그렇게 쏘다니느냐고 물을 때마다 고양이는 애매모호하게 대답하며 속으로는 실실 웃는다. 그럭저럭 겨울이 다가왔고, 고양이와 쥐는 마침내 그 비계를 함께 먹자며 같이 교회로 갔다. 아뿔싸 쥐는 그제야 자신이 속았음을 알게 되는데, 고양이의 마지막 대응은 바로 그 쥐를 먹어치우는 것이었다.

이 우화의 끝 장면은 이렇게 말하는 듯하다. "바로 이것이 세상 돌아가는 이치다!" 따지고 보면 문화와 경제의 관계 역시 이 동화와 매우 유사하지 않을까 싶다. 물론 문화와 경제 중 어느 것이 고양이 역할을 하고 어느 것이 쥐 역할을 하는지 추측하기란 어렵지 않다. 특히 지금처럼 완전히 다 발전된, 세계화해버린, 신자유주의 자본주의 시대에서는 말이다.

실제로 모든 것이 수요와 공급의 법칙, 경쟁 원리, 구매력 개념 아래 종속돼버린 이 시장 사회에서 과연 문화의 자리는 어디인가? 이런 일반적인 질문을 보다 구체적으로 던지면 이렇게 될 것이다. 이를테면 각종 문화 기관을 과연 누가 경제적으로 후원하는가? 각종 문화 행사는 어떤 부류의 시민을 위해 또 어떤 내용의 기대를 충족하려 하는가? 이런 질문에 제대로 답하기 위해서라도 우리는 더 멀리 떨어진 곳, 정말 꽤 먼 곳에서 출발해야 한다.

한 사회가 제대로 돌아가려면 그 구성원들의 물리적 욕구나 정신적 욕구 충족을 위한 생산만이 아니라 각종 상징적 구성물도 만들어야 한다. 각 사회는 이 상징적 창작물을 통해 자신은 물론 그 사회가 속한 세계를 멋지게 표현하려 애쓴다. 또 그것을 통해 사회는 거꾸로 구성원들에게 일정한 정체성이나 행동양식을 제안하거나 강제한다. 이것을 우리는 의미의 생산production of meaning이라 부를 수 있다.

어떤 경우 의미의 생산은 기본 욕구 충족을 위한 물자의 생산과 (그보다 더 큰 역할은 아니라 할지라도) 비슷한 역할을 할 수 있다. 종교와 신화, 관습이나 일상생활의 양식(무엇보다 가족이나 재생산과 연관된 일상들), 그리고 르네상스 이후 이른바 "예술"이라 지칭된 것들이 모두 이 상징의 범주에 든다. 고대사회에서는 어느 모로 보나 이 상징적 코드가 분리되어 존재하지 않았는데 예술 자체가 대부분 종교 의식이나 행사의 일부였기 때문이다. 어느 경우건 경제 영역과 문화·상징 영역이 서로 떨어져 존재하지 않았다는 점은 확실하다. 하나의 사물object이 기본 욕구 충족과 미적 욕구 충족을 동시에 수행했던 셈이다.*

　그런데 자본주의로 접어들면 모든 게 달라진다. 즉, 산업자본주의는 "노동"과 다른 활동들을 명확히 분리하기 시작한 최초의 사회다. 나아가 자본주의 사회는 노동과 그 생산물, 즉 오늘날 우리가 "경제"라 부르는 것을 처음으로 사회생활 전반에서 특권적 구심체로 만들었다. 동시에 문화적이고 미적인 차원은 하나의 별도 영역으로 분리되어 따로 집중되었다. 이 문화적·미적 차원은 자본주의 이전 시대에는 다른 삶의 영역들과 잘 구분이 되지 않을 정도로 뒤섞여 있었다. 물론 자본주의라고 해서 이 문화 영역이 **선험적으로** 경제법칙에 종속되지는 않는다. 다만 이제 문화 영역은 그 예술 작품 같은 걸 만들게 "지원하거나" 실제로 그것을 "소비하는" 사람들의 권력과 부를 증가시키는 데 기여하지 않는다면 결국 (경험적으로) "쓸모없는" 것으로서 조용히 외면된다.

---

* 인도네시아 발리섬은 나무로 온갖 사물을 만드는 것으로 유명한데, 20세기 초 어느 민속학자가 찾아가 그들의 이 "예술"에 관심을 기울이자 주민들은 그가 왜 그러는지 도무지 이해하지 못했다. 마지막에 그들은 말했다. "우리에게는 예술이란 게 따로 없어요. 다만 우리는 최선을 다해 스스로 모든 걸 만들고자 노력할 뿐이죠."

바로 이 부분에서 자본주의 가치법칙과 관련해 우리의 진정한 비판이 가능하다. 우리 인간의 사회생활 전반에 대한 비판 그리고 이 전반적 삶이 갈수록 경쟁이라는 비인간적인 경제 압력 아래 더 많이 종속되는 데 대한 비판 말이다. 이런 식의 비판은 지금까지 대개 스스로 자제되었거나 사회로부터 억압된 면이 있다.

따지고 보면 (다른 삶의 측면과 철저히 분리됨으로써 일견 자유로워진) 문화 영역은 자신의 '자유'에 대한 대가를 톡톡히 치렀다. 주변화가 바로 그것이다. 즉, 문화는 이제 단순히 하나의 "놀이"로 축소되어버렸다. 자본주의 사회에서 문화는 노동과 자본의 축적 사이클에 참여할 수 없기 때문에, 늘 경제 영역의 하위 부속품 정도로만, 또 경제를 관장하는 자들의 부하쯤으로 남게 되었다.

이 "예술의 독립"은 19세기에 이르러 정점을 찍었다. 하지만 당시에도 예술은 일종의 보호받는 정원garden 정도에 지나지 않았다. 아니면, 마치 영국 런던 하이드파크에 있는 자유발언대처럼, (불평불만에 대한) 단순한 배출구 정도였다고 할 수 있다. 그 내용이 별것 아닌 한, 누구나 자기 마음대로 자유롭게 자신을 표현할 수 있는 그런 공간 말이다. 이제 예술은 무언가 다른 것을 꿈꾸는 어떤 아이디어의 표면상 형태에 불과하게 되었다. 즉, 그 **아이디어**의 진정한 실현이 전혀 아닌 것이다.

'경제'에 항복한 문화와 예술

그래서일까, 이 제한적 자율성은 자본주의의 강력한 동력에 저항할 수 없었다. 사실 자본주의의 동력은 모든 걸 집어삼켜버리기에 그 가치 증식 논리의 '외부'엔 거의 아무것도 남겨놓지 않는다. 맨 먼저, 자율적인 예술 작품, 예컨대 역사적인 아방가르드 예술이 성공적으로 시장에 진입했다. 결국 이들은 또 다른 상품으로 변하고 말았다.

다음으로, "문화적 재화" 생산은 그 자체가 상품화 과정이었다. 다시 말해 예술의 내재적 가치 추구가 아니라 처음부터 이윤을 목적으로 한 예술 생산이 탄생했다. 이른바 "문화 산업"의 단계가 시작된 것인데, 이에 대해서는 테오도어 아도르노, 막스 호르크하이머, 허버트 마르쿠제, 그리고 귄터 안더스 등이 1940년대 미국에 살면서 처음으로 상술한 바 있다.[*]

곧이어 그다음 시기가 되면 다시 문화가 삶에 통합되기는 하지만 일종의 왜곡된 재통합이 일어난다. 즉, 이 재통합은 문화가 삶을 장식하는 의미로 제한되는 그런 상품의 생산이다. 대표적 예로 디자인 문화의 형태, 광고나 패션의 형태가 그것이다. 그 후 예술가들은 새로운 시대의 궁정용 광대나 시인처럼 되고 말았다. 이들은 그 새로운 후견인, 즉 오늘날 "스폰서"라 불리는 이들이 던져주는 떡고물을 주워 먹느라 서로 치열한 싸움을 벌이기도 한다.

물론 많은 이가 이 "문화의 상품화" 앞에서 상당히 불편함을 느낀다. 그래서 이들은 "고급"문화가 좀 달리 대접받기를 원한다.

---

[*] 당시 이들은 "문화 산업"이라는 용어를 경멸조로 사용했다. 원래 문화와 산업은 서로 다른 방향을 가리키는 말로, 이것이 결합되면 일종의 형용모순이다. 그러나 당초 이 단어가 던졌던 충격은 이제 말끔히 사라졌다. 심지어 일부 프랑스 대학에서는 "문화 산업" 분야의 석사학위 과정까지 제공한다.

여기서 고급문화란 취향에 따라 다르기는 하지만 문예영화나 오페라, 지역 고유의 수공예품 생산 등을 가리킨다. 이런 고급문화는 (단지 투자 및 이윤의 길만을 가는) 신발 생산이나 비디오게임, 패키지여행 상품 등과는 차별성 있게 취급받아야 한다는 것이다. 이들은 특히 프랑스에서 "문화적 예외"라 불리는 개념을 환기한다. 이 문화적 예외란 무엇을 말하는가? 그것은, 경쟁이나 시장 같은 자본주의 논리가 사실상 모든 영역에 다 스며들었다 하더라도(특히나 "우리"가 수출 산업 부문에서 상위권을 달리는 경우에도 잘 드러나듯이), 제발 문화 영역만큼은 그냥 내버려둬도 충분히 좋지 않느냐는 것이다.

그러나 이런 소망은 대단히 순진하다. 사실 그 누구든 일단 자본주의 경쟁 원리를 수용하기만 하면, 그 모든 결과까지 오롯이 감수해야 한다. 만일 누군가 신발 한 켤레나 패키지여행 같은 게 오로지 그것이 대변하는 노동량에 의해 가치 평가되어 결국 화폐로 표현된다는 점을 받아들인다면 동일한 논리가 문화적 "생산물"에 적용되는 데 대해서도 깜짝 놀랄 이유가 없지 않을까? 바로 여기에도 동일한 원리가 적용된다. 즉, 오늘날 상당히 많은 이가 그렇게 하듯 이른바 "지나치게" "자유로운" 상품화를 문제 삼으며 항의하는 것은 그 근본을 따지지 않는 한 큰 의미가 없다. 상품화의 근본을 질문하는 작업은 사실 오늘날 거의 아무도 하지 않는다.

텔레비전을 보는 사람이라면 누구나 느낄 텐데, 가령 지뢰에서 작은 이윤이라도 나온다는 걸 알게 되면 그 순간부터 자본주의는 이 지뢰 상품을 범지구적으로 만들어 판다. 그리하여 이 상품의 범지구적 동력은 세계 곳곳에서 어린아이들의 몸을 산산조각 내는 일도 전혀 주저하지 않는다. 이 상품 세계는 프랑스의 영화감독이나 박물관 관장이 보여준 공손한 저항에 대해서도 끄떡없다. 이들 감독이나 관장은 코카콜라 회사나 석유 회사들이 전시회 같은 행사의 후원자라는 이유로 그들 앞에 굽실거려야 한다는 것에 몹시 화를 내곤 한다.

문화가 경제 앞에서 무조건적 항복을 하는 것은, 우리 삶 전체를 상품화하는 큰 흐름의 극히 일부분일 뿐이다. 전반적 상품화현상을 염두에 둔다면, 모든 수준에서 **경제 독재**와 과감한 단절을 하지 않은 채 오로지 문화적 차원에서만 해결책을 토론하기란 매우 어려운 일이다. 요컨대 다른 어느 영역도 그렇게 할 수 없는 상황에서, 왜 문화만이 홀로 (상품화의 강력한 논리로부터) 그 고유의 자율성을 견지해야 하는지 합당한 근거가 없다.

티티테인먼트–잉여들을 위한 노리개?

자본의 입장에서는 갈수록 더 많은 가치 증식의 영역을 찾아야 하는 만큼, 즉 더 많은 이윤을 추구하는 만큼 이 자본의 필요는 문화 영역에 그 어떤 받침대나 보호막도 허락하지 않는다. 사실 우리가 문화를 그 가장 넓은 의미에서 보더라도 이미 문화 안에서도 이른바 "향락 산업entertainment industry"이 투자의 주요대상이 되어버렸다. 일례로 이미 1970년대에 팝 그룹 아바ABBA가 스웨덴의 주력 수출업자로 떠올랐으니 말이다. 당시 아바

파국이 온다

는 군수산업체 사브SAAB를 수출액에서 앞질렀다. 그리고 1965
년 영국에서는 자국 경제에 큰 공헌을 했다는 이유로 비틀스The
Beatles에게 여왕이 나이트knight 작위를 수여하기도 했다.

나아가 (텔레비전에서 록음악, 관광 및 여행, 연예 신문 등에 이르기
까지) 향락 산업은 사회평화 유지(사회적 불만 억제)나 사회적 합
의 도출에서도 중대한 역할을 한다. 이 사실을 가장 간명하게 나
타내는 개념이 곧 "티티테인먼트titty-tainment"다. 도대체 이건
무슨 뜻인가? 이 말은 원래 1995년 미국 샌프란시스코에서 열린
"세계정세포럼State of the World Forum"에서 처음 등장했다. 이 포
럼에는 세계 각국의 저명인사 내지 유력 인사 500여 명이 참석했
다(그중에는 고르바초프, 조지 부시, 마거릿 대처, 빌 게이츠 등이 있
었다). 이 포럼의 주요 의제는 이랬다: 21세기 세계경제는 인구의
약 80퍼센트가 생산에 불필요한 잉여가 될 터인데 과연 이들을
어찌할 것인가?

미국의 전 대통령 지미 카터의 보좌관 즈비그뉴 브레진스키
가 "티티테인먼트"를 그 해법으로 제시한 것으로 알려져 있다. 그
"잉여" 인구들은 좌절감 때문에 잠재적으로 위험해진 존재들인
데, 이들을 달래려면 기본 영양소와 흥밋거리, 즉 생각을 마비시
키는 향락을 교묘히 결합해 제공해야 한다는 것이다. 그렇게 해
서 그들을 일종의 무기력한 만족 상태로 두어야 한다는 것이다.
마치 갓난아기가 엄마 젖(영어 속어로 "팃tit")을 물고 만족스러워
하는 것과 같은 이치다. 다른 말로, 사회 불안을 미리 막기 위해
전통적으로 (군·경의) 억압적 **단속**clampdown에 맡겨졌던 핵심 역할
을 이제는 어린애 취급하기infantilization 방식(유치화)으로도 충분

히 수행할 수 있게 되었다[1] (그러나 통상적 믿음과 달리, 이것이 예전 방식을 완전히 대체하는 것은 아니다).*

이런 면에서 경제와 문화의 관계는 반드시 문화를 착취하는 경제로 국한해서 볼 이유는 없다. 오늘날 경제와 문화의 관계는 예술 행사마다 기업 후원자들이 돈을 대는 것을 보고 울분을 터뜨리는 차원을 훨씬 넘어서는 문제다. 실은 40~50년 전에도 의도치 않게 문화에 돈을 댄 후원자는 많았다. 그것은 그들이 낸 세금이 문화 분야의 지원금으로 쓰였기 때문인데, 이 경우 후원자들은 그 일을 자랑스럽게 떠벌일 이유도 없었고 예술 분야의 중요 결정에 영향력을 행사할 수도 없었다. 그러나 현 단계의 자본주의와 오늘날 "문화 생산" 사이의 관계는 이보다 훨씬 더 밀접하다. 오늘날 향락 산업과 자본주의는 심층적인 면에서 닮은 꼴을 보이는데, 둘 다 유치화 현상과 나르시시즘 경향을 띠는 것이다. (전통적) 물질 경제는 오늘날 "심리적이고 육욕적인 경제 psychological and libidinal"의 새로운 형태와 밀접하게 연결된다.

자본주의는 화폐 생산에 기초할 뿐 아니라 노동과 그 생산물이 사회적 관계의 근간을 이루는 사회다(노동은 생계의 원천이자 자아 정체성의 핵심이다. 생산물의 구매와 소비 역시 생계 활동이자 사

---

* 흥미롭게도 브레진스키는 자신이 그 용어를 고안한 것은 아니라고 했다. 그 점과 무관하게 이 개념은 오늘날의 실상을 너무도 잘 압축해 보여준다. 한 가지 기억할 것은 내가 이 "티티테인먼트" 개념을 비판하는 목적이, 사악한 자들이 음모를 통해 끔찍한 마스터플랜을 온 세상에 강행하려 든다고 주장하는 게 아니라는 점이다. 오히려 나는 이 단어가 현 세상을 관리하는 과정에서 나타난 객관적 경향성을 잘 보여준다고 본다.

회적 지위의 표현이다). 따라서 자본주의 사회에서는 장기적으로 불가피하게, 나르시시즘(자아도취)이 인간 심리의 가장 전형적 형태를 이루게 된다.[2] 이 맥락에서 향락 산업의 어마어마한 발전은 나르시시즘 창궐의 원인이자 결과이기도 하다. 따라서 이 산업은 현실적으로 나타나는 "인류학적 퇴행"의 주요 원인 중 하나라 할 수 있다. 사실 오늘날 자본주의는 우리를 바로 이 "인류학적 퇴행"의 방향으로 이끌고 있다. 그리고 실제로 나르시시즘은 개인적 차원만이 아니라 집단적 차원에서도 이러한 퇴행을 만들고 촉진한다.

인류학적 퇴행, 모든 사람의 나르시시즘

어린아이가 건강한 인격체로 성장하려면 인성 발달의 단계마다 반드시 해내야 하는 과제가 있다. 첫 단계(만 7세 무렵까지)에서는 (생후 1년까지의 아이들이 보이는 특징인) 엄마와의 유대감을 확인하고 싶어 하는 경향(애착)을 잘 극복해야 한다(이 애착은 프로이트가 "일차적 나르시시즘"이라 부른 것으로, 발달 단계에서 꼭 거쳐야 하는 과정이다). 이 과정에서 아이는 오이디푸스 콤플렉스 Oedipus complex의 고통을 관통해 이겨내야 한다. 그래야 자신의 능력이나 한계를 현실적으로 가늠하게 된다. 또한 그래야 유아들이 흔히 꾸는 꿈인 전지전능한 자가 되고 싶은 욕망으로부터도 자유로워진다. 이런 식으로 성장해야만 심리적으로 균형 잡힌 인격체의 발달이 가능하다. 성공의 정도야 사례별로 다르지만 통상적 교육은 이런 식으로 쾌락pleasure의 원리를 현실reality의 원리로 대체하려 노력했다. 물론 그 과정에서 쾌락의 원리를 완전히 없애버리는 건 아니지만.

그런데 만일 한 개인의 인성 발달 단계마다 그 과제들이 제대로 해결되지 않고 넘어간다면 결국에는 신경장애neurosis나 심지어 심리장애psychosis까지 올 수 있다. 그렇게 되면 아이는 결코 원래의 세상과 온전히 만날 수 없다. 동시에 아이는 애초의 나르시시즘 역시 스스로 극복할 수 없다. 다시 말해 아이는 그 나름의 인간성을 충분히 실현하기 위해 일정한 방향으로 잘 안내받아야 한다. 다양한 문화를 배경으로 탄생한 심리적 구성물들 역시 바로 이런 과정에서 대단히 중요한 역할을 해왔다(물론 과거의 상징적 구성물이 인간 삶을 온전히 구현하는 데 모두 성공적이었다고 보기는 어렵지만 그건 다른 문제다).

이와 유사한 차원을 가진 또 다른 한쪽 끝을 보자. 그것은 1970년대에 본격적으로 시작된, 가장 최근 단계의 자본주의다. 이 포스트모던 자본주의는 (그 주요 동력 내지 발달 양식의 차원에서) 생산과 억압을 소비와 유혹으로 대체한 것으로 보인다. 그런데 바로 이 자본주의는 역사상 처음으로 그 구성원을 대량으로 **유치화**하는 과정(어린애 취급하기)과 대규모의 **탈상징화**(또는 탈의미화)desymbolization 과정을 촉진해왔다. 즉, 우리가 날마다 접하는 모든 것이 사람들을 유치하게 만드는 데 기여하고 있다. 예를 들어 만화책부터 텔레비전까지, 고대 예술 작품을 복원하는 기술부터 광고까지, 비디오게임부터 학교의 강의계획서까지, 스포츠부터 기분 전환 약물까지, '세컨드 라이프' 게임부터 박물관

전시회까지 이 모든 것은 결국, 말 잘 듣고 자아도취에 빠진 소비자를 만들어내려는 것 아닌가? 이런 소비자는 온 세상을 단순히 자신의 연장선 정도로만 바라본다. 즉, 컴퓨터 마우스 클릭 하나만으로 온 세상을 자기 맘대로 다스릴 수 있다고 믿는 것이다.

매스미디어의 지속적 압박과 현실 세계의 왜곡, 기존 구조의 무미건조한 재생산을 위한 (제한된) 상상력, 사람들에게 지속적으로 강요되는 "유연성"의 신화, 전통적 의미 세계의 소멸, 오래전부터 인격체의 성숙성을 구성하던 가치관의 무시, 어린 시절이 가진 나름의 매력 대신 유치한 청소년 시절의 연장 등이 바로 현재 우리 눈앞에서 진행되는 현실이다. 이 모든 것이 엄청난 규모로 인간적 퇴행human regression을 앞당기고 있다. 아마 우리는 이를 일상의 야만성everyday barbarity이라 바꿔 부를 수 있을 것이다.

당연히도 꽤 많은 사람이 이런 현실에 대해 비판을 내놓은 바 있으며 그것이 종종 인신공격이 되거나 지나치게 혹평 일변도인 경우도 있다. 하지만 그 비판 뒤의 처방전은 지극히 역부족이거나(단순히 전통적 권위 형태를 복원하자는 이야기로 귀결되는 경우), 단지 반동적 수준에 그치는 것이 고작이다.

가난한 사람도 문화를 즐길 수 있게 되었다?

이런 퇴행적 경향의 강화에도 불구하고 사회적 저항이 별로 일어나지 않는 까닭은 무엇일까 하는 의문이 당연히 들겠지만, 현실을 자세히 보면 (사회적 저항은커녕) 완전히 그 반대 모습이 존재함을 알 수 있다. 왜냐하면 거의 모든 이가 (알건 모르건) 일종의 묵인 상태state of acquiescence에 기여하고 있기 때문이다. 일단 우파는 오로지 시장 논리만 믿기에 그럴 수밖에 없다. 최소한 그들은 통째로 시장자유주의자로 개종했다고 할 수 있다. 반면 좌파는 시민적 평등 개념을 믿고 있기에 그렇다(즉, 고급문화 대신 "대중문화"가 보편화하면 가난한 자들도 문화를 즐길 수 있다는 논리다. 그래서 문화적 퇴행과 인간적 퇴행에도 저항하지 않는다).

사회의 전반적 문화가 신자유주의적 자본주의의 요구에 적응해나가는 과정에서 좌파가 한 역할은 이 전반적 사태의 여러 국면에서도 가장 납득하기 어려운 부분이다. 왜냐하면 좌파가 종종 문화 상품화의 최전선에서 앞장을 서왔기 때문이다. 물론 그들의 사전에 "민주주의"나 "평등" 같은 매혹적인 개념이 가득 차 있었음에도 그랬다(아니, 실은 바로 이런 개념 때문에 그렇게 되었는지 모른다). 문화는 모든 사람에게 열려 있어야 한다! 과연 누가 이 훌륭하고 고상한 정서를 거부할 수 있겠는가.

그 배경을 살피자면, 좌파는 ("온건"이건 "급진"이건) 특히 68혁명 이후로 우파보다 훨씬 눈치 빠르게 중요한 개념 하나를 포기해버렸다. 그 개념이란, 문화적 표현의 다양한 형태 사이에 모종의 **질적** 차이가 있을 수 있다는 것이다. 어떤 문화적 좌파에게 이렇게 한번 말해보라. 베토벤이 랩 음악보다 낫다고 말이다. 아니면, 아이들은 게임기 앞에서 노는 것보다 시를 암송하는 게 낫다거나 좋다고 말이다. 그러면 당신은 아마도 즉각 "반동적"이라고 비판받거나 "엘리트주의자"로 낙인찍힐 것이다. 이제 거의 모든 곳에서 좌파는 돈과 권력의 위계질서와도 평화로운 관계를 형성

파국이 온다

하게 되었다. 나아가 그런 관계가 불가피하다거나 동의가 가능하다고까지 보고 있다. 바로 우리의 코앞에서 벌어지는 온갖 문제에도 불구하고 말이다.

한편 좌파는 나름 그 의미가 있는 곳에서조차 (더욱이 그게 완전히 고정된 것이 아니라 얼마든지 변할 수 있는 것인데도) 위계질서(차이성)를 허물어버리려 노력하기도 했다. 인간의 지성, 취향, 감각, 재주 등은 때로 바람직한 위계(문화적 위계)를 형성하기도 한다. 바로 이 가치들의 위계는 오히려 돈이나 권력의 위계질서를 부정하거나 거기에 과감히 도전할 수 있는 힘을 갖고 있다. 지금처럼 그 어떤 문화적 위계도 부정당하는 현실이라면, 결국 돈과 권력의 위계질서가 최고의 통치력을 발휘하게 된다.

이를테면 오늘날 전반적으로 (각종 학교에서도) 문화적 쇠퇴가 진행되고 있다고 인식하는 이들조차 어쩔 수 없이 이런 황당한 주장을 펴고는 한다. 과거의 고급문화는 오로지 소수 특권층만 향유할 수 있었고, 따라서 당시에는 대다수 민중이 그런 혜택을 입지 못해 더욱 무지해지고 심지어 문맹 상태에 놓일 수밖에 없었으나 오늘날에는 결국 모든 사람이 문화적 지식에 대한 접근권을 갖게 됐으니 그나마 괜찮지 않느냐고 말이다.

과연 이것이 진실일까? 아니면 이렇게 말할 수도 있겠다. 사실 오늘날 호머나 셰익스피어, 루소 등의 책을 읽으며 자라나는 아이들은 예전에 비하면 터무니없이 적다. 이런 면에서 향락 산업은 단지 한 유형의 무지ignorance를 다른 유형의 무지로 대체한 것에 불과하다고 할 수 있겠다. 이것은 마치 고학력 내지 대졸자수가 현저히 늘어난다고 해서 꼭 문화인의 수 내지 세상 돌아가는 것에 대한 이해도가 그 정도로 는다고 할 수 없는 것과 마찬가지다. 얼핏 대졸자의 증가가 교육 정책 입안자에게는 무한한 자랑거리로 보이겠지만 말이다. 오늘날 프랑스 대학에서는 약 30년 전 기술전문대 졸업자들이 획득했던 수준의 교과목 이수나 이해도 정도만으로도 얼마든지 석사 학위를 받을 수 있다. 따라서 해마다 청년들 절반 정도가 대졸 이상 고등교육 학위를 받는 데 전혀 어려움이 없다. '문화의 민주화' 차원에서 이 얼마나 놀라운 승리인가!

한편 향락 산업의 생산물은 흔히 말하는 것처럼 "대중문화"나 "인기 문화"라 부를 수는 없다. 예컨대 "팝 음악"이라는 명칭은 대중적 인기가 있는 문화를 가리키지만, 엄밀히 보면 이는 정확하지 않다. 또 어떤 이들은 현실의 실상(요즘 식으로 말해, 실은 대중을 "포맷"*해버린 것)에 대한 정직한 비판을 "엘리트주의"라 욕하며 "대중문화"를 옹호하기도 한다.

모든 것이 상대적일 뿐이라는 논리, 또는 문화적 가치를 재는 그 어떤 척도도 부정하는 논리는 (특히 "포스트모던" 시대에 와서는) 종종 스스로 해방된 모습처럼 행세하거나 이른바 "저항" 문화의 이름으로 사회비판을 한답시고 어깨에 힘을 주기도 했다. 그러나 이런 것을 좀 더 가까이서 들여다보면, 결국 이들은 상품

---

* 컴퓨터에서 "포맷"한다는 것은 모든 저장 내용을 지우고 백지 상태로 돌리는 것이다. 대중을 포맷한다는 것은 대중이 삶의 과정에서 경험하는 다양한 결을 모두 지우고 사실상 백지상태로 만들어버리는 것, 그리하여 상품이나 화폐 가치의 범주 속으로 (삶의 전반적 과정을) 표준화하는 것을 말한다. ─옮긴이

논리의 문화적 반영에 지나지 않는다.

상품 앞에서 만인은 평등하다?

상품화 앞에서 모든 존재는 평등하다! 그도 그럴 것이, 상품의 세계는 (오로지 양적으로만 구분될 뿐) 질적 분별력이 없기 때문이다. 그래서 만물은 단지 가치 증식(돈벌이)이라는 동일한 과정의 먹잇감으로만 보일 뿐이다. 바로 이 상품 세계가 그 모든 내용을 향해 보이는 무관심 내지 무차별성indifference은 (오로지 돈의 액수만 밝히면서) 그 어떤 질적 판단도 거부하는 문화적 생산(예술 창작 활동)에서 확실히 실현된다. 아무리 문화나 예술을 강조하더라도 그것이 돈벌이를 위한 생산인 한, 그 앞에 모든 게 동일하게 보이기 때문이다. "오늘날 문화는 모든 사물에 동일한 도장stamp을 찍는다"라고 한 아도르노의 말(1944)이 증명되는 셈이다.

의심의 여지 없이 이런 주장에 대해 "권위주의"적 편견이라며 무시하려는 시도도 있다. 그 근거는 "사람들"이 자발적으로 나서서 문화 산업이 만든 생산물을 찾고 요구하며 갈망한다는 것이다. 실제로 다른 문화·예술 작가들이 정말 다양한 대안을 제공하고 있음에도 굳이 그런 걸 선택하지 않는다는 뜻이다. 마치 수백만 명의 사람들이, 같은 돈을 주고 더 나은 음식을 먹을 수 있음에도 기꺼이 패스트푸드를 찾는 이치라는 것이다.

그러나 이런 항의는 가장 기본적인 사실 하나만 상기해도 금방 반박된다. 즉, 특정한 생활방식을 옹호하는 매스미디어가 하루가 멀다 하고 대규모의 광고 폭탄 세례를 지속적으로 퍼붓는 마당에 과연 "자유로운 선택"이 가능할 것인가 하는 문제다. 하지만 여기서 (광고나 미디어에 의한) "조작"만이 핵심 문제인 것은 아니다.

이미 살펴보았듯 인간 존재의 온전함에 접근하려면 (최소한 부분적으로라도) 그런 온전함을 갖춘 이들의 도움이 필요하다. 사실 모든 것이 스스로 "자발적" 경로를 밟으면서 발전하기를 기다리는 것은 자유를 위한 조건의 형성에 도움이 안 된다. 예컨대 이른바 시장의 "보이지 않는 손"은 가만히 그대로 두면, 결국 절대적 독점으로 귀결되거나, 만인의 만인에 대한 전쟁만 남는다. 즉, 모든 사람의 조화란 결코 저절로 오지 않는다. 마찬가지로 누군가가 그 고유의 차별성differentiation을 향한 역량을 계발하도록 (앞선 이들이) 도와주지 않는다면 그를 영원한 유아 단계infantilism에 머물도록 저주하는 것이나 다름없다.

이 부분은 흥미롭게도 심리 분석이 아니라 요리와 연관된 사실 하나로부터 설명이 가능하다. 우리의 미각은 크게 네 가지 기본적인 맛을 구분하는데 단맛, 짠맛, 신맛, 쓴맛이다. 사람의 미각은 특이하게도 쓴맛에 특별히 민감한데, 물 한 잔에 쓴맛을 내는 것이 1만 분의 1방울이라도 있으면 우리 혀가 즉각 느낀다. 반면 그 이외 다른 맛을 느끼려면 한 방울 정도는 온전히 들어 있어야 한다.[3] 따라서 쓴맛만큼 가변적인 맛이 없는 셈이다. 달리 말해, 쓴맛만큼 거의 무한정으로 다양한 맛을 낼 수 있는 건 없다. 실제로 와인이나 차, 치즈 등(사실 이들은 모두 인간 존재에겐 즐거움의 큰 원천인데)이 그토록 다양하게 개발될 수 있는 것도 모두

파국이 온다

이 쓴맛의 무수한 유형과 강도 덕분이라 한다.

그러나 어린아이들은 거의 본능적으로 쓴맛을 거부하고 오로지 단맛만 좋아한다. 좀 시간이 지나면 짠맛도 좋아한다. 그래서 아이들은 (초기의 거부감을 극복하도록, 그리하여) 쓴맛을 제대로 알기 위해 좋은 **교육**을 받을 필요가 있다. 그렇게 되면 그들은 또 다른 즐거움을 느낄 역량을 계발하게 된다. 만일 제대로 교육받지 못하면 아이들은 나중에도, 쓴맛의 다양함에서 느낄 수 있는 삶의 또 다른 기쁨을 제대로 음미할 기회를 놓친다.

만일 누구도 아이에게 그런 배움의 계기를 주지 않는다면 아이는 설탕이나 소금 말고는 아무것도 찾지 않을 것이다. 설탕이나 소금은 쓴맛처럼 미묘한 식감의 차이를 내지 못하고 오직 그 양의 다소만으로 구별된다. 바로 이것이 패스트푸드 소비자가 탄생하게 된 배경이다. 사실 패스트푸드는 모두가 알 듯 단맛과 짠맛밖에 내지 못한다. 따라서 그것을 즐기는 소비자들은 다른 맛을 제대로 음미할 줄 모른다. 더구나 우리가 어릴 때 배우지 못한 것은 나중에 커서도 배우지 못할 가능성이 높다. 만약 어릴 때 햄버거나 코카콜라만 먹고 자란 아이가 나중에 돈이 많아져 졸부 a nouveau riche가 되었다고 해보자. 자신의 문화나 세련됨을 은근히 자랑하고 싶어진 그는 값비싼 포도주나 고급 치즈 같은 것을 소비할 가능성이 높다. 하지만 그는 그 맛을 제대로 음미하진 못한다.*

음식 "취향"과 관련된 이 이야기를 미학적 취향에도 적용해볼 수 있다. 일례로 바흐의 음악이나 전통적 아랍 음악을 제대로 음미하려면 일정한 교육이 필요하다. 반면 록음악이 주는 신체적 자극을 "음미"하는 데는 단지 우리 몸 하나만 있으면 충분하다. 그런데 오늘날 부정하기 어려운 사실 중 하나는 대다수 사람이 "자발적으로spontaneously" 코카콜라나 록음악, 만화책이나 인터넷 포르노 같은 걸 굳이 찾는다는 점이다. 그러나 이 사실이, (모든 경이로운 것을 풍부하게 제공하는) 자본주의가 "인간 본성"과 조화를 이루고 있다는 의미는 아니다. 오히려 이것은 자본주의가 바로 그 "인간 본성"을 초기 유아 단계에 머물게 하는 데 성공했음을 의미한다. 실제로 우리가 식사할 때 나이프와 포크로(또는 젓가락으로) 음식을 먹는 것조차 아무런 배움의 과정 없이 저절로 된 게 아니지 않던가.

그러므로 향락 산업 및 "편의점" 문화의 성공을 오로지 선전과 조작 탓이라고만 할 수는 없다. 사실 이 "편의점" 문화의 성공 역시 세상 모든 문화의 장애물을 넘어 엄청난 범지구적 성공을 거두었다. 그러나 이것은 진실의 절반일 뿐이다. 진실의 다른 절반은

---

* 프랑스 사람은 이런 경향과는 거리가 멀다고 생각하는 사람들은 최근 프랑스 와인 제조업자들이 어떤 식으로 하고 있는지 생각해보는 게 좋을 듯하다. 그들은 미국 소비자들의 구미에 맞게 와인을 제조하려고 최근 엄청난 노력을 기울인다. 미국 소비자들은 대체로 설탕이나 바닐라 맛을 매우 좋아하는 경향이 있다. 물론 수많은 프랑스인은 그런 맛과 결별한 지 오래다(조너선 노지터Jonathan Nossiter 감독의 2003년 다큐 영화 〈몬도비노 Mondovino〉 참조). 한편 이탈리아에서는 저 유명한 바롤로Barolo 와인을 둘러싸고 일종의 "전쟁"이 전개되기도 했다. 즉, 한편에는 이 바롤로 와인의 전통적인 맛(특히 떫은맛)을 고수하려는 제조업자들이 있고, 다른 한편에는 그 맛을 좀 더 가볍게, 그리고 과일향이 나게 함으로써 "국제" 표준에 맞추려는 제조업자들이 있어 상당한 갈등을 겪었다.

바로 우리들 안에 있다. 즉, 이런 상업 문화의 성공은 그런 산업이 사람들의 "자연스러운" 욕망을 잘 충족해주기 때문이기도 하다는 이야기다. 여기서 "자연스러운" 욕망이란 사람들이 유아기 시절의 나르시시즘적 상태를 포기하고 싶지 않은 마음이다(이런 식으로, 사람들은 문화 산업의 도움으로 계속해서 유아 단계infantilism에 머물게 된다).

자본의 가치 증식 요구이기도 한 새로운 형태의 지배 양식과 마케팅 기술 사이의 이러한 동맹은 대단히 효과적이다. 그도 그럴 것이 이 동맹 자체가 이미 존재하는 (인간의) 퇴행적 경향성에 출발점을 두기 때문이다. 나아가 각종 토론에서 뜨거운 주제이기도 한, 세상의 탈물질화dematerialization라는 것 역시 전지전능한 존재omnipotence가 되고 싶은 유아기의 욕망을 자극한다.

실제로 오늘날 세상에서 널리 수용되는 주요 권고 중 하나도 "제한 없음"이 아니던가. 이 무제한이라는 구호는 전문직 경력 관리에도, 제약회사에서 만든 영원한 생명의 약속에도, 비디오게임을 통한 (무한히 다양한 존재에 대한) 경험에도, 그리고 쉼 없는 "경제성장"만이 모든 악을 해소하는 해결책이라는 논리에도 존재한다. 이런 식으로 자본주의는 역사상 처음으로 그 어떤 제한이나 경계가 없음에 토대한다. 그리고 실제로 이런 사실을 부단히 광고하고 있다. 우리는 단지 이것이 사실상 무엇을 의미하는지 이제 막 이해하기 시작했을 뿐이다.

만일 문화 산업이 이 상품 사회와 완전히 조화롭게 잘 돌아간다면, 그럼에도 불구하고 (진실한 인간의 영역이라는 의미에서) "진정한" 예술 같은 걸 가지고 그에 저항하는 것은 아직도 가능할까? 사실 지배적 권력자들과 사이좋게 지내려는 (노골적이거나 은밀한) 공범 관계는 늘 문화 생산 영역의 대부분을 압도해왔다. 심지어 가장 고급스러운 문화 영역조차 그런 공범 관계 아래에 놓여 있다.

"위대한 예술"과 "대중" 예술, 그 차이의 가능성

여기서 중요한 것은 차이의 **가능성**이 존재하는가 하는 점이다. 불행히도 과거의 최고 예술 작품들이 보여준 두드러진 힘은 오늘날 향락 산업의 생산물에서는 전혀 찾아볼 수가 없다. 그 예술 작품을 보는 이로 하여금 존재론적 고민을 하게 만드는 힘, 그리하여 개인을 일종의 정신적 위기 상태로 유도하는 힘 같은 게 결여된 반면, 오늘날 산업화한 문화 상품 세계는 대중을 가볍게 위로한다든지 아니면 기존의 삶의 방식을 더 강화하는 역할을 주로 한다. 그도 그럴 것이, 이들은 주로 신기한 "경험"을 많이 제공한다거나 각종 "이벤트"를 연출하는 데 주안점을 두기 때문이다.

상품 사회에서는 누군가 무슨 예술품을 팔고자 하면 구매자의 욕망보다 몇 수 앞서가야 한다. 즉, 구매자가 그 상품 구입을 통해 느낄 즉각적 만족의 수준을 넘어서야 한다. 이를테면 판매자는 구매자를 '당신은 정말 기품이 있군요'라는 식으로 치켜세워주어야 한다. 달리 말해, (내가 주장하듯) 쉽게 "접근하기" 어려운 까다로운 작품을 제공하고는 구매자를 좌절하게 만들면 안 된다는 이야기다.*

불과 얼마 전까지만 해도 한 개인에 대한 사회적 평가는 그가 진정으로 아끼는 작품들의 미적 수준에 토대했다. 즉, ("포스트모던" 시대와 더불어 엉뚱하게 속물화한 오늘날처럼) 동일한 작품을 얼마나 많은 사람이 사는지, 그 작품 전시회에 얼마나 많은 사람이 몰리는지, 또 인터넷 같은 데서 얼마나 많은 다운로드 횟수를 기록하는지 따위가 기준이 아니었다. 특별히 좋은 예술 작품이 내포한 풍부함과 복합성 같은 것을 잘 포착하는 사람들이 제대로 인간다운 품위를 지닌 사람으로 끝내 존경을 받았다.

이런 점은 이른바 "포스트모던" 시대의 비전과 정말 대조적이다. 즉, 각 개별 관람객은 그가 한 예술 작품 안에서 무엇을 볼 것인지와 관련해 정말 민주적으로 자유롭다. 그래서 그는 오히려 자기 자신을 그 작품 속으로 투사해서project 바라본다! 이렇게 되면 관람객은 작품을 통해 아주 새로운 그 무엇과도 대면할 수 없다. 오히려 늘 동일한 자신에 머물고 있음을 재확인하는 데서 오는 안정감만 반복적으로 즐길 뿐이다. 바로 이것이야말로 나르시시즘적 부정의 원리다. 즉, 자아도취에 빠진 현대인들은 (이기적 자아, 즉 에고the Ego와 구분되는) 저 넓은 세상과 적절한 관계 맺기를 거부하게 된다는 이야기다.

이런 관점에서 보면, 오늘날은 "위대한 예술great art"과 "대중

---

* 이런 배경에서, 우리가 어떤 작품을 유심히 들여다보고 있노라면 때로는 그 작품들이 오히려 우리를 빤히 쳐다보는 것만 같다. 그러면서 우리로부터 무슨 응답을 받고자 기다리는 듯 보인다.

mass"예술 사이에서 별다른 차이를 발견하기 어렵다. 현대예술은 너무나도 자주 향락 산업의 생산물만큼이나 무능하다. 오늘날의 예술품들은 관람객을 상대로 일종의 도전을 감행할 역량이 없다. 그리하여 향락 산업이 그렇게 하듯 현실을 있는 그대로 깊이 파악할 수 있는 감각을 상실하게 만든다.

이런 식으로 예술이 디자인이나 광고의 부속품이 될 때 상업화의 영역에 제대로 편입된다. 이미 현대예술의 상당 부분이 스스로 문화 산업의 품속으로 뛰어들어버렸다. 그러고는 그 안에서 편히 앉을 자리 하나를 달라고 조신하게 부탁하는 꼴이 되고 말았다. 바로 이것이 (이미 100년 전 예술가 스스로 주도한) 팽창 노력의 (의도치 않은) 장기적 결과다. 그 팽창 노력이란 "예술" 영역 자체가 상품 사회로 확장하려던 노력이기도 했고, 거꾸로 (상품 사회 내의) 일상 삶을 예술 영역으로 옮겨놓으려는 노력이기도 했다.

그에 더해, 요즘 들어서는 역사적으로 의미가 큰 예술 작품들이 그런 문화적 기계(문화 산업) 속으로 한창 통합되는 중이다. 그 방식은 주로, 현란한 전시회나 문화재 복구 사업 같은 것을 통해서다. 이 작업은 그런 예술품이 일반 대중에게 더 많이 소비될 수 있게 만드는 데 주안점을 둔다. 비근한 예로, 로마 교황의 예배당 시스티나 성당Sistine Chapel이 강렬한 총천연색으로 치장된 것을 들 수 있다. 아니면, 고전적인 문학·음악 작품을 마치 도살하듯 잘게 잘라 일반 대중에게 좀 더 "접근성이 높도록" 만드는 방식도 있다. 심지어 이들은 현대예술품들과 한 덩어리가 되어 팔리기도 한다. 그렇게 되면 그 작품들이 애당초 지닌 역사적으로 특수한 의미는 죄다 사라진다. 가장 대표적인 예가 파리 루브르 박물관 앞뜰에 있는 피라미드다. 요컨대 역사적으로 의미가 큰 예술품들이 여전히 지니고 있음직한 톡 쏘는 맛the sting(비록 그것이 오직 시간적 거리감에서 나오는 것이라 하더라도) 같은 것이 이런 식의 현란화spectacularization 및 상업화로 인해 철저히 사라지고 만다.

그러나 가장 화가 나는 일은 오늘날 수많은 박물관(이나 갤러리)에서의 경험이다. 대부분의 유명 박물관들은 자신들이 "교육적 사명"을 띠고 있다고 자랑하기도 하고, 그래서 "문화를 일반인들에게 더 접근성 있게" 만들려고 노력하기도 한다. 사실 많은 박물관이 벽면마다 지나칠 정도로 긴 설명을 붙여놓기도 하고 다양한 언어로 해설을 들려주는 이어폰을 빌려주기도 한다. 이런 설명이나 해설은 관람객들이 어떤 작품을 보고 정확히 어떤 걸 느껴야 하는지도 상세히 알려준다. 그리고 특히 (그 모든 작품과 해설이 담긴) 비디오나 (그 작품들에 대한 퀴즈 및 대화 형식의) 게임 프로그램, 하다못해 티셔츠 같은 걸 박물관 가게에서 구입하기를 잊지 말라고 조언까지 한다!

그들의 주장은 더 가관이다. 이런 식으로 해야 일반인, 특히 부르주아가 아닌, 낮은 계층의 사람들도 문화나 역사를 두루 즐길 수 있다는 것이다(이 말은 간접적으로, 오늘날에도 부르주아들이 여전히 문화적 수준이 높다는 이야기인데 이 역시 상당히 거슬리긴 한다). 그런데 실제 현실에서 이러한 수요자-친화적 접근 방식이야말로, 대중 계층을 향한 가부장적 태도의 극치가 아니던가(물론 대중 계층이라는 게 아직 있기라도 하다면 말이다. 다시 말해 이런 태도 아래 깔린 기본 가정은 "일반 사람(대중)"은 처음부터 문화 예술적 감각 같은 게 아예 없기 때문에 아무리 좋은 작품도 가능한 한 가볍게, 그리고 유치원 아이조차 쉽게 알 수 있게infantile 제시되어야만 모두 잘 음미할 수 있다는 것이다.

이 모두는 그 옛날 먼지 같은 게 좀 쌓여 있더라도 감상의 즐거움이 꽤 컸던 박물관에서 느끼던 숨죽인 분위기 같은 게 모두 사라졌음을 상징한다. 그때의 즐거움이란, 박물관이 겉보기에도 사람들을 (일상의 야단법석 같은 세상을 떠나 잠시라도 휴식이 가능한) 좀 분리된 세상으로 안내해주는 데서 온 것이기도 하고, 또 무엇보다 관람객 자체가 요즘처럼 그렇게 많이 북적대지 않는 데서 오기도 했다. 그런데 오늘날은 더 잘 "관리되어" 더 많은 관람객을 끌어들이는 멋진 박물관일수록 출퇴근 시간의 기차역 환승 통로나 컴퓨터 전시장을 연상시킬 정도로 북적댄다. 사람들이 그런 박물관에 굳이 가겠다는데 막을 이유가 있는가?

이렇게 된 바에야 차라리 동일한 작품들을 압축 디스켓CD 하나로 감상하는 게 더 나은 생각일지도 모르겠다. 왜냐하면 그런 박물관에는 이제 원래 작품이 가졌던 "아우라aura" 따위는 하나도 남아 있지 않기 때문이다. 사실 이조차 예술과 생활을 별 생각 없이 결합하는 또 다른 왜곡의 길이기는 하다. 이때의 결합이란 그 둘 사이의 어떤 차별성 같은 것을 지워버린다는 의미이기 때문이다. 즉, 그런 식의 결합은 우리를 둘러싼 시시한 현실과는 좀 다른 어떤 게 있을 수 있다는 생각을 아예 제거해버린다.

오래된 박물관이라는 공간은 그 모든 결점에도 불구하고 늘 관람객에게 진지하고도 특별하게 느껴지는 그 무엇을 품고 있었다. 그 이유는 정확히 그 공간이 우리가 통상적으로 경험하는 바와 너무나 '달랐기' 때문이다. 그런데 오늘날 박물관 공간을 줄지어 다니는 관광객이나 학생 그룹은 어떤 면에서 효과 좋은 백신을 주입받고 있는 것인지 모른다. 즉, 어떤 예술이나 역사를 통해 인간 존재에 관한 메시지 같은 것을 경험할 위험으로부터의 면역 주사 말이다. 아니면 적어도 그런 것들에서 자기 나름의 해석이나 의미를 찾아낼 가능성으로부터의 면역이랄까….

만일 우리에게 여전히 어떤 의지가 있다면, 즉 문화가 경제에 완전히 흡수되는 것을 예방하려는 의지가 있다면(실은 이런 소망이야 아직도 널리 공유된다) 가장 우선적으로 할 일은 무엇일까? 역시 향락 산업의 생산물과 (혹 있을 수 있는) "참된 문화" 사이에 **질적 차이**가 있음을 인정하는 것이다. 이 인정이란 순수하게 상대적으로 보거나 완전히 주관적으로 보는 것이 아닌, 질적으로 '다름'을 감지하는 판단이 가능하다는 의미다.

자세히 보면 현 시대에는 제대로 된 판별judgment 기준을 세우고 싶은 의지가 한쪽에 있고, 다른 쪽에는 그 기준 정립의 가능성에 대한 전면적 거부가 있다. 그리고 이 둘 사이에 엄청난 격차가 있다. 물론 기준 정립을 주장하는 이들 역시, 그런 기준이 하늘에서 떨어지는 게 아니라 사람들이 토론을 통해 만들어야 하는 것이고 또 얼마든지 바꿀 수 있는 것이라는 점을 잘 안다. 전면적 거부 입장 역시 모든 게 칼로 무 자르듯 구분되지는 않는다는 주장을 편다.

만일 모든 게 동일하다면 그저 내버려두면 될 뿐 서로를 귀찮게 할 필요가 전혀 없을 것이다. 그렇지만 바로 이 동일성sameness이야말로, 그리고 그로 인한 무관심 내지 무차별성이야말로 시장이나 상품, 노동과 화폐에 의해 지배되는 우리 삶을 교묘한 방식으로 가리는 장막이 아닐까. 시장이나 상품, 노동과 화폐야말로 우리가 일상으로 경험하는, 야만화barbarization라는 전 사회적 위협에 맞설 인간적 역량을 갉아먹는 주범이다.

이런 맥락에서 우리 앞에 도사린 미래의 여러 가지 도전과 제대로 대면하려면, 우리 민초들 모두가 그 인간적 역량을 총동원해 자발적으로 나서야 한다. 달리 말해, (유아를 최악의 의미로 해석할 때) 여전히 유아 단계에 머물러 있는, 그러나 나이만 많이 먹은 자들은 도무지 그런 도전을 감당해낼 수 없다. 이 시대적 전환기epochal transformation에 과연 문화·예술 기관들은 어떤 위상과 역할을 드러낼 것인가.

10

예술의 종말
이후의 예술

예술은 끝장났는가−기 드보르와 상황주의자들의 예술

1950~1960년대에 (기 드보르로 대변되는) 상황주의자들은 진정한 예술의 "초월"과 "실현" 문제에 대해 입장 발표를 한 바 있다. 그들이 보기에 기성 예술은 이미 그 목적과 방향을 상실했고 예술의 역사도 이제 끝장난 것이나 다름없었다. 이어 1985년 기드보르는 그 선언이 결코 과장이 아님을 재확인했다. 그에 따르면, "1954년 이후 언제 어디서도 예술에 대해 진정한 관심을 가진 작가가 단 한 사람도 출현하지 않았다".[1]

만일 이 상황주의자들의 생각을 진지하게 받아들인다면 필시 다음과 같은 질문이 나온다. 예술가들이 그간 해온 생산 작업에 대해 우리는 어떤 입장을 취해야 하는가? 사실 예술가들의 생산은 지난 반세기 동안 전례 없는 규모로 우리를 '상황주의 인터내셔널SI'의 토대와 분리시키는 것이 아니었던가? 그러니 그 예술 생산을 도매금으로 무시하는 것도 무리는 아니다. 예술 생산 자체도 그럴 만한 이유를 충분히 제공했다.

그렇다고 해서 예술을 삶 속에서 실현하겠다는 역사적 프로젝트가 실패한 이유를 잘 설명할 수 있는 것은 아니다. 사실 이 실패는 지난 반세기라는 긴 시간을 총체적으로 특징 짓는다. 상황주의자들이 예술을 초월하겠다고 한 것은 사실상 예술을 구하려는 시도였다.* 즉, 그것은 예술과 시에 대한 사랑을 선언하는 위대한 몸부림이었다. 이 선언을 예술가들도 아닌 그들이 굳이 한 이유는, 그들이 생각하기에 이 문제가 매우 중요해 예술가나 문화 기관에 맡겨놓고 마냥 기다릴 수만은 없었기 때문이다. 상황주의자들의 우려는 예술적 창의성이 아니라 예술의 사회적 역할이 결여되었다는 점이었다. 그들은 당시 예술이 이미 인간 삶의 풍부한 가능성을 충분히 담아낼 수 없는 지경으로 추락했다고 보았다.**

그러나 예술의 참된 실현은 (최소한 상황주의자들이 의도한 대로는) 일어나지 않았다. 비유컨대 하늘을 향한 공격이 도리어 땅을 향하고 말았던 것이다. 즉, 현란한spectacular 자본주의 사회만 맘껏 부풀어 올랐다. 사실 자본주의는 1970년 무렵부터 궤도를 한

---

* 아마 이것이 유일하게 가능한 노력이자 유일하게 진보할 수 있는 가능성이었을 것이다. 당시는 다양한 네오다다이즘이 앞다투어 이미 과거에 누군가가 해놓은 것을 재탕하는 정도 외에는 아무것도 하지 않던 시기다. 마치 예술의 역사가 종을 쳤다는 듯, 그래서 당장 할 수 있는 일은 그저 시체의 옷을 벗기는 일밖에 없다는 듯 말이다.

참 벗어나기 시작했다(열광적 혁명가들만 그렇게 본 것은 아니다. 당시 기업가들의 내부 보고서에도 수없이 나온 내용이다.[2]) 그 후 자본주의는 자신의 영토에 대한 지배력을 완전히 재정비했다. 따라서 이 자본주의 영토에서는 이제 혁명의 기운 같은 것은 보이지 않게 되었고, 오로지 무질서anomie의 도가니 속으로 빠져든 듯했다.

이 상황에서 예술은 일반적으로 자유의 마지막 피난처로 존중받았다. 하지만 1960년대만 해도 그 평가는 전혀 달랐었다. 즉, 당시의 가장 "선진적인" 지식인들 사이에서 예술은 "믿기 어려울 정도의 잠재력 발전"[3]에 비해 실제 모습은 **턱없이 부족한** 것으로 비쳤다(한편 오늘날 예술이 자유의 최후 피난처 정도로만 머무는 상황은 매우 안타깝다). 설사 예술이 인간적 풍요를 실현시키지는 못할지라도 최소한 보조적으로라도 그런 걸 암시할 수 있어야 하지 않을까? 그 정도만 해도 아무것도 없는 것보다야 훨씬 낫지 않은가. 따라서 아도르노의 생각이 마침내 "상황주의자"의 논리에 힘입어 그 타당성을 입증받았다. 특별히 이 부분이 그렇다. "그동안 이 세상에 그 어떤 진보도 존재하지 않았기에 바로 오늘날

***** 상황주의자들이 "예술을 초월한다"라고 했을 때 이 말은 크게 두 가지 다른 방식으로 쓰였다. 하나는 당시 예술이 "낡아빠진", "부재하는", "노쇠한", "더는 시대와 맞지 않는" 것이라는 맥락이고, 또 다른 하나는 (그들에 따르면) 이런 식의 초월이 이미 그들 자신의 시대적 과제가 되었다는 맥락이다. "초월한다"라는 말은 헤겔 식의 지양Aufheben이라는 의미로 이해된다. 이 지양이란 과거의 소중한 내용은 지키고 잘못된 것은 버리면서 한층 고양된 수준으로 나아감을 의미한다. 그들에게 이런 식의 초월은 아직 성취해야 할 과제였다. 하지만 이 성취는 기존 예술 영역이 아니라 일종의 사회혁명을 통해 비로소 가능한 것이었다.

예술 속에 진보가 존재한다. 따라서 '이는 계속되어야 한다il faut continuer'." 4

현대예술은 무엇을 위해 존재하는가?

그러나 현 세계에 대한 근본적 비판의 관점에서 볼 때(물론 그 뿌리 중 하나는 기 드보르 사상 속에도 있다), 설사 일반적 의미에서 **하나의** 현대예술이 새로운 모습으로 가능하다 하더라도 (역사의 발전 덕분에, 그리고 더 나은 걸 바라는 마음 덕분에), 바로 그 "현대예술"(1975년 이후 실제로 일어난 예술적 생산)이 꼭 찬사를 받아야 함을 의미하지는 않는다. 이론적 성찰의 과제는 현재를 정당화하거나 미화하는 것이 아니며, 이는 정치학이나 경제학 분야는 물론 예술 분야에도 당연히 적용되는 이야기다.* 따라서 오늘날 현대예술가들(또는 오늘날의 시장이나 미디어, 각종 문화예술계 기관이 그 명칭으로 부르는 이들)이 하는 일을 본격 분석하기에 앞서, 아마

---

* 오늘날 거의 모든 정부가 매우 강한 공개적 비판을 받는 걸 생각한다면, 현대예술이라고 해서 그런 비판을 받지 말라는 선험적 이유는 전혀 없다고 본다. 예컨대 16~17세기 영국에는 미사여구 풍조誇飾體, euphuism 내지 궁중 미술official painting 등의 문화 시대가 있었는데, 한참 유행하고 난 뒤 오히려 나중에 가서는 예전의 찬양자들에 의해 비웃음을 사기도 했다. 긴 말 필요 없이, "그걸 좋아하는 사람들이 많고 또 그걸 소유하려 돈을 지불하려는 사람이 많기에 그건 참 가치 있는 것"이라는 논리는 '선결문제 요구의 오류petitio principii'를 드러낸다.

도 이런 질문이 필요하지 않을까 싶다. 과연 현대예술로부터 합당하게 기대할 수 있는 것은 무엇일까?

물론 어떤 이들은 사회 이론에 근거해 현대예술을 논하는 방식의 타당성을 전면 부정할 수도 있다. 오늘날 날이면 날마다 이른바 "다원 민주주의plural democracy"가 좋은 것이라고 입에 침이 마르도록 떠들어대는 사회에서, 예술가나 일반 대중은 선택의 자유freedom to choose를 마음껏 누리는 것처럼 보인다. 즉, 사람들이 다양하게 존재하는 복수의 선택지들을 쭉 둘러보고는 자신이 원하는 것을 편하게 고를 수 있다는 것이다. 이런 상황에서는 그 어떤 진지한 가치판단이나 평가도 이미 낡아빠진 것 내지 심지어 전체주의적인 것으로 치부되고 만다. 여기서 가치판단이란 다른 말로 하면 전체 맥락을 좀 객관적으로 보자는 이야기인데, 특히 그 비판이 해당 작품에 전적으로 호의적이지 않고 상당히 낯선 내용을 담고 있을 때 더 예민한 반응이 나온다. 솔직히 이러한 자유주의적 예술 개념에 그 누가 반대할 수 있겠는가? 즉, 모두가 마치 맥도날드 같은 데서 실컷 먹거나 텔레비전을 원하는 만큼 보거나 각종 선거에서 마음 가는 대로 투표하는 것처럼, 예술 작품도 누구나 효과적으로, 그리고 자유롭게 만끽할 수 있다는데 대체 무엇이 문제이겠는가?

그러나 반대로, 이런 것을 수용하지 않는 자들 또는 최소한 뭔가 색다른 주장을 하고 싶은 자들은 다음과 같은 최소한의 기본은 인정하는 게 좋다. 여기서 색다른 주장이란 예컨대 "문화 생산물"에 대한 토론을 위해 순수하게 주관적이지만은 않은 어떤 기준을 세워보자(그래서 그 작품의 중요성이나 의미를 분별해보자)

는 제안 내지 요구 같은 것이다. 그렇다면 우리에게 필요한 최소한의 기본은 무엇인가? 원래 문화 생산물이란 상징 영역의 일부라는 점, 즉 사람들이 그 생산물을 통해 삶과 사회를 스스로 표현하거나 설명하고자 했던 (경우에 따라서는 비판적 성찰을 하고자 했던) 그런 상징 구조의 일부라는 점을 인식하는 것이다.

이 점을 확인하고 난 뒤에야 우리는 비로소 근거를 갖고 그다음으로 넘어갈 수 있다. 그것은 현대예술이 그런 상징을 만드는 능력이 있는지 차분히 성찰해보는 것이다. 여기서 상징이란 순수하게 개인적인 것은 아니고 보다 폭넓은 집단적 경험에 조응하는 어떤 것이다. 이런 토대 위에서 예술 작품을 다시 본다면 현대의 창작물에 대한 일부 견해는 완전히 엉터리임을 알게 된다.

상품이 지배하는 사회의 나르시시스트들

이제 우리에게 필요한 질문이 굳이 추상적으로 제기될 이유는 없다. 예술이 그 어떤 영원한 본질 같은 걸 갖고 있는지 확인하자는 이야기가 아니다. 바로 지금 여기의 문제를 논해보자는 것이다. 우리의 질문은 이렇다. (상징적 차원의 표현을 요구하는) 현대인의 삶은 과연 어떤 본질적 특성을 지니는가? 이 특성은 단지 불의, 전쟁, 차별 등으로만 구성되지는 않을 것이다. 물론 이런 것들이 오랫동안 우리의 사회생활을 이리저리 얽어매고 있는 것은 사실이지만.

보다 구체적으로, "현대contemporary"라는 지금의 시대는 오래

전 카를 마르크스가 **상품 물신주의**라 부른 현상에 의해 전반적으로 지배된다는 점이 특징이다. 이 말은 앞서도 봤바 단순히 상품에 대한 광신적 집착보다 훨씬 많은 내용을 담고 있으며, 이런저런 거짓말이나 과장이 많다는 의미가 아니다. 여기서 중요한 점은 근대, 산업, 자본주의 사회에서는 거의 모든 사회 활동이 물질적 또는 비물질적으로 상품의 형태를 띤다는 사실이다(과연 상품이란 무엇인가? 그것은 사용가치와 교환가치를 지닌, 노동의 생산물이다). 여기서 상품의 가치는 그것을 생산하는 데 필요한 노동시간에 의해 결정된다. 그런데 이 상품의 운명을 결정하는 것은 상품의 구체적 질이 아니라 그것이 품고 있는 노동의 양이다. 그리고 이것은 일정한 액수의 화폐(가격)로 표현된다. 이런 식으로, 인간의 생산물은 인간으로부터 분리된 채, 화폐 법칙과 (자본으로의) 축적 법칙에 의해 지배되면서 고유의 생명을 갖게 된다.

"상품 물신주의"는 이제 글자 그대로 이해된다. 현대인들은 자신이 만든 생산물(상품)을 신으로 숭배한다. 그 생산물에다 하나의 독립적 정체성과 (또 역으로 그들을 지배할 수 있는) 권력까지 동시에 부여함으로써 말이다. 이 현상은 결코 환상이나 속임수가 아니다. 오히려 상품 사회가 작동하는 실제 현실이다. 바로 이 상품 논리가 경제 분야를 넘어 온 사회로 확장되면서 우리 삶의 모든 분야를 지배해왔다(기 드보르의 '스펙타클' 이론은 이 전반적 현상을 가장 잘 묘사한 작품이다).

상품으로서, 모든 사물과 모든 활동은 평등하다! 이들 상품이 구분되는 것은 오로지 그 속에 축적된 노동의 양, 따라서 돈의 크기일 뿐이다. 이 모든 것을 승인하는 주체는, 그 행위자들의 주관적 의도가 아니라 그 위에 존재하는 시장market이다. 바로 이 치명적 (시장의) 독점 상태, 그리고 실제로 벌어지는, (사물이나 행위의) 내용에 관한 총체적 부재와 무관심, 바로 이것이 상품 지배 사회(곧 상품 물신주의)의 핵심 특징이다.

하나의 추상적이고 공허하며 불변의 형태이자, 질적 특성 없이 순수한 양만으로 존재하는 화폐가, 이 세상의 무한하면서도 구체적이고 다양한 것들 위에 (가격이라는 이름으로) 점차 덧씌워진다. 상품과 화폐는 (구체적인) 세상에 무관심하다. 왜냐하면 상품과 화폐의 입장에서 세상이란 (그들이 써먹을) 원자재에 지나지 않기 때문이다. (각종 법률과 사람들의 저항까지 포함한) 구체적 세상이라는 그 존재 자체가 궁극적으로 자본축적(오로지 축적만이 목적인)에 걸림돌일 뿐이다.

자본주의는 일정량의 돈을 더 큰돈으로 바꾸기 위해 온 세상을 모두 소비, 소모한다(사회적·환경적·미학적·윤리적 차원 등 모든 차원에서 그렇다). 달리 말해, 상품과 그 물신주의 뒤에는 이런 식으로 검증 가능한 "죽음 충동death drive"이 깃들어 있다. 이 죽음 충동은 "세상의 파멸", 즉 재앙을 향한 (무의식적이지만 아주 강력한) 경향성을 드러낸다.

이 상품 물신주의가 개인의 심리적 삶 속으로 표현된 것이 곧 **나르시시즘**이다. 이 말은 자신의 몸이나 존재 자체에 대한 찬탄만을 의미하지 않는다. 이것은 실은 심각한 병리적 상태를 상징한다. 이는 이미 심리분석 분야에서 널리 알려진 사실이다. 사람들은 어린 시절의 인성 발달 과정에서 자아와 세상을 잘 구분하지 못한 경우, 나중에 어른이 되더라도 그 어린 시절 초기의 심리

파국이 온다

구조를 그대로 유지한다(나르시시스트는 그렇게 만들어진다). 그렇게 되면 모든 외부 사물은 나르시시스트에 의해 단지 자신의 투사물로서만 경험된다. 반면 이 자아는 극단적 결핍을 경험하는데, 그것은 자아가 외부 사물과 참된 관계를 맺지 못한 결과 결코 풍요로워질 수 없기 때문이다. 따라서 한 주체가 참으로 그런 관계를 맺으려면 맨 먼저 외부 세계의 자율성을 있는 그대로 인정해야 한다. 동시에 그 자신이 외부 세계에 종속되어 있다는 사실도 인정할 필요가 있다.

나르시시스트는 일단 겉으로는 "정상적인" 사람으로 보인다. 하지만 실제로 그는 여전히 주변 환경과 뒤범벅된 상태에서 헤어나지 못한다. 오히려 그로 인해 지니게 된 전지전능함의 환상illusion of omnipotence을 계속 유지하려 온갖 노력을 다한다. 이런 형태의 심리장애psychosis는 프로이트(1856~1939) 당시에는 드물었지만 19세기를 경과하는 사이에 인간의 정신적 질병 중 가장 흔한 형태가 되고 말았다. 그 흔적이 거의 모든 곳에서 발견된다. 이는 결코 우연이 아닌데, 여기서도 현실 감각의 상실, 그리고 (독립적이고 자율적으로 존재하는) 세상의 부재라는 동일한 현상을 찾아낼 수 있기 때문이다. 그런데 바로 이 현실 감각의 상실 및 (구체적이고 무한하며 다양한) 세상의 부재야말로 상품 물신주의의 특징이 아니던가(따라서 상품이 가득한 도처에서 나르시시즘과 심리장애가 퍼지는 것도 우연이 아니다).

나아가, 외부 세계에 대한 바로 이 끈질긴 부정은 처음부터 모더니티의 특징이었다. 여기서 외부 세계란 우리 행위나 우리 소망의 외부에 존재하는 세상이다. 이 외부 세계에 대한 부정은 본디

데카르트(1596~1650)에 의해 공표된 프로그램이다(그는 "나는 생각한다. 고로 존재한다"라는 말을 남겼다). 그는 자기 자신의 존재를 유일하게 가능한 확실성이라 보았다.

"세상의 부재"–잘못된 관계를 다시 숙고하기

현대예술이 그저 문화 산업(상품)의 한 영역으로 머무는 게 아니라 그 이상의 어떤 것이 되고자 한다면, 예술 세계 종사자들이 나서서 인간과 세상 사이의 매우 잘못된dysfunctional 관계를 심층적으로 성찰해야 한다. 이 잘못된 관계는 형이상학적으로 운명이 정해져서가 아니라 현실적 상품 논리의 결과로 나타난 것이다. 죄르지 루카치 역시 아방가르드 예술이 "세상의 부재"를 드러낸다고 혹평한 바 있다.

"세상의 부재", 그런데 오늘날 이 단어는 새로운 의미를 띤다. 즉, 실제 세상이 현실에 부재한 것을 넘어 세상이 아주 이상하게 돌아가기에, 사람들이 예술 작품에서 무언가를 기대하게 되는 것도 무리는 아니다. 구체적으로, 사람들은 비인간화 방향으로 치닫는 현재의 삶의 현실을 조금이라도 멈춰줄 작은 단서라도 예술에서 얻고 싶어 한다. 나아가 인간과 세계, 사람과 자연, 개인과 사회 간에 '궁극적으로' 화해할 가망이 아직은 있음을 확인하고 싶다(여기서 '궁극'이라는 말을 진지하게 들여다보면, 그 화해가 당장 일어날 수 있으리라고 바라지는 않지만 그렇다고 이미 끝난 일도 아니기를 바라는 마음이 담겨 있다). 사실 화해를 바라는 마음이야 (넓은 의미의) 작품들 속에 얼마든지 담아낼 수 있다. 예술가들이 작품을 만드는 과정에서 쓰는 재료만 적절히 주의를 기울여서 봐도 충분하다. 그것이 돌이건, 섬유건, 주변 환경이건, 색깔이건, 소리건 아무 상관이 없다.

솔직히 현재 우리가 보는 세상은 그들이 사용하는 자재의 특성에 대해 전혀 알기 어려운 구조물만 가득 차 있지 않은가?(신축된 프랑스 국립 박물관*이 그 완벽한 사례일 것이다.) 또 어떤 직물을 어떻게 써야 할지도 모르는 패션 디자이너가 많고, 심지어 사과 하나 제대로 그리지 못하는 화가가 수두룩하다. 이런 식의 "프로젝트" 문화에서는 곧잘 주체와 객체가 철저히 분리되고 대립한다. 작가들은 각종 자재를 아무 활기 없는 보조물로만 바라보고 그것을 단지 자신의 "구상ideas"을 전하기 위한 수단으로만 여긴다. 바로 이런 자세가 나르시시즘을, 그리고 세상에 대한 부정의 태도를 만든다. 여기서 그 세상이란 세계 지배라는 소비자 욕망에 복속되기에는 너무나 반항적인, 즉 살아 있는 현실 세계를 가리킨다.

그렇다면 이런 현실에서 우리는 어떻게 돌파구를 찾을 것인가? 거창한 대안은 아니지만, 일단 세상과의 폭력적 관계를 좀 완

---

* 1793년 프랑스혁명 정부에 의해 처음 박물관으로 지정된 루브르궁전은 그 역사성과 건축미만으로도 세계인들의 주목을 받는다. 그러나 프랑스의 대표적 국립 박물관인 루브르박물관은 1988년경 유리와 금속으로 된 피라미드가 나폴레옹 광장에 중심 상징물로 들어섰고, 2012년에는 아예 이슬람관이 별도로 신축되었다. 이슬람관은 유리벽 위에 금빛 패널로 지붕을 올려 '잠자리 날개' 또는 '날아가는 양탄자' 등의 별명을 얻기도 했다.—옮긴이

화해볼 수 있다. 예컨대 각종 자재, 그 소리, 연관된 단어 등이 가진 잠재력과 한계를 모두 탐색해보기, 그리고 어디서 융합 같은 게 가능할지 찾아보기 등이 예전처럼 단지 개인적 의지에 모든 걸 맡기는 것보다는 훨씬 낫다. 그렇게 우리는 세상, 타자, 자연 등과 훨씬 덜 폭력적인 관계를 형성할 첫걸음을 내딛게 될 것이다.

이런 이야기는 무슨 "객관적objective" 예술을 하자는 탄원이 아니다. 또 작가가 그 자신을 다루는 작품을 만드는 것이나 자기 성찰을 하는 걸 부정하는 것도 아니다. 도리어 자아의 내부를 잘 들여다보면 "세상"의 많은 일이 새롭게 이해되고 그래서 더 많은 이야기가 가능할 것이라 본다(물론 이런 자기성찰 없이도 우리는 얼마든지 바깥세상에 대해 토론할 수 있다. 하지만 거기서 무엇 하나 제대로 건지기는 어려울 것이다).

예술은 물신주의를 넘어설 수 있을 것인가

오늘날 물신주의 논리는 전체 사회만이 아니라 모든 개인의 삶을 관통한다. 따라서 가해자와 피해자, 지배자와 피지배자, 착취자와 피착취자, 좋은 것과 나쁜 것 사이에 명확한 구분선을 긋기가 쉽지 않다. 물신주의 논리에 빠진 사람들은(물론 모든 사람이 반드시 그런 건 아니지만) 타자가 어떤 행위를 했을 때 그 자신도 결국 동일한 방식으로 그렇게 하는 경향이 있다.

따라서 선한 의지만으로는 불충분하다. 일례로 선천성면역결핍증AIDS 피해자를 위해, 또는 무지와 편견에 저항해 열심히 투

파국이 온다

쟁하겠다는 의지만으로 이 문제를 해결하기는 어렵다. 또 "관계예술relational art"이 그러하듯, 사람들로 하여금 일상에서 조금 더 착하거나 친절한 모습으로 살도록 촉구하는 것은 예술을 (세상의 냉정함을 처치할) 치료법therapy 정도로 격하하는 꼴이다.

만일 예술이 물신주의적이고 나르시시즘적인 개인들의 견고함을 진정으로 부수고자 한다면 역설적으로 예술 자체가 좀 더 견고해지고 어려워질 필요가 있다. 이 말은 예술이 멋대로 난해해져야 한다는 이야기가 아니라 좀 까탈스러워질 필요가 있다는 이야기다. 같은 맥락에서 예술이 현재의 (상품 물신주의) 세상을 맹목적으로 수용하지 않으려면, 이른바 "대중people"에 영합하기를 멈춰야 한다. 다시 말해 그들의 삶을 더 쉽게 만든다거나 사회를 더 멋지게 꾸민다거나 더 쓸모 있게 만드는 일, 나아가 대중을 위한 기쁨조 되기 등을 그만둬야 한다는 것이다. 예술이 대중과 너무 손쉬운 소통을 하지 않으려 할 때, 그리고 대중에게 참된 자신의 모습보다 더 "위대한" 뭔가를 억지로 보여주려 하지 않을 때 비로소 예술은 자신의 본업vocation에 충실해질 수 있다.

이런 예술이라면 현실과의 충돌을 피할 일이 아니라 오히려 정면충돌해야 한다. 완전히 낡아빠진 도덕적 관습moral conventions 같은 것과의 충돌은 물론이고,* 현실적 삶을 사는 과정에서 얻게 된 인간의 완고함stubbornness이나 그들 삶의 (화폐나 상품 같은 일상적 범주로의) 화석화fossilization와도 용감하게 충돌해야 한다(이 삶의 화석화로 인해 오늘날 인류는 자신의 삶을 상실하고 완전히 퇴화하는 경향을 막아내기가 더 어려워졌다).

이상적으로는 예술 작품이 사람들에게 다가갈 일이 아니라 사람들이 예술 작품에 다가가야 한다. 즉, 사람들이 예술 작품을 앞에 두고 보다 높고 깊은 차원에서 씨름해야 한다. 거꾸로 말하면 관람객이나 소비자가 작품을 자유로이 선택하도록 하는 게 아니라, (과연 어떤 사람이 그 작품을 가질 자격이 있는지를 예술가가 결정함으로써) 작품이 공중public을 선택하도록 하는 게 중요하다. 예컨대 우리는 보들레르(1821~1867)나 말레비치(1879~1935)의 작품들을 판정할 수 없다. 왜냐하면 오히려 그들이 우리 자신과 우리의 판단 능력을 판정할 것이기 때문이다.

바로 이런 시각에서 보면, 예술 작품은 그것을 응시하는 주체에게 굳이 "봉사"하려 해서는 안 된다. 여기서 우리는, 통상적으로 윤리에 통하는 말을 예술에도 적용할 수 있다. 말하자면, 예술이 스스로 기준을 세운다! 이 말은, 사람들이 애써 노력한 결과 일정한 기준에 올라서야 옳은 것이지 그 반대는 아니라는 말이다.

원래 예술의 핵심 기능 중 하나는 늘 사람들에게 더 나은 세

* 현대예술가들이 전복성subversiveness을 주창하는 문제는 결코 단편적 사례만 가지고 논할 일은 아니다. 사실상 현재 우리 사회에는 수많은 금기taboo들이 남아 있을 뿐 아니라 지금도 반복된다. 그럼에도 현대예술이 이 문제를 잡고 늘어진 적이 있는가? 물론 역겨운 내용이거나 불법적 방식으로 그렇게 하라는 말은 전혀 아니다. 이미 모든 곳에서 자연스럽게, 긍정적으로 수용되고 당연시되는 것들에 대해 정면으로 "의문을 제기query"함으로써 (금기를 깨고) 일종의 사회적 공론화를 하는 것이 중요하다. 그 대표적 대상으로 자유민주주의, 다원주의, 인공수정, 해부를 위한 신체 절개, 장기 이식, 용이한 이혼 절차(크리스토퍼 래시), 무인 운송 시스템, 의무교육compulsory education 등을 들 수 있다.

파국이 온다

상, 즉 참된 자유와 삶의 강렬함을 보여주는 것이었다. 정말 안타깝게도 대개의 일상생활에서는 진정한 자유나 삶의 강렬함이 부재하기 때문이다. 초기의 추상화나 서사시 같은 데서도 보듯 예술은 보다 고상하고 보다 생명력 넘치는 삶의 방식을 언뜻언뜻 보여주었다. 그런 식으로 예술은 사람들이 세상의 참 실상과 대면하게 만들었다.

과연 이렇게 하면 보다 본질적인 예술 형태가 실제로 구현될 수 있을까? 불행히도 지금까지의 신호들은 별로 긍정적이지 않다. 세상의 현 실태를 리포트 형식으로 작성하는 일이야 쉽지만 그런 현실을 제대로 해석해낸 예술 작품을 예시하기는 어렵다. 그런 작품의 구체적 아이디어가 뭔지 알아내는 것조차 쉽지는 않다. 나아가 20세기 초에 사회적 삶의 전반이 추상적으로 흐르는 것에 대한 대응으로 추상회화파abstract painting가 보여준 것처럼, 현 세상의 흐름을 일관되게 해석해내려는 예술 작품을 찾기란 훨씬 더 어렵다. 또는 한편에서는 초현실주의자들이, 다른 한편에서는 구성주의자들이 했던 활동 역시 지금은 없다. 사실 이들은 일상의 삶에 산업사회가 갑작스레 등장해 (산업사회에 서둘러 적응하라는 의미로) "세상의 각성을 촉구"하는 데 대해, 산업사회와는 전혀 다른 삶의 의미를 제시하려 했다.

그러나 마르셀 뒤샹(1887~1968) 식의 표현 방식이 계속되는 것에 대해서는 굳이 긴 이야기가 필요 없다. 그가 1917년에 "샘 fountain"이라는 제목으로 전시한 남성 소변기는 꽤 생각을 많이 한 도발("개념미술"의 탄생)이었다. 그 후 낡은 물체를 예술 작품으로 전시하는 일이 명예의 상징처럼 되었으나 이는 동시에 하나의 예술 작품이 탁월하거나 "숭고"해야 한다는 생각마저 지워버렸다. 그런데 여기서 바로 뒤샹 자신이 나름의 특색 있는 모호함을 통해 그 주장(예술의 탁월함 내지 숭고함)을 맨 처음에 해낸 사람이라는 사실을 상기할 필요가 있다. 1962년 그는 이전의 다다이스트 한스 리히터(1888~1976)에게 이렇게 말했다. "소위 뉴 리얼리즘이니 팝아트니 아상블라주Assemblage니 하는 것들, 즉 네오다다Neo-Dada는 하나의 쉬운 탈출구에 불과하다. 그것도 기존의 다다이스트들이 이뤄놓은 업적 위에 얹혀 산다. 내가 레디메이드 ready-mades 속에서 뭔가 새로운 걸 발견하려 한 것은, 기존 미학에 대한 도전이었다. 그런데 네오다다들은 나의 레디메이드에서 미학적 아름다움을 찾아냈다. 그래서 나는 일종의 도발로 그 유리병 선반과 소변기를 그들 면전에 내팽개쳤다. 그런데 이를 보고 그들은 또다시 미학적 아름다움이 있다며 감탄한다."[5]

여기서 핵심은 말레비치의 〈하얀 사각형〉이나 뒤샹의 〈샘〉, 또는 좀 약하게 조지프 코수스(1945~)의 〈의자〉 등이 절대적 의미에서의 예술 작품이냐 아니냐 하는 문제가 아니다. 이 모두는 그들이 처음으로 두각을 드러낸 특정 역사적 시점의 자기 모습일 뿐이다. 물론 그 이전에 아주 길고도 고통스러운 과정이 있었겠지만 말이다. 그런 기나긴 과정 끝에 비로소 수많은 예술 작품이 탄생했을 터이다. 하지만 일단 어떤 작품이 완결되고 나면 이 예술품은 절대 반복될 수 없다. 그 뒤에도 이 과정을 되풀이하는 것은, 마치 오늘날 분자 구조를 다시 발견한답시고 반복해서 야단법석을 떠는 것처럼 우스꽝스러운 일이다.[*] 이런 관점에서 예술은 근본적으로 비민주적이다. 예술은 예술가로 하여금 예술 자체가 원하는 것을 하게 만든다. 그 반대가 아니다. 다시 말해 모든 이가 자기가 하고 싶다고 모든 것을 마음대로 하는 행운을 누리지는 못한다. 일례로 단색의monochromatic 예술이나 기성품ready-made 예술은 **너무 늦었다**. 먼저 태어난 이들이 이미 해버렸기 때문이다. 그들은 모든 걸 다 가져가버렸고 후세대를 위해 남겨놓은 게 별로 없다.

이것이 말하는 역사적 부당함은 어쩌면 우리가 태어나기도 전에 지구가 여러 조각으로 나뉘어버린 것과 비슷할지 모른다. 그래서 현대의 "창작가들"이 과거의 완벽한 성취를 보고 분한 감정 같은 걸 느끼는 것이 이해는 된다. 그렇지만 만일 예술이 온갖 가능성의 창고를 모조리 다 뒤져 개인적 자아실현을 추구하는 것 이상의 무엇이 되려 한다면, 그런 맥락에서 현대예술가들의 상황은 보잘것없다. 왜냐하면 현재는 인간이 아니라 바로 그 인간을 집어삼키는 것들(화폐와 상품)이 사랑과 존중을 받는 지경이 되었기 때문이다.

한편 오늘날 재활용, "혼합", 준거, 표절이라는 이름 아래 널리 퍼진 또 다른 주요 예술 영역에도 막다른 골목은 있다. 여기서는 심지어 상황주의자들더러 "변절"을 했다고 한다. 그런데 이런 경향은 동일한 문화적 준거를 가진 공동체 안에서만 일정한 의미를 지닌다. 이를테면 최소한 특정 집단 안에서 일정 기간 동안 공

---

* 한편 칸딘스키를 비롯한 초현실주의자들에 의해 빛이 났던 길을 따라 계속해서 걷는 것도 불가능한 일은 아닐 것이다. 물론 이 경우에는 단지 **테크닉**만이 문제가 된다.

유되는 "고전적" 가치 같은 것이 그 문화적 준거다. 이는 19세기의 교양인들 사이에서 두루 읽혔던 그리스 문학 작품일 수도 있고 초기 문자주의 운동Letterist movement에서 유행했던 초현실주의 문학일 수도 있다. 이 맥락에서는 완전히 인용문만으로 구성된 작품마저 창조될 수 있다. 이제 더는 과거처럼 보편적 문화유산 같은 게 없다. 가령 록음악 팬들 사이에서는 (로큰롤의 전설인) 척 베리(1926~2017)조차 베토벤(1770~1827)만큼이나 까마득하게 잊혀버리고 말았다.* 이런 상황에서 이미 존재하는 자재들을 활용한다는 것은 마이크 앞에서 디제잉DJing을 하는 것밖에 안 된다. (온갖 물건이 가득한) 슈퍼마켓 덕분에 가능한, 모두를 위한 창조성의 몸부림이랄까.

예술의 주변화를 넘어

종종 한탄이 나오는 현대예술의 현재 모습은 단지 하나의 일탈에 불과할까? 이런 상황은 예술가나 박물관, 아니면 다른 기관들의 잘못인가? 이 모든 사태를 바로잡을 전망이 있기는 한가? 예술계 전반을 획기적으로 바꿔낼 수 있는 예술 전문가를 모조리 초청해 대규모 컨퍼런스라도 연다면 도움이 될까? 행여 그동안은 부당하게 무시되었지만 이제라도 제대로 인정받아 그간 잃은 것

---

* 한 학생이 자기는 정기적으로 "정말 오래된 음악"을 듣는다고 말한 적이 있다. 그런데 그녀가 말한 그 음악이란 바로 1970년대 이후의 록음악이었다.

을 평온하게 되찾을 자격을 갖춘 인물이 있을까? 아니면 예술 학교의 강의계획서라도 완전히 다시 짜면 될까? 혹은 국가가 예술계에 할당해주는 자원을 전혀 달리 배분하면 나아질까?

어느 것 하나 소홀히 할 수는 없다. 그러나 문제는 생각보다 심각하다. 오늘날 예술의 변화가 그토록 힘든 까닭은 현재의 사회 상태 전체, 그리고 그렇게 되도록 만든 전반적 과정에 문제가 있어서다. 보다 구체적으로 말하면 르네상스 이후 이른바 "예술"이 존속한 이래로 예술이 사회에서 담당한 역할이 지금처럼 하찮았던 적은 한 번도 없었다. 달리 말해 오늘날 예술은 그 존재가 철저히 주변화marginal하고 말았다. 그것도 오늘날처럼 이토록 예술가가 수두룩하게 쏟아져 나오고, 일반 대중들 사이에 예술 관련 정보와 지식이 난무하며, 수많은 박물관이나 갤러리 앞에 그리도 긴 행렬이 끝없이 이어지는 이런 시기에 말이다. 요컨대 현대예술의 문제는 우리의 집합적 삶에서 예술이 갖는 중요성이 완전히 무시당하고 있다는 바로 그 점이다.

여기서 정말 웃기는 일은, 이른바 예술계 전문가들은 이런 상황에서도 아주 행복하다는 점인데, 왜냐하면 그들이 요즘처럼 돈을 많이 번 적은 없었기 때문이다.* 그러나 오늘날 우리가 살아가는 현실 세계를 100년 뒤의 후손들에게 제대로 이야기해줄

---

* 다른 대다수 활동과 달리 현재의 예술 생산은 최소한 직접적으로는 사회에 해악을 끼치지 않는다. 다만 예술 자체가 없는artless 게 문제다. 한편 오늘날 예술이 사람들 마음을 (독약으로) 죽이고 있다고 할 수도 없다. 왜냐하면 현대예술의 실질적 영향력은 제로zero이기 때문이다. 게다가 이 세상 모든 예술가는 가장 최근의 텔레비전 리얼리티 쇼보다도 주목을 끌지 못한다.

그런 예술 작품이 과연 있는가? 또는 지금 우리 주변에, 바로 이런 작업이 절실히 필요하다고 느끼는 사람이 얼마나 될까?

지은이 서문

1 Anselm Jappe, *Les aventures de la marchandise: Pour une nouvelle critique de la valeur[Die Abenteuer der Ware: Für eine neue Wertkritik]*, Paris: Denoël, 2003.

2 Andrew Fisher, "Scholasticism and Swagger", *Radical Philosophy* 114 (July/August 2002), p. 49.

3 René Riesel and Jaime Semprun, *Catastrophisme, administration du désastre et soumission durable*〔불운-퍼뜨리기, 참사의 관리, 그리고 지속되는 복종성〕(Paris: Éditions de l'Encyclopédie des nuisances, 2008).

4 Walter Benjamin, ed. Howard Eiland and Michael Jennings, *Walter Benjamin: Selected Writings, V. 4: 1938-1940*(Cambridge, MA and London: Belknap Press, 2003), p. 402.

1 오늘날 다시 읽는 『클레브 공작 부인』

1 Guy Debord(1967), tr. Donald Nicholson-Smith, *The Society of the Spectacle*(New York: Zone Books, 1995), p. 64.

2 BBC News, 1999. 9. 28. 참조(http://news.bbc.co.uk/2/hi/uk_news/politics/460029.stm).

3 Moishe Postone, *Time, Labor and Social Domination: A Reinterpretation of Marx's Critical Theory*(Cambridge: Cambridge University Press, 1993).

4   Jean-Marie Vincent, *Critique du travail: Le faire et l'agir*[Critique of Labour](Paris: Presses Universitaires de France, 1987).

5   Christopher Lasch, *The Culture of Narcissism: American Life in an Age of Diminishing Expectations*[1979](New York: W. W. Norton & Company, 1991).

6   Ivan Illich, *Medical Nemesis: The Expropriation of Health*(London: Calder & Boyars, 1975).

7   이 문제와 관련해서는 다음을 참조. Dany-Robert Dufour, *The Art of Shrinking Heads: The New Servitude of the Liberated in the Era of Total Capitalism*(Cambridge: Polity Press, 2008); Jean-Claude Michéa, *L'Enseignement de l'ignorance[Teaching Ignorance]*(Castelnau-le-Lez: Climats, 2001); Nicolas Oblin and Patrick Vassort, *La Crise de l'université française: Traité contre une politique de l'anéantissement[The French University Crisis: Treatise Against a Policy of Destruction]*(Paris: L'Harmattan, 2005).

2 정치 없는 정치

1   이 글은 원래 《르피가로*Le Figaro*》(1888. 11. 28.)에 발표됐고, 이후 책으로 다시 출판되었다. Octave Mirbeau, *La Grève des électeurs[The Electors' Strike]*(Montreuil-sous-Bois: L'Insomniaque, 2007). 프랑스어 원문에 대한 영문 번역문의 출처는 〈http://www.marxists.org/subject/anarchism/mirbeau/voters-strike.htm〉이다.

2   Albert Libertad, *Le Culte de la charogne: Anarchisme, un état de révolution permanente(1897~1908)[The Carrion Cult: Anarchism, a State of Permanent Revolution(1897~1908)]*(Marseilles: Agone, 2006).

3 무엇을 위한 폭력이며 누구를 위한 합법성인가

1   이에 대해서는 *Götz Eisenberg, Amok-Kinder der Kälte: Über die Wurzeln*

von Wut und Hass[Amok-Children of the Cold: The Roots of Rage and Hatred](Reinbek: Rowoht, 2000); *Götz Eisenberg, ...Damit mich kein Mensch mehr vergisst! warum Amok und Gewalt kein Zufall sind[That way, no one will forget me anymore! Why amok and violence are not random]*(München: Pattloch, 2010) 등을 참고.

2 다음을 참조. René Riesel, *Aveux complets des véritables mobiles du crime commis au CIRAD le 5 juin 1999 suivis de divers documents relatifs au procès du Montpellier[Full disclosure of the real movies for the crime committed at the French Agricultural Research Centre for International Development on 5 June 1999, followed by various documents relating to the Montpellier trial]*(Paris, Éditions de l'Encyclopédie des Nuisances, 2001).

3 "Parti imaginaire et mouvement ouvrier"[Imaginary Party and Workers' Movement], *Tiqqun*, no. 2 (2001), p. 241.

4 다음을 참조. Françoise Fressoz, "Réforme du lycée: un récul symbolique"[High-School Reform: A Symbolic Retreat], *Le Monde*, 2008. 12. 16.

5 『반란의 조짐』.

4 재앙을 예고하는 대자보

1 Eric Fottorino, "Retour au réel par la case désastre"[Tick the box marked 'disaster' to return to reality], *Le Monde*, 2008. 10. 11.

2 Gilbert Rist 블로그, 2008. 11. 26.

3 Luc Boltanski and Eve Chiapello, tr. Gregory Elliott, *The New Spirit of Capitalism*(London: Verso Books, 2007).

4 이에 대한 보다 상세한 설명은, 이 책의 7장을 참조.

5 "Le capitalisme touche à sa fin"[Capitalism Is Nearing Its End], *Le Monde*, 2008. 10. 11. 참조.

6 일종의 '비행 폭로'에 적합한 사례는 다음 글을 참조. Xavier Alexandre, "Plus de croissance est en nous"[We Are the Key to More Growth],

Le Monde, 2008. 11. 30. "Chroniques d'abonnés".

7   이에 대해서는 다음 글을 참조. "S'adapter au changement climatique plutôt que de le limiter?"[Climate Change: Adaptation Not Limitation], *Le Monde*, 2009. 8. 21.

8   또 다른 비행 폭로 대상에 관해서는 다음 글을 참조. Camille Sée, "Le previsible déclin du salariat"[The Foreseeable Decline of Wage Labour], *Le Monde*, 2009. 8. 9. "Chroniques d'abonnés".

9   이와 관련해서는 이 책의 10장을 참조.

10 François Partant, *Que la crise s'aggrave[Let the Crisis Deepen]*(Paris: Solin, 1978).

5 호모 에코노미쿠스와 가치의 그늘

1   Alain Caillé, "Présentation", *La Revue du MAUSS semestrielle*, no. 29, 2007, p. 28.

2   Alain Caillé, *Anthropologie du don: Le tiers paradigme*[2000][선물의 인류학: 제3의 패러다임](Paris, La Découverte, 2007), p. 59.

3   György Lukács, tr. Rodney Livingstone, "The Changing Function of Historical Materialism"[1919], in *History and Class Consciousness: Studies in Marxist Dialectics*[역사와 계급의식](Cambridge: MIT Press, 1983), p. 251.

4   Alain Caillé, 앞의 책, p. 14.

5   Alain Caillé and Jean-Louis Laville, "Actualité de Karl Polanyi"[칼 폴라니의 현재성], *La Revue du MAUSS semestrielle*,, no. 29, 2007, p. 100.

6   Moische Postone, 앞의 책, p. 166. 그리고 이 역작에 대한 나의 서평도 참조. Anselm Jappe, "Avec Marx, contre le travail"[마르크스와 함께, 노동에 저항], *Revue Internationale des livre et des idées*[책과 사상에 대한 국제 저널], no. 13, 2009. 9~10.

7   Postone, 앞의 책, p. 149.

8   다음 책 두 권이 고대사회의 예를 가지고 이 점을 잘 드러냈다. Moses

Finley, *The Ancient Economy* [1973], Berkeley: University of California Press, 1999; Jean-Pierre Vernant, *Myth and Thought Among the Greeks* [1965], London: Routledge & Kegan Paul, 1983.

9 Jacques Godbout and Alain Caillé, tr. Donald Winkler, *The World of the Gift* [1992] (Ithaca: McGill-Queens University Press, 1998), pp. 17~18.

10 Robert Kurz, *Der Kollaps der Modernisierung: Vom Zusammenbruch des Kasernensozialismus zur Krise der Weltökonomie* [근대화의 몰락: 병영 사회주의의 몰락에서 세계경제의 위기로](Fankfurt am Main: Eichhorn, 1991), p. 18.

11 Alfred Sohn-Rethel, *Intellectual and Manual Labor: A Critique of Epistemology* [정신노동과 육체노동: 철학적 인식론 비판](Atlantic Highlands, New Jersey: Humanities Press, 1977).

12 이 책의 7장을 참조.

13 Roswitha Scholz, "Remarques sur les notions de 'valeur' et de 'dissociation-valeur'" ['가치'와 '가치-분리' 개념에 대하여], *Illusio*, no. 4/5(2007), p. 561. 원래 이 글은 독일어로 된 책의 제1장이다. *Das Geschlecht des Kapitalismus: Feministische Theorien und die postmoderne Metamorphose des Patriarchats* [자본주의와 성性: 여성주의 이론, 그리고 가부장제의 포스트모던 식 변형](Bad Honnef: Horlemann, 2000). 이와 관련해 같은 잡지의 다음 글도 참조. Johannes Vogele, "Le côté obscur du capital: 'Masculinité' et 'féminité' comme piliers de modernité" [자본의 그늘: 근대성의 기둥으로서 '남성성'과 '여성성'].

14 이 주제와 관련해서는 앙드레 고르스와 가치비판론자들 사이에 전개된, 상당히 긴 의견 교환을 참조. 이는 오스트리아에서 간행된 저널 《슈트라이프주거*Streifzüge*》에 발표된 바 있다.

15 Caillé, 앞의 책, p. 246.

16 같은 책, p. 239.

6 장클로드 미셰아의 '자본주의 비판'과 '좌파 비판'에 대하여

1 장클로드 미셰아의 주요 저작은 다음과 같다. *Orwell, anarchiste tory*〔조지 오웰, 토리당의 아나키스트〕(Paris: Climats, 1995); *L'Enseignement de l'ignorance et ses conditions modernes*〔무지를 가르치기 그리고 그 현대적 조건들〕(Paris: Climats, 1999); *Impasse Adam Smith: Brèves remarques sur l'impossibilité de dépasser le capitalisme sur sa gauche*〔애덤 스미스의 막다른 길: 좌파의 자본주의 지양이 불가능한 이유〕(Paris: Climats, 2002); *Orwell éducateur*〔교육자로서의 조지 오웰〕(Paris: Climats, 2003); tr. David Fernbach, *The Realm of Lesser Evil*〔2007〕〔차악의 왕국〕(Cambridge: Polity Press, 2009); *La double pensée: Retour sur la question libérale*〔이중사고: 다시 보는 자유주의〕(Paris: Champs-Flammarion, 2008).

2 Jappe, *Les Aventures de la marchandise*, p. 12.

3 안토니오 네그리와 관련해서는 다음을 참조. Anselm Jappe and Robert Kurz, *Les habits neufs de l'Empire: Remarques sur Negri, Hardt et Rufin*〔제국의 새로운 옷: 네그리, 하트, 그리고 몽클레어 뤼펭〕(Paris: Lignes/Léo Scheer, 2003).

4 Lasch, *The Culture of Narcissism*〔1979〕.

5 Michéa, *The Realm of Lesser Evil*, p. 40.

6 같은 책, p. 44.

7 같은 책, p. 6 참조.

8 같은 책, p. 44.

9 Michéa, *Adam Smith*, p. 130.

10 Michéa, *The Realm of Lesser Evil*, pp. 1~2.

11 같은 책, p. 43.

12 Walter Benjamin, eds. Marcus Bullock and Michael Jennings, "Capitalism as Religion"〔1921〕, *Walter Benjamin: Selected Writings, V. 1, 1913~1926*(Cambridge, MA: Belknap Press, 1996).

13 Michéa, *Adam Smith*, p. 63.

14 같은 책, p. 64.

15 Michéa, *The Realm of Lesser Evil*, p. 43.

16   Michéa, *Adam Smith*, p. 53.

17   "Conversation with Jean-Claude Michéa", *À contretemps* [*Out of Time*], no. 31, 2008. 7, p. 8; *La double pensée*.

18   같은 글, p. 10.

19   Michéa, *The Realm of Lesser Evil*, p. 129.

20   원주민 운동indigenous movements의 일반화 가능성 및 (좀 더 일반적으로) 전통적 집단들의 요구 등에 관한 문제는 다음 글을 참조. Luis Bredlow, "Notes sur la résistance, la tradition et l'indigénisme" [저항, 전통, 그리고 원주민성에 관한 노트], *Illusio*(Caen), no. 6/7, 2010, pp. 257~261.

21   Michéa, *The Realm of Lesser Evil*, p. 113.

22   같은 책, p. 75.

23   Michéa, *Adam Smith*.

24   Michéa, *The Realm of Lesser Evil*, p. 132.

8 끔찍하고 위대한 이 유토피아에 저항하기

1   이와 관련해서는 다음 글을 참조. Relevé provisoire de nos griefs contre le despotisme de la vitesse à l'occasion de l'extension des lignes du TGV[초고속열차망 확장이라는 속도의 독재에 반대하는 우리들의 잠정적 고충 목록](Paris, Éditions de l'Encyclopédie des Nuisances, 1991).

2   Ed. Michèle Riot-Sarcey, *Dictionnaire des utopies* [유토피아 사전] (Paris: Larousse, 2002).

3   Isaiah Berlin, *The Crooked Timber of Humanity: Chapters in the History of Ideas* [인간성이라는 굽은 나무: 사상의 역사에 관하여](London: John Murray, 1990).

4   Karl Popper, *The Open Society and Its Enemies, V. 1: The Spell of Plato* [열린사회와 그 적들, 제1권: 플라톤의 주문呪文](Princeton: Princeton University Press, 1971).

5   Norman Cohn, *The Pursuit of the Millennium: Revolutionary Millenarians and Mystical Anarchists of the Middle Ages*〔밀레니엄의 추구: 혁명적 천년왕국론자들, 중세의 신비주의 아나키스트〕(Oxford University Press, 1970).

6   Jean Clair, *La responsabilité de l'artiste. Les avant-gardes entre terreur et raison*〔예술가의 책임감: 테러와 이성 사이의 아방가르드〕(Paris: Gallimard, 1997).

7   Boris Groys, *The Total Art of Stalinism: Avant-Garde, Aesthetic Dictatorship, and Beyond*〔스탈린주의의 종합예술: 아방가르드, 미학적 독재, 그리고 그 너머〕(London: Verso, 1992). 〔이 책은 1995년에 '아방가르드와 현대성'이라는 제목으로 국내에 번역 출간됐다. ─ 옮긴이〕

9 고양이와 쥐, 경제와 문화

1   이에 참고할 만한 책으로 Benjamin Barber, *Consumed: How Markets Corrupt Children, Infantilize Adults, and Swallow Citizens Whole*(New York: W. W. Norton & Company, 2007)이 있다.

2   이 책의 10장을 참조.

3   Christian Boudan, *Géopolitique du goût*〔맛의 지리정치학〕(Paris: Presses Universitaires de France, 2004), p. 35(Ch. 1, p. 7. "Le para doxe de l'amer"〔쓴맛의 역설〕) 참조.

10 예술의 종말 이후의 예술

1   Guy Debord, *Potlatch 1954-1957*〔포틀래치 1954~1957〕(Paris: Éditions Gérard Lebovici, 1985), p. 9. 그리고 재출간은 Guy Debord, *Oeuvres*〔일〕(Paris: Gallimar, 2006), p. 131.

2   Luc Boltanski and Ève Chiapello, *The New Spirit of Capitalism*, p. 173 참조.

3   Situationist International, "Domination of nature, ideologies and classes"〔자연의 지배, 이데올로기, 그리고 계급〕, *Internationale situationniste*, no. 8(1964).

4   Theodor Adorno, tr. Robert Hullot-Kentor, *Aesthetic Theory*〔1970〕〔미학 이론〕(London: Continuum Press, 2004), p. 273.

5   Marcel Duchamp, in Hans Richter, *Dada: Art and Anti-Art*〔다다: 예술과 반예술〕(New York: McGraw Hill, 1965), pp. 207-208.

참고문헌

가치비판론의 관점에서 영어로 작성된 최근의 책이나 논문은 그리 많지 않다. 캐나다 태생으로 미국 시카고 대학의 교수였던 모이쉬 포스톤의 저작은 영어 독자들이 얼마든지 읽을 수 있다. 그러나 로베르트 쿠르츠나 로스비타 숄츠 등의 독일어 저작은 그다지 많이 번역되어 있지 않다.

한편 온라인(⟨www.exitonline.org⟩, ⟨www.krisis.org⟩, ⟨www.streifzuege.org⟩)에서는 가치비판론 관점에서 쓰인 텍스트를 다양한 언어로 접할 수 있다. 그리고 닐 라슨 등이 편집한 『마르크스주의와 가치비판*Marxism and the Critique of Value*』(Chicago: MCM′, 2014)이라는 책도 참고할 만하다. 이 책은 인터넷에서 무료로 읽을 수 있다(www.mcmprime.com).

Adorno, Theodor, tr. Robert Hullot-Kentor, *Aesthetic Theory*[1970](London: Continuum Press, 2004).

Barber, Benjamin, *Consumed: How Markets Corrupt Children, Infantilize Adults, and Swallow Citizens Whole*(New York: W. W. Norton & Company, 2007).

Benjamin, Walter, ed. Howard Eiland and Michael Jennings, *Walter Benjamin: Selected Writings, V. 4: 1938~1940*(Cambridge, MA and London: Belknap Press, 2003).

Berlin, Isaiah, *The Crooked Timber of Humanity: Chapters in the History of Ideas*(London: John Murray, 1990).

Boltanski, Luc and Eve Chiapello, tr. Gregory Elliott, *The New Spirit of Capitalism*(London: Verso Books, 2007)

Boudan, Christian, *Géopolitique du goût*(Paris: Presses Universitaires de France, 2004).

Clair, Jean, *La responsabilité de l'artiste. Les avant-gardes entre terreur et*

파국이 온다

raison(Paris: Gallimard, 1997).

Cohn, Norman, *The Pursuit of the Millennium: Revolutionary Millenarians and Mystical Anarchists of the Middle Ages*(Oxford: Oxford University Press, 1970).

Debord, Guy, *Oeuvres*(Paris: Gallimar, 2006).

———, tr. Donald Nicholson-Smith, *The Society of the Spectacle*(New York: Zone Books, 1995).

Dufour, Dany-Robert, *The Art of Shrinking Heads: The New Servitude of the Liberated in the Era of Total Capitalism*(Cambridge: Polity Press, 2008).

Eisenberg, Götz, *Amok-Kinder der Kälte: Über die Wurzeln von Wut und Hass*[Amok-Children of the Cold: The Roots of Rage and Hatred] (Reinbek: Rowoht, 2000).

———, *…Damit mich kein Mensch mehr vergisst! Warum Amok und Gewalt kein Zufall sind*[That way, no one will forget me anymore! Why amok and violence are not random](München: Pattloch, 2010).

Finley, Moses, *The Ancient Economy*[1973](Berkeley: University of California Press, 1999).

Godbout, Jacques and Alain Caillé, tr. Donald Winkler, *The World of the Gift*[1992](Ithaca: McGill-Queens University Press, 1998).

Groys, Boris, *The Total Art of Stalinism: Avant-Garde, Aesthetic Dictatorship, and Beyond*(London: Verso, 2011).

Illich, Ivan, *Medical Nemesis: The Expropriation of Health*(London: Calder & Boyars, 1975).

Jappe, Anselm, *Les Abentures de la marchandise: Pour une nouvelle critique de la valeur*(Paris: Denoël, 2003); *Die Abenteuer der Ware: für eine neue Wertkritik*(Münster: Unrast Verlag, 2005).

Jappe, Anselm and Robert Kurz, *Les habits neufs de l'Empire: Remarques sur Negri, Hardt et Rufin*(Paris: Lignes/Léo Scheer, 2003).

Kurz, Robert, *Der Kollaps der Modernisierung: Vom Zusammenbruch des Kasernensozialismus zur Krise der Weltökonomie*(Fankfurt am Main: Eichhorn, 1991).

———, *Schwarzbuch Kapitalismus: Ein Abgesang auf die Marktwirtschaft*(Fankfurt am Main: Eichhorn, 1999).

___ *Das Weltkapital. Globalisierung und innere Schranken des modernen Warenproduzierenden*(Berlin: Edition Tiamat, 2005).

___, *Weltordnungskrieg: Das Ende der Souveränität und die Wandlungen des Imperialismus im Zeitalter der Globalisierung*(Bad Honnef: Horleman, 2003).

Lasch, Christopher, *The Culture of Narcissism: American Life in an Age of Diminishing Expectations*[1979](New York: W. W. Norton & Company, 1991).

Libertad, Albert, *Le Culte de la charogne: Anarchisme, un état de révolution permanente(1897-1908)*[*The Carrion Cult: Anarchism, a State of Permanent Revolution*(1897-1908)](Marseilles: Agone, 2006).

Michéa, Jean-Claude, *La double pensée: Retour sur la question libérale*(Paris: Champs-Flammarion, 2008).

___, *L'Enseignement de l'ignorance et ses conditions modernes*(Paris: Climats, 1999).

___, *Impasse Adam Smith: Brèves remarques sur l'impossibilité de dépasser le capitalisme sur sa gauche*(Paris: Climats, 2002).

___, *Orwell, anarchiste tory*(Paris: Climats, 1995).

___, *Orwell éducateur*(Paris: Climats, 2003).

___, tr. David Fernbach, *The Realm of Lesser Evil*[2007](Cambridge: Polity Press, 2009).

Mirbeau, Octave, *La Grève des électeurs*[*The Electors' Strike*](Montreuil-sous-Bois: L'Insomniaque, 2007).

Oblin, Nicolas and Patrick Vassort, *La Crise de l'université française: Traité contre une politique de l'anéantissement*[*The French University Crisis: Treatise Against a Policy of Destruction*](Paris: L'Harmattan, 2005).

Partant, François, *Que la crise s'aggrave*[Let the Crisis Deepen](Paris: Solin, 1978).

Polanyi, Karl, *The Great Transformation: The Political and Economic Origins of Our Time*[1944](Boston: Beacon Press, 1957).

Popper, Karl, *The Open Society and Its Enemies, V. 1: The Spell of Plato*(Prin ceton: Princeton University Press, 1971).

Postone, Moishe, *Time, Labor and Social Domination: A Reinterpretation of Marx's Critical Theory*(Cambridge: Cambridge University Press, 1993).

____, *Relevé provisoire de nos griefs contre le despotisme de la vitesse à l'occassion de l'extension des lignes du TGV*(Paris, Éditions de l'Encyclopédie des Nuisances, 1991).

Riesel, René, *Aveux complets des véritables mobiles du crime commis au CIRAD le 5 juin 1999 suivis de divers documents relatifs au procès du Montpellier*[Full disclosure of the real movies for the crime committed at the French Agricultural Research Centre for International Development on 5 June 1999, followed by various documents relating to the Montpellier trial] (Paris, Éditions de l'Encyclopédie des Nuisances, 2001).

Riot-Sarcey, Michèle, ed., *Dictionnaire des utopies*(Paris: Larousse, 2002).

Scholz, Roswitha, *Das Geschlecht als Kapitalismus: Feministische Theorien und die postmoderne Metamorphose des Patriarchats*(Bad Honnef: Horlemann, 2000).

Semprun, Jaime and René Riesel, *Catastrophisme, administration du désastre et soumission durable*(Paris: Éditions de l'Encyclopédie des nuisances, 2008).

Sohn-Rethel, Alfred, *Intellectual and Manual Labor: A Critique of Epistemology* (Atlantic Highlands, New Jersey: Humanities Press, 1977).

Vernant, Jean-Pierre, *Myth and Thought Among the Greeks*[1965](London: Routledge & Kegan Paul, 1983).

파국이 온다

_낭떠러지 끝에 선 자본주의

지은이   안젤름 야페
옮긴이   강수돌

         2021년 11월 19일   초판 1쇄 발행

책임편집   남미은
기획편집   선완규 김창한 윤혜인
디자인   포페이퍼

펴낸곳   천년의상상
등록   2012년 2월 14일 제2020-000078호
전화   031-8004-0272
이메일   imagine1000@naver.com
블로그   blog.naver.com/imagine1000

ISBN   979-11-90413-32-9 03300